D1937238

wie man sich mit ihm verhalten
muß. — Es ist so schön, u. so
recht gut noch viel mehr als gut
von Euch beiden daß Ihr noch an
das Günderrödchen denken könnt,
daß Ihr nicht sagt; geh hinaus
suche dir ein Obdach, wir haben
keinen Platz für dich. Wie trau-
rig müßte da das Günderrödchen
werden, wie müßte es sich be-
helfen in der schlechten Welt, es
würde wohl hinaus gehen u. suchen,
u. auch hie u. da einkehren bei
den Menschen, aber es würde ihm
doch nicht gefallen in ihren Häusern
es würde ihm eng u. beklommen
werden, denn ich glaube immer
es wird bei Euch nur recht gern

Karoline von Günderrode

DER SCHATTEN EINES TRAUMES

Karoline von Günderrode

DER SCHATTEN EINES TRAUMES

GEDICHTE · PROSA · BRIEFE
ZEUGNISSE VON ZEITGENOSSEN

Herausgegeben und mit einem Essay

von

Christa Wolf

BUCHVERLAG DER MORGEN
BERLIN

Die originale Schreibweise der Texte wurde grundsätzlich beibehalten; jene Stücke, die den Ausgaben von Pigenot und Geiger entnommen sind (vgl. Quellen am Schluß des Buches), erscheinen in modernisierter Schreibweise. Auch im Essay wurde die Schreibweise modernisiert

ISBN 3-371-00226-8

© Buchverlag Der Morgen, Berlin 1979

Christa Wolf

DER SCHATTEN EINES TRAUMES

Karoline von Günderrode – ein Entwurf

I.

«Gestern las ich Ossinas Dartula, und es wirkte so angenehm auf mich: der alte Wunsch, einen Heldentod zu sterben, ergriff mich mit großer Heftigkeit; unleidlich war es mir, noch zu leben, unleidlicher, ruhig und gemein zu sterben. Schon oft hatte ich den unweiblichen Wunsch, mich in ein wildes Schlachtgetümmel zu werfen, zu sterben – warum ward ich kein Mann! Ich habe keinen Sinn für weibliche Tugenden, für Weiberglückseligkeit. Nur das Wilde, Große, Glänzende gefällt mir. Es ist ein unseliges, aber unverbesserliches Mißverhältnis in meiner Seele; und es wird und muß so bleiben, denn ich bin ein Weib und habe Begierden wie ein Mann, ohne Männerkraft. Darum bin ich so wechselnd und so uneins mit mir.» 29. August 1801.

Die unabweisbaren Ahnungen.

Eh einer schreiben kann, muß er leben, das ist banal und betrifft beide Geschlechter. Die Frauen lebten lange, ohne zu schreiben; dann schrieben sie – wenn die Wendung erlaubt ist – mit ihrem Leben und um ihr Leben. Das tun sie bis heute, oder heute wieder.

Die Dissonanz ihrer Seele, die die einundzwanzigjährige Karoline von Günderrode (1780–1806) wahrnimmt, ist, aber das weiß sie noch nicht, die Unstimmigkeit der Zeit. Gezeichnet von einem unheilbaren Zwiespalt, begabt, ihr Ungenügen an sich und der Welt auszudrücken, lebt sie ein kurzes ereignisarmes, an inneren Erschütterungen reiches Leben, verweigert den Kompromiß, gibt sich selbst den Tod, von wenigen Freunden betrauert, kaum gekannt, hinterläßt, zu wichtigen Teilen ungedruckt, ein schmales Werk: Gedichte, Prosastücke, dramatische Versuche, gerät in Vergessenheit, wird nach Jahrzehnten, nach einem Jahrhundert wiederentdeckt von Liebhabern ihrer Poesie, die es unternehmen, ihr Andenken und ihre um ein Haar vernichtete Hinterlassenschaft zu retten. Doch auch der Briefroman der Bettina von Arnim, «Die Günderode» (1840), hat es nicht vermocht, eine Ahnung von den Umrissen dieser Gestalt, kaum ihren Namen am Leben zu halten. Die Literaturgeschichte der Deutschen, in den Händen von Studienräten und Professoren, orientiert an den retuschierten Kolossalgemälden ihrer Klassiker, hat sich leichtherzig und leichtsinnig der als «unvollendet» abgestempelten Figuren entledigt, bis in die jüngste Zeit, bis zu dem folgenreichen Verdikt, das Georg Lukács gegen Kleist, gegen die Romantiker aussprach. Der Dekadenz, zumindest der Schwäche, der Lebensuntüchtigkeit geziehen, sterben sie zum zweitenmal an der Unfähigkeit der deutschen Öffentlichkeit, ein Geschichtsbewußtsein zu entwickeln, sich dem Grundwiderspruch unserer Geschichte zu stellen; ein Widerspruch, den der junge Marx in den lapidaren Satz faßt, die Deutschen hätten die Restaurationen der modernen Völker geteilt, ohne allerdings auch ihre Revolutionen zu teilen. Ein zerrissenes, politisch unreifes und schwer zu bewegendes, doch leicht verführbares Volk, dem technischen Fortschritt anhangend anstatt dem der Humanität, leistet sich ein Massengrab des Vergessens für jene früh Zugrundegegangenen, jene unerwünschten Zeugen erwürgter Sehnsüchte und Ängste.

Ein Zufall kann es nicht sein, daß wir begonnen haben, den Abgeschriebenen nachzufragen, das Urteil, das über sie verhängt wurde, anzufechten, es zu bestreiten und aufzuheben – fasziniert durch Verwandtschaft und Nähe, wenn auch der Zeiten und Ereignisse eingedenk, die zwischen uns und denen liegen: eine volle Umdrehung des «Rades der Geschichte»; und wir, mit Leib und Seele von seiner Bewegung mitgerissen, grad erst zu Atem gekommen, zu Besinnung, zu Um-Sicht – wir blicken uns um, getrieben von dem nicht mehr abweisbaren Bedürfnis, uns selbst zu verstehn: Unsre Rolle in der Zeitgeschichte, unsre Hoffnungen und deren Grenzen, unsre Leistung und unser Versagen, unsre Möglichkeiten und deren Bedingtheit. Und, wenn es sein kann, für das alles die Gründe. Zurücksehend begegnen wir unruhigen, in so langer Zeit nicht beschwichtigten Blicken, stoßen auf Zeilen, die uns treffen, hingeworfen in einer großzügigen, fliegenden, gut lesbaren Frauenschrift auf grüne Briefblätter im Quartformat – Grün schont die schwachen Augen der Schreiberin –, die wir nicht ohne Bewegung in der Hand halten: «Ein pigmäisches Zeitalter, ein pigmäisches Geschlecht spielt jetzt, recht gut nach seiner Art.»

Die Generation, der die Günderrode angehört, muß – wie Generationen in Zwischenzeiten immer – neue Lebensmuster hervorbringen: Muster, die von Späteren als Modell, Menetekel, Schablone verwendet werden, übrigens auch in der Literatur. Diese hier, die jungen Leute von 1800, sind das Exempel, das statuiert wird, damit andre draus lernen können oder nicht. Für sie gelten die gegebenen Beispiele nicht. Direkt, unvermittelt und unvorhersehbar trifft sie ihre Erfahrung. Die neue bürgerliche Gesellschaft, noch gar nicht ausgebildet und schon verkümmert, benutzt sie als Entwürfe – Vorformen, die hastig verworfen werden. Die endgültigen Typen dürfen ihnen nicht gleichen – noch eine Erklärung dafür, daß man die Erinnerung an sie nicht dulden kann. Die Eigenart der Stunde bringt sie hervor, deren Flüchtigkeit legt sich als Trauer über ihr Leben, reizt sie aber auch, sich der Verlockung unterschiedlicher, entgegengesetzter Kräfte hinzugeben, sich den Spannungen auszusetzen, mitzuspielen, recht gut nach ihrer Art.

Sie sind wenige. Ihre Vorläufer, die Ideologen und Protagonisten der Französischen Revolution, griffen auf die Römer zurück, auf gebrauchte, falsch gedeutete Haltungen: Sie täuschten sich, um handeln zu können. Mit der Mission entgleitet den Nachgeborenen die Toga, mit der Selbsttäuschung die Heldenrolle. Im Spiegel begegnet ihnen ihr eignes, ungeschminktes und ungefragtes Gesicht. Die um 1800 jung sind, können ihr Geburtsjahr nicht vorverlegen, nicht die Gedanken der Älteren denken, deren Leben nicht führen. Ihre eignen Daseinsbedingungen können sie nicht verleugnen, und die sind aufreibend. Die bürgerlichen Verhältnisse, die sich schließlich auch ohne Revolution diesseits des Rheins ausbreiten, etablieren zwar keine kräftig neuen ökonomischen und sozialen Zustände, dafür aber eine durchdringende, auf Niederhaltung alles Unbeugsamen, Originalen gegründete Kleinbürgermoral. Ungleicher Kampf: Eine kleine Gruppe von Intellektuellen – Avantgarde ohne Hinterland, wie sie oft in der deutschen Geschichte nach den Bauernkriegen –, ausgerüstet mit einem ungültigen Ideal, differenzierter Sensibilität, einer unbändigen Lust, das neu entwickelte eigne Instrumentarium einzusetzen, trifft auf die Borniertheit einer unentwickelten Klasse ohne Selbstgefühl, dafür voll Untertanenseligkeit, die sich vom bürgerlichen Katechismus nichts zu eigen gemacht hat als das Gebot: Bereichert euch! und den hemmungslosen Gewinntrieb in Einklang zu bringen sucht mit den lutherisch-kalvinistischen Tugenden Fleiß, Sparsamkeit, Disziplin; dürftiger Lebensinhalt, der unempfindlich macht gegen die Forderungen der eignen Natur, aber empfindlich gegen jene, die sich selbst nicht knebeln wollen oder können. Fremdlinge werden die im eignen Land, Vorgänger, denen keiner folgt, Begeisterte ohne Widerhall, Rufer ohne Echo. Und die von ihnen, die den zeitgemäßen Kompromiß nicht eingehn können: Opfer.

Man denke nicht, sie hätten es nicht gewußt. Die Günderrode, nicht gefühlsselig, ein philosophischer Geist, erkennt wohl den Zusammenhang von «Ökonomie in allen Dingen» und dem Protestantismus, und sie scheut sich nicht, die Konsequenzen ihrer eignen Lage bis zu Ende zu denken: «Denn, abgeschlossen sind wir durch enge Verhältnisse von der Natur, durch engere Begriffe vom wahren Lebensgenuß, durch unsere Staatsformen von aller Tätigkeit im Großen. So fest umschlossen ringsum, bleibt uns nur übrig, den Blick hinaufzurichten zum Himmel oder brütend in uns selbst zu wenden. Sind nicht beinah alle Arten der neueren Poesie durch diese unsere Stellung bestimmt? Liniengestalten entweder, die körperlos hinaufstreben, im unendlichen Raum zu zerfließen, oder bleiche, lichtscheue Erdgeister, die wir grübelnd aus der Tiefe unseres Wesens heraufbeschwören, aber nirgends kräftige, markige Gestalten. Der Höhe dürfen wir uns rühmen und der Tiefe, aber behagliche Ausdehnung fehlt uns durchaus.»

Und sie erinnert – wie mehr als dreißig Jahre vorher die jungen Männer des Sturm und Drang – an Shakespeare. «Da ich nun selbst nicht über die Schranken meiner Zeit hinausreiche...» Die Günderrode erwägt, das Schreiben aufzugeben und sich dem Studium und der Popularisierung der «alten Meister» zu widmen. Kein flüchtiger Einfall, sondern Selbsterkenntnis, auch Selbstkritik, die ihresgleichen sucht.

Der Vergleich mit dem Sturm und Drang reicht nicht weit: Jene, die Früheren, gehörten einer vorrevolutionären Epoche an, diese, ungenau, unzutreffend mit dem Sammelnamen «frühe Romantik» umschrieben, sind Kinder der nachrevolutionären Zeit, der beginnenden Restauration, die, viel später, manche dieser Jugendgenossen in ihren Sog ziehen wird. Was jenen Zuversicht, Hoffnung, Lebensaufschwung war, auch Ansatz zu illusionären Tatversuchen («Fürstenerziehung»!), ist diesen hier nur schmerzliche Ernüchterung und Enttäuschung. Zwar hat der Nachhall der großen Ideen von Frankreich her sie tief angerührt, ihre Ansprüche geweckt, ihre Ideale geformt – vermittelt meist durch die Werke der verehrten Älteren: Kant, Fichte, Goethe, Schiller, Herder; die kargen Möglichkeiten zu politisch-gesellschaftlicher Praxis, welche die deutschen Zustände der neu entstehenden Intelligenzschicht ließen, sind von den Älteren ausprobiert, teils aufgegeben, teils verworfen, in wenigen Fällen – deren wichtigster: Goethe – unter Qual und einschneidendem Schmerz und um den Preis der Teilnahme an der Tagespolitik als Lebenskompromiß angenommen worden. «Wir wollen die Umwälzungen nicht wünschen, die in Deutschland classische Werke vorbereiten könnten», hat Goethe, der Abgott dieser Jungen, fünf Jahre vor der Jahrhundertwende in seinem Aufsatz über «Literarischen Sansculottismus» geschrieben. Ein programmatischer Satz, dem man sicher einen entwickelten Sinn für Realismus, nicht aber revolutionäres Feuer nachsagen kann.

Die Entsagung des Sechsundfünfzigjährigen, der Rückzug auf das eigne Werk, auf den Symbolgehalt des eignen Lebens, steht den Zwanzigjährigen nicht frei. Die Revolution erleben sie als Fremdherrschaft. Sie, Söhne und Töchter der ersten Generation deutscher Bildungsbürger und verbürgerlichter armer Adelsfamilien, haben die Wahl zwischen den verkrüppelnden Unterdrückungspraktiken deutscher Duodezfürsten und der Überwältigung durch Napoleon; zwischen dem anachronistischen Feudalismus der deutschen Kleinstaaten und der zwangsweisen Einführung überfälliger verwaltungs- und handelstechnischer Reformen durch den Usurpator, der den Geist der Revolution natürlich strikt niederhält: Wenn dies eine Wahl genannt werden kann, so ist es eine, die das Handeln an seiner Wurzel, schon im Gedanken, erstickt. Sie sind die ersten, die es bis auf den Grund erfahren: Man braucht sie nicht.

«Welche Taten warten noch meiner, oder welche bessere Erkenntnis, daß ich länger leben müßte?» Woher das Argument nehmen, ihr zu widersprechen? Die Utopie ist vollständig aufgezehrt, der Glaube verloren, jeglicher Rückhalt geschwunden. Sie kommen sich einsam vor in der Geschichte. Die Hoffnung, andre – ihr Volk! – könnten sich auf sie beziehn, ist verbraucht. Von Selbstbetrug kann man nicht leben. Vereinzelt, ungekannt, abgeschnitten von Handlungsmöglichkeiten, verwiesen auf die Abenteuer der Seele, sind sie ihren Zweifeln, ihrer Verzweiflung, dem anwachsenden Gefühl zu scheitern schutzlos ausgeliefert. Weniges, so scheint es, genügt, sie in den Abgrund zu ziehn, an dessen Rand sie sehenden Auges gehn. Und es fragt sich noch, ob es weniges ist, was sie umbringt. Ob nicht das, was sie schließlich tötet – eine unglückliche Liebe, mein Gott! –, für sie nur das Zeichen ist, das ihr Schicksal, besiegelt ohnehin, ihnen gibt: verlassen, verkannt, verraten zu sein. Und ob sie diese Zeichen so gänzlich falsch gedeutet haben.

2.

Deutsche Lebensläufe. Deutsche Todesarten.

Überspanntheit, wird es heißen. Übertriebene Verletzbarkeit. Überanstrengung, könnte man doch auch sagen, wenn man nur bereit wäre, Vorwegnahme, Antizipation als Anstrengung gelten zu lassen.

Vorwegnahme – wessen denn?

Das Instrumentarium, das anzusetzen wir gewohnt sind, faßt es nicht. Literarische, historische, politische, ideologische, ökonomische Begriffe begreifen es nicht ganz. Der vulgäre Materialismus unsrer Zeit kann dem dürren Rationalismus ihrer Zeit nicht auf die Sprünge kommen, der rechthaberischen, alles erklärenden und nichts verstehenden Plattheit, gegen den die, von denen wir reden, sich ja grade zur Wehr setzen: gegen die eiskalte Abstraktion, diese ganz schauerliche Unbeirrbarkeit auf falsche, nicht mehr befragte Ziele hin, gegen die unaufhaltsame Verfestigung der zerstörerischen Strukturen, gegen das erbarmungslose Zweckmäßigkeitsdenken, die sich als Angst, Depression, als Hang zur Selbstzerstörung in ihnen niederschlagen.

Ein Zeugnis für die Bewußtseinslage dieser Generation, der sich der große Denkansatz der deutschen Aufklärung zu pragmatischer Vernünftelei eingeebnet, der sich das Bild der Welt entfärbt und verflacht hat, ist das frühe Gedicht der Günderrode, mit dem sie sich als eine philosophische Dichterin einführt:

Vorzeit, und neue Zeit

Ein schmaler rauher Pfad schien sonst die Erde.
Und auf den Bergen glänzt der Himmel über ihr,
Ein Abgrund ihr zur Seite war die Hölle,
Und Pfade führten in den Himmel und zur Hölle.

Doch alles ist ganz anders nun geworden,
Der Himmel ist gestürzt, der Abgrund ausgefüllt,
Und mit Vernunft bedeckt, und sehr bequem zum gehen.

Des Glaubens Höhen sind nun demolieret.
Und auf der flachen Erde schreitet der Verstand,
Und misset alles aus, nach Klafter und nach Schuhen.

Der Ton: nicht wehleidig. Kein selbstmitleidiges Sentiment. Authentische Schilderung, der wir gerecht werden müssen.

Eine andre Sicht also, andre Wörter. Das Wort «Seele» müssen wir hervorholen, ein Wort wie «Sehnsucht» wieder in seine Rechte einsetzen, Vorbehalte fallenlassen. «Schwebereligion», schreibt die Bettina Brentano an die Günderrode, eine Schwebereligion wollen sie gründen, und ihr oberstes Prinzip soll es sein, «daß wir keine Bildung gestatten – das heißt, kein angebildetes Wesen, jeder soll neugierig sein auf sich selber und soll sich zutage fördern wie aus der Tiefe ein Stück Erz oder ein Quell, die ganze Bildung soll darauf ausgehen, daß wir den Geist ans Licht hervorlassen». «Neugier» also, «Phantasie» – und nicht nur in der verächtlichen Schimpfform: Phantasterei: Welche Sprache schlagen sie an, welche beglückende Anmaßung, welch aufsässiger Geist. Welche Herausforderung an unsre verschüttete Fähigkeit, Wörter als Botschafter unsrer Sinne, auch unsrer Sinnlichkeit aufzunehmen, in Sätzen uns selbst hervorzubringen und unsre Sprache nicht zur Verhinderung von Einsichten, sondern als Instrument der Erkundung zu gebrauchen. Welche Gelegenheit auch, unsre eigne Lage zu begreifen.

«O, welche schwere Verdammnis, die angeschaffnen Flügel nicht bewegen zu können; Häuser bauen sie, wo kein Gastfreund drin Platz hat! – O Sklavenzeit, in der ich geboren bin!... Wie! Ihr habt den Geist eingesperrt und einen Knebel ihm in den Mund gesteckt und den großen Eigenschaften der Seele habt ihr die Hände auf den Rücken gebunden?» Dies seien so «nachwehende Töne» aus ihren «Unterhaltungen mit der Günderode», schreibt Bettine dem Bruder Clemens, und ich weiß nicht, ob es nicht eigentlich Neid ist, wenn wir solch hochfliegende Fragen mit dem Worte «schwärmerisch» abwehren wollen: Neid auf ihr Ungestüm, auf die Unbefangenheit, mit der sie ihre Misere angehn, auf ihre selbstverständliche Weigerung, sich den Maßstäben und Regeln der mörderischen Normalität zu unterwerfen.

Jedenfalls hält das Märchen von der schönen, weltfremden Günderrode der Nachprüfung nicht stand. Bettina Brentano, um acht Jahre jünger, nicht ihre einzige Gefährtin, beschreibt die Freundin am genauesten: «Sie war so sanft und weich in allen Zügen, wie eine Blondine; sie hatte braunes Haar, aber blaue Augen, die waren gedeckt mit langen Augenwimpern; wenn sie lachte, so war es nicht laut, es war vielmehr ein sanftes, gedämpftes Girren, in dem sich Lust und Heiterkeit sehr vernehmlich aussprach: sie ging nicht, sie wandelte, wenn man verstehen will, was ich damit auszusprechen meine;... ihr Wuchs war hoch, ihre Gestalt war zu fließend, als daß man es mit dem Worte schlank ausdrücken könnte; sie war schüchtern-freundlich und viel zu willenlos, als daß sie in der Gesellschaft sich bemerkbar gemacht hätte.»

Bettine und Karoline haben sich in Frankfurt kennengelernt – die eine ist die Tochter des bekannten, nicht unvermögenden Brentanoschen Hauses in der Sandgasse, die andre lebt seit ihrem neunzehnten Jahr als Stiftsdame im Kronstettischen adelig evangelischen Damenstift – das man sich keineswegs als ein Kloster, wohl aber als einen stillen, weltabgewandten Ort zur Verwahrung unverheirateter Töchter aus mittellosen Adelsfamilien vorstellen muß. Die Satzungen, die für den Eintritt ins Stift ein Mindestalter von dreißig Jahren vorsehen, werden der Günderrode wegen geändert – das mag auf ihre Zwangslage hindeuten. Auf Lustbarkeiten ist sie nicht erpicht – die Stiftsdamen sollen Theater und Bälle möglichst nicht besuchen. Wir wissen von einem Theaterbesuch der Karoline, und kurz vor ihrem Tod will ein anonymer Korrespondent sie als stille Pilgerin auf einem Maskenball gesehen haben; das Verbot, Männer allein zu empfangen, wird nicht strikt durchgesetzt; in der Nähe kann sie sich unbeschränkt bewegen, für Reisen auf weitere Entfernung braucht sie eine Erlaubnis, die ohne weiteres erteilt wird. Hin und wieder entschuldigt sie sich bei Freunden, sie könne einen erbetenen Besuch nicht machen, da sie gebunden sei.

Gebunden ist sie in vielfacher Hinsicht: an ihr Geschlecht, an ihren Stand, an ihre Armut, an ihre Verantwortung als Älteste von sechs Geschwistern, deren Vater früh starb, deren Mutter – von der Karoline sich nicht recht geliebt weiß – nicht imstande ist, der Familie ein Mittelpunkt zu sein. Es gibt Dokumente über Erbschaftsstreitigkeiten zwischen den Geschwistern und der Mutter; eine ihrer Schwestern verhilft Karoline zur Flucht aus dem Hause der Mutter, eine andre, ihre Lieblingsschwester, muß sie, selbst noch ganz jung, auf dem Totenbett pflegen. Eine Jugend im Umkreis des winzigen Hofes von Hanau. Enge, Begrenztheit, Eingeschränktsein. Einzige Ausflucht: geistige Arbeit, Bildung.

Zum erstenmal taucht gleichzeitig eine Reihe von Frauen aus der Geschichtslosigkeit auf; die Zeit hat mit ihren Losungen «Freiheit!», «Persönlichkeit!» auch Frauen erfaßt, die Konvention macht ihnen beinahe jeden selbständigen Schritt unmöglich. Oft steht ihre grenzlose Sehnsucht nach Unabhängigkeit im Gegensatz zu ihrer Scheu. Karoline – steif im schwarzen Ordenskleid mit dem hohen weißen Kragen und dem Kreuz auf der Brust – fürchtet sich, vor den andern Stiftsdamen laut das Tischgebet zu sprechen; doch sie träumt mit der Bettine von großen weiten Reisen. Gemeinsam fertigen sie sich eine Karte von Italien an, auf der reisen sie im Geiste, und später, im Winter, erinnern sie sich dieser niemals verwirklichten Fahrten, als hätten sie stattgefunden. Darauf angewiesen sein, sich an Erfindungen zu erinnern, eine Fiktion dem Gedächtnis als Wirklichkeit einzuverleiben – deutlicher könnte nichts die Grenzen markieren, auf die sie sich verwiesen sieht. Nur im Traum, in der Phantasie, im Gedicht kann sie sie überschreiten.

Gebunden an ihr Talent: Wann hat es das bei Frauen vorher gegeben? Die Günderrode kann nicht daran denken, ihre überdurchschnittlichen Fähigkeiten auf Schulen und Universitäten auszubilden; mit ihren Studien – die sie zäh und systematisch betreibt – ist sie auf ihren eignen Fleiß, ihren Wissensdurst, aber auch auf Rat, Hilfe, praktischen Beistand von Freunden und Freundinnen angewiesen. Produktive Bindungen – sie kennt sie, geht sie bewußt ein: «Mitteilung ist mir Bedürfnis.» Die neuen Wertvorstellungen dieser Jungen, die sie in den erstarrten oder schnell erstarrenden Institutionen nicht verwirklichen können, werden formuliert, erörtert und erprobt in Freundeskreisen Gleichgesinnter. Das ist es, was ich Antizipation, Vorwegnahme nennen will: der Versuch, die Vereinzelung zu durchbrechen und sich in neuen, produktiveren Lebensformen zu bewegen, Lebensformen aus dem Geist einer Gruppe heraus.

Die Günderrode, gewiß nicht Mittelpunkt, aber doch Glied eines lockeren Kreises junger Literaten und Wissenschaftler, die die kurze Spanne zwischen zwei Zeiten nutzen, in fliegender Eile ihr Lebensgefühl auszubilden und auszudrücken. Daß sie sich nach zwei Seiten hin wehren müssen – gegen den bornierten Feudalismus und gegen den tristen Erwerbsgeist der neuen Zeit –, gibt ihren Verlautbarungen die elegischen, gebrochenen, auch ironischen Töne, macht sie sich selbst zu Objekten der Beobachtung und Beschreibung, erhöht noch ihre Sensibilität, aber auch den Grad ihrer Gefährdung und ihre Verlorenheit.

Sowenig die Günderrode sich einordnen läßt in eine der Definitionen der Literaturgeschichte – «Frühromantik», «Klassik» –, so wenig ist sie denkbar ohne den geistigen Kontakt mit denen, die um die Jahrhundertwende in Jena die neue literarische Richtung ausmachen – die Schlegel, Tieck, Novalis, Clemens Brentano, Schelling, die Gelehrten wie Carl von Savigny, Friedrich Creuzer, Cristian Nees von Esenbeck; dazu die Frauen – die Schwestern, Freundinnen, Geliebten, Ehefrauen und, zum ersten Mal, Mitarbeiterinnen dieser Männer, wenn sie auch, wie die Dorothea Schlegel ihren Anteil an der Shakespeare-Übersetzung, ihre Mitwirkung am Werk der Männer manchmal noch verschweigen. Die Namen derer, die berühmt wurden – wie die Caroline Schlegel-Schelling, die Bettine Brentano, die Sophie Mereau-Brentano, die Rahel Varnhagen –, stehen für andre, ähnlich gebildet, ähnlich unruhig, ähnlich suchend: Der Briefwechsel der Günderrode ist ein Zeugnis dafür. Frauen, die es fertigbringen, ihre eigne Lage zu reflektieren – ein Vorrecht, das wie jedes Privileg seinen Preis hat, der heißt: Aufgabe von Geborgenheit, von Sicherheit, Verzicht auf das frühere Selbstverständnis der abhängigen Frau, ohne die Gewißheit, eine neue Identität zu gewinnen. Ursprünglichkeit, Natürlichkeit, Wahrhaftigkeit, Intimität gehören zu ihrem universalen Glücksanspruch; sie lehnen ab, was die Hierarchie verlangt: Kälte, Steifheit, Absonderung und Etikette. Beinahe voraussetzungslos, auf Ideen nur, nicht auf soziale, ökonomische, politische Gegebenheiten gestützt, sind sie dazu verurteilt, Außenseiter zu werden, nicht Revolutionäre, wie die Romantiker in anderen europäischen Ländern, die von ihren «romantischen» Dichtern einen andern, politischen Gebrauch zu machen wissen. Hierorts werden sie in die Isolation getrieben, in Verwirrung, in Selbstzweifel, die sie durch Grimassieren, durch exaltierte Gesten abzuwehren suchen: was man ihnen dann, zu ihrer Belastung, vorhalten wird. Wir sehen sie gewagte Kunststücke ausführen, halsbrecherische Klettereien, extravagante Experimente mit sich selbst anstellen: Der Boden brennt ihnen unter den Fußsohlen; der Philister hat seinen Fuß darauf gestellt, er besetzt ihn, Stück um Stück, er bestimmt von nun an, was als vernünftig zu gelten habe, und er beginnt diese hier, von denen die Rede ist, mit seinem Unverständnis, seinem Hohn, seinem Haß, seinem Neid und seinen Verleumdungen zu verfolgen.

Auch die Günderrode hat sich ihr Leben lang mit Klatsch- und Verleumdungsgeschichten herumzuschlagen. Schier unglaublich ist die Kühnheit, mit der sie sich in ihrem anfangs zitierten Brief von 1801 – der übrigens an Gunda Brentano, eine Schwester des Clemens und der Bettine, gerichtet ist – zu ihren «männlichen Neigungen» bekennt. Eine Frau, die kein «Weib» sein, sich «weiblichen Tugenden» nicht unterwerfen will! Nur zu begreiflich die Irritation am Schluß des Briefes: «Gunda, Du wirst über diesen Brief lachen; er kommt mir selbst so unzusammenhängend und verwirrt vor.»

Würden ihre Neigungen ruchbar, der Vorwurf der «Unnatur» wäre ihr sicher. Grübelnd zieht sie sich in sich selbst zurück. Als sie sich 1804 entschließt, als Dichterin hervorzutreten, wählt sie ein männliches Pseudonym: Tian.

Sie habe ihr Leben und ihre Liebe nicht auf Realität gegründet, wird man der Toten nachsagen. Die so reden und schreiben, vergessen, daß da keine Realität war, auf die sich etwas gründen ließ. Redlich ist sie die Möglichkeiten durchgegangen, die ihr gegeben sind, in immer neue Rollen fliehend, die ihr wenigstens teilweise erlauben, ihr wahres Gesicht zu zeigen; sie verliert an Kraft dabei und sieht sich am Ende der banalsten aller Rollen ausgeliefert: der der verschmähten Geliebten. Zwischen dem Brief an Gunda und ihrem Tod liegen fünf Jahre. Das ist die Zeit, die sie sich gibt, an der Vollkommenheit zu arbeiten, nach der sie strebt. Eine Art Selbstversuch, sie weiß es.

Überanstrengung? Die Günderrode liegt oft mit Kopf- und Brustschmerzen in ihrem abgedunkelten Zimmer. «Es ist ein häßlicher Fehler von mir», schreibt sie, immer noch im gleichen Brief an Gunda Brentano, «daß ich so leicht in einen Zustand des Nichtempfindens verfallen kann, und ich freue mich über jede Sache, die mich aus demselben reißt.» Die Psychologie, die imstande wäre, ihr ihre Zustände zu erklären, gibt es noch nicht, auch nicht das Wort für ihre Vor-Empfindung; feinfühlige Antennen, die nehmen Signale auf, die sich als Alp auf Brust und Kopf legen. Unheimlichkeit des Banalen, hier als das «Nichts», als Angst vor dem Nichts zum erstenmal erfahren; eine Angst, vor der sie ins Nichtempfinden flieht, um sich so – es ist ein makabres Gesetz – nur weiter von sich zu entfernen. Das Wort, das sie nicht gekannt hat, wir kennen es: Selbstentfremdung. Wissen, daß, was benannt, noch nicht gebannt sein muß.

«Ein häßlicher Fehler von mir», sagt sie, hält sich für kalt, wenn ihre überanstrengten Empfindungen zusammenbrechen. Sie ist stolz, bei schwachem Selbstgefühl, und sie würde sich, wer weiß, vielleicht dem verhängnisvollen Urteil dessen, der ihrer aller Abgott ist, unterwerfen: Goethes. Fast boshaft, ihn hier noch einmal anzuführen mit seinem Vorurteil, das Klassische nenne er das Gesunde, das Romantische das Kranke. Er, der seiner selbst so sicher nicht ist, daß er diese Jungen ruhig gelten lassen, sich in ihre andern Bedingtheiten hineinversetzen könnte; dem die Stimmungen, die er ihnen ankreidet, so fremd nicht sind; der das bestätigende Wort, das sie erheben würde, nicht über sich bringen kann, ihre Zerrissenheit verabscheut und fürchtet – durch Unverständnis, Verkennung schlägt er sie nieder. Hölderlin, Kleist müssen es erleben.

Hölderlin. Welche der Figuren man berühren, an welchem der Fäden man ziehen mag – immer bewegen die anderen sich mit, immer rührt sich das ganze Gewebe. Schwer, in zeitliche Aufeinanderfolge, in lineare Erzählweise zu bringen, was gleichzeitig von vielen Seiten auf die Günderrode einwirkt. An den Garten des Kronstettischen Damenstifts stößt der Garten einer gewissen Familie Gontard, bei der Friedrich Hölderlin zwar nicht mehr Hauslehrer ist, doch lebt er bis 1801, nur «drei kleine Stunden weit», in Homburg, seit 1804 wieder als Hofbibliothekar des Landgrafen, hat heimlich Susette Gontard besucht, seine Diotima, welche 1802 stirbt und die Karoline, soviel wir wissen, nicht gekannt hat. In ihr Studienbuch hat sie einen Vers von Hölderlin notiert:

> Den Hunger nennen wir Liebe: und wo wir
> nichts sehen da glauben wir unsere Götter.

Hellsichtige Skepsis, die sie, vom naiven Glauben abgekommen, teilt. Die persönlichen und politischen Tragödien der Dichter kommen gewöhnlich erst spät ans Licht durch die Veröffentlichung von Briefen und von Polizeiakten politischer Prozesse. Bettine Brentano und die Günderrode, die, wenn man dem Briefroman der Bettine folgen will, über Hölderlin sprachen, den sie liebten, die seinen Freund Sinclair über ihn ausfragten, seine beginnende Zerrüttung einer «feinen Organisation» zuschrieben – sie konnten nicht wissen, daß Hölderlin, nicht nur gestreift, sondern aufgewühlt von der Französischen Revolution, im Jahr 1805, als Sinclair verhaftet wird, in Gefahr, umstürzlerischer Umtriebe mit verdächtigt zu werden, auf die Straße stürzt und in Panik ausruft: «Ich bin kein Jakobiner, ich will kein Jakobiner sein!» Und daß er danach irre wird, was eben jener Sinclair ihm nie so recht glauben kann. Als sei der Wahnsinn ein frei gewähltes Versteck, ein Selbstschutz, um einem unerträglichen Zugriff zu entgehen.

Man hat die Günderrode oft zusammen mit Hölderlin genannt, nicht ohne ein gewisses Recht, was den Geist ihrer Dichtungen betrifft. Sie ist ihm näher als den Romantikern, so sehr sie Novalis verehrt, die Gedichte des Clemens Brentano liebt und bewundert. Zwischen Hölderlin und ihr gibt es eine Verwandtschaft von den Wurzeln her, die überraschende Vergleichsmöglichkeiten eröffnet. Unbekannt war der Günderrode selbstverständlich jener «Entwurf» eines Systemprogrammes, den die Studenten Hegel, Schelling und Hölderlin in den frühen neunziger Jahren im Stift zu Tübingen zu Papier brachten und der es unternimmt, Mittel herauszufinden, die Kluft zwischen den «Ideen» und dem Volk zu überbrücken – eine Kluft, die die beiden deutschen Philosophen und den Dichter eines «tatenarmen» Volks unglücklich macht. Wie muß die Welt für ein moralisches Wesen beschaffen sein? Die Frage aller Fragen stellen sie an den Anfang (Johannes Bobrowski wird sie aufgreifen, da sie unerledigt geblieben ist), führen den Beweis, daß der Staat «aufhören» müsse («denn jeder Staat muß freie Menschen als mechanisches Räderwerk behandeln»), fordern die Einsetzung der Vernunft an die Stelle von Afterglauben, fordern die «absolute Freiheit aller Geister, ... die weder Gott noch Unsterblichkeit außer sich suchen dürfen» und kommen zur «Idee, die alle vereinigt»: zur Idee der Schönheit, zur «Poesie als Lehrerin der Menschheit». Sie haben die Vision von einer «Mythologie der Vernunft», die «das Volk vernünftig» und «die Philosophen sinnlich» machen soll, damit endlich «Aufgeklärte und Unaufgeklärte sich die Hand reichen» müssen und ein frommer Wunsch sich erfüllen kann: «Dann herrscht ewige Einheit unter uns. Nimmer der verachtende Blick, nimmer das blinde Zittern des Volks vor seinen Weisen und Priestern. Dann erst erwartet uns *gleiche* Ausbildung *aller* Kräfte, des Einzelnen sowohl als aller Individuen. Keine Kraft wird mehr unterdrückt werden, dann herrscht allgemeine Freiheit und Gleichheit der Geister.»

Das ist die Sprache vor dem Verlust der Hoffnung, und es ist die Illusion von Idealisten, die sich die Umwälzung der Verhältnisse von den Ideen erwarten. Wer aber würde, Geschichte und Gegenwart der Deutschen vor Augen, solche Sätze zu belächeln wagen?

Überraschend, wie stark der Gang dieser Ideen den Schritten ähnelt, welche die Günderrode in ihrer geistigen Entwicklung geht, bis zur beharrlichen Hinwendung zur Mythologie, der Quelle vieler ihrer Dichtungen und philosophischen Traktate. Wenn wir, durch diesen «Systementwurf» angeregt, die Gründe im Auge behalten, die für diese Wendung bestimmend gewesen sein mögen, die neuen Vergleichspunkte mit Hölderlin, die sich daraus ergeben – vielleicht finden wir leichter Zugang zu ihren Arbeiten, deren fremde Hülle uns ungewohnt ist.

3.

Verstellungen, Maskerade.

Ein einziges Mal wird in den Dokumenten, die Günderrode betreffend, die Französische Revolution erwähnt: in einem Brief des Marburger Rechtsgelehrten Friedrich Carl von Savigny, den er der Günderrode am 8. Januar 1804 schreibt. «Ey, ey, lieber Freund», heißt es da, «Sie haben einmal wunderliche Empfindungen und Vorsätze gehabt. Sie haben ja ordentlich republikanische Gesinnungen, ist das vielleicht ein kleiner Rest von der französischen Revolution? Nun, es soll Ihnen verzeihen sein, wenn Sie versprechen wollen, sich noch manchmal darüber auslachen zu lassen.»

Ein Brief, der die Dreiundzwanzigjährige in ihrem wundesten Punkt trifft, in ihrer unerwiderten Liebe zu Savigny – man sollte es hinter der politischen Sprachmaskerade nicht vermuten. Doch in dem Stück, was da gegeben wird, sind Masken allen Mitspielern etwas Normales, besonders die Abgewiesene, Dritte, die am meisten zu verbergen hat – Karoline –, braucht sie andauernd. «Republikanische Gesinnungen?» Nun, ihre Freundin Gunda Brentano, die inzwischen Savignys Braut ist, hat sich bei ihrem Verlobten über die Karoline beklagt: «Das Günderrödchen hat es auf einmal sehr drükkend gefunden, daß ich doch zum Teil das Verhältnis zwischen Dir und ihr beherrsche. Und da es eigentlich sein Gefühl empört, von irgendetwas in der Welt abzuhängen, nicht frei und einzig die erste in jedem Verhältnis zu sein, denk Dir nur, da wollte es mit Kraft und Mut sich von Dir und mir losreißen und glaubte, es hätte da etwas sehr Vortreffliches getan.»

Savigny hat so unrecht nicht: Ohne die Französische Republik, vor ihr hätte eine Frau wohl kaum begehren können, unabhängig und frei zu sein; ihm, dem ernsthaften, politisch denkenden Mann muß die Republik für eine scherzhaft-drohende Ermahnung herhalten. Republikanische Gesinnungen sind nicht mehr in Mode. Savigny hat 1803 seine Schrift über das «Recht des Besitzes» herausgebracht, die Gleichheitsutopie in das neue bügerliche Recht geflochten – aufs Rad. Ein glänzender Kopf, ein Realist, ein sympathischer, fester Mann, großzügig auch, einfühlend. Die Günderrode liebt ihn. Im Frühsommer 1799 hat sie ihn auf einem Landsitz bei Freunden kennengelernt. Einer Freundin bekennt sie den «tiefen Eindruck», den er sofort auf sie gemacht hat, schildert, wie so etwas gewöhnlich bei Mädchen ihrer Art geht: «Ich suchte es mir zu verbergen und überredete mich, es sei bloß Teilnahme an dem sanften Schmerz, den sein ganzes Wesen ausdrückt, aber bald, sehr bald belehrte mich die zunehmende Stärke meines Gefühls, daß es Leidenschaft sei, was ich fühlte.»

Allzu bekannter Vorgang. Ungewöhnlich nur, daß die heimlich Liebende – die natürlich des geliebten Mannes nicht würdig zu sein glaubt – über Büchern ihren Schmerz vergißt; sie liest Jean Pauls «Siebenkäs», der ihr sehr gefällt, vor allem aber Herders «Ideen zur Philosophie der Geschichte der Menschheit», die ihr ihre «eignen Leiden und Freuden in dem Wohl und Wehe der ganzen Menschheit» vergessen machen. Da fällt sie nun deutlich aus der Rolle des Mädchens, das sich um sich selbst und ihrer Nächsten Angelegenheiten zu kümmern hat. Doch bittet sie dringlich die Freundin, ihr nur ja von «S.» zu schreiben: «Es ist ja das einzige, was ich von ihm haben kann: Der Schatten eines Traumes.»

Man könnte abergläubisch werden: Da hat sie selbst die Formel über sich verhängt, die ihr Schicksal werden soll.

Sie will ja vereinen, was unvereinbar ist: von einem Mann geliebt werden und ein Werk hervorbringen, das sich an absoluten Maßstäben orientiert. Die Frau eines Mannes und Dichterin sein; eine Familie gründen und versorgen und mit eignen kühnen Produktionen in die Öffentlichkeit gehn – unlebbare Wünsche. Drei Männer haben in ihrem Leben eine Rolle gespielt: Savigny, Clemens Brentano, Friedrich Creuzer – drei Varianten der gleichen Erfahrung: Was sie begehrt, ist unmöglich. Dreimal erfährt sie das Unleidlichste: Sie wird zum Objekt gemacht.

Während sie liebt, sich sehnt, leidet, schweigt, lernt, dichtet; während Savigny eine erfolgreiche Karriere beginnt, die ihn auf den Stuhl des preußischen Justizministers führen wird; während Karolinens Familie insgeheim darauf wartet, daß er sich ihr erklärt – währenddes vermittelt Clemens Brentano, dem die Günderrode nicht immer gleichgültig war, der sich aber seit einem peinlichen Vorfall von ihr zurückhält, die Ehe zwischen seinem Freund Savigny und seiner Schwester Kunigunde, genannt Gunda, der Freundin der Günderrode. Der Kreis, in dem sie alle sich bewegen, ist klein; viele Augen sehen alles, viele Münder bereden alles.

Dem Savigny, der doch eigentlich eine Professorengattin sucht, ist die Günderrode nicht recht geheuer; er denkt in Schablonen, so wird er aus ihr nicht schlau. Er fragt sich, ob er «dem Gerücht glauben soll, nach dem sie kokett oder prüd oder ein starker männlicher Geist sein müsse, oder ihren blauen Augen, in denen viel sanfte Weiblichkeit wohnt».

Heilige Unschuld. Er wird sich hüten, dem Gerücht auf den Grund zu gehn, die einander ausschließenden Behauptungen zu prüfen. Er wirbt um Gunda, die vom Genius der Familie Brentano nicht eben viel geerbt zu haben scheint, aber teil hat an der Bildung, an der Kultur ihrer Kreise. Und die gutherzig ist, großmütig darauf besteht, die Freundin Günderrode als Dritte in ihren Bund zu ziehn. Wie bequem für Savigny. Da er in festen Händen ist, leistet er es sich, mit der Frau, die ihn doch fasziniert, einen launigen, ironischen, ungefährlichen Briefwechsel anzufangen, in unverbindlicher Manier. Die tut nur der weh, die liebt.

«Der liebe Gott, mein Fräulein, hat es nicht haben wollen, daß ich Ihnen einen Brief in Gießen übergeben sollte...»

Darauf sie: «Ich nehme es in allem Ernst dem Himmel sehr übel, daß er sich so häßlich in meine Angelegenheiten mischt...»

Er, da er erfahren hat, sie werde mit ihrer Frau Tante nach Marburg reisen, findet, «daß es für Sie durchaus notwendig ist, die Dinge zu sehen, die sich hier befinden, ja, daß ich kaum begreife, wie Sie das alles bis jetzt haben entbehren können...»

Man könnte ihn ein bißchen grausam nennen, wenn er sich viel dabei denken würde. Die Günderrode hält tapfer den Ton und versichert, da sie zu reisen leider verhindert ist: «Unter den Merkwürdigkeiten von Marburg, die ich vorzüglich gern gesehen hätte, waren einige Gelehrte, oder einer (ich kann nicht recht gut zählen)...»

In dieser Art. Geplänkel, Spiel mit dem Feuer. Der Roman einer vermiedenen Liebe, im Stil der Zeit, das heißt in Briefen niedergeschrieben; nur daß die Schreiber zugleich die Romanfiguren sind, ein moderner Zug, und daß eben dadurch die Gefahr – vielleicht auch die Versuchung – der Grenzverletzungen zwischen Literatur und Leben naheliegt. Übrigens wird die innere Handlung verdeckt geführt, das dunkle Grundmotiv, der Verzicht, darf nicht hervortreten; vorsichtig wird es in Sätze eingeschmuggelt, die von Unbefangenheit strotzen: «Gunda behauptet, ich habe eine kleine Leidenschaft für Sie, aber es ist nicht, gewiß nicht...»

Gewiß nicht. Wenn nur die Schreiberin nicht vom einen zum nächsten Satzteil die Miene ändern, das Lächeln fallenlassen, mit unverstellter Stimme sprechen würde: «Wenn Sie mich kennten, würden Sie wissen, daß es nicht sein kann. Aber Sie kennen mich nicht, es ist Ihnen vielleicht gleichgültig, wie ich bin, was ich sein kann und was nicht, und doch habe ich den Mut zu hoffen, ja, ich weiß es gewiß, ich werde Ihnen einst angehören wie ein Freund oder wie eine Schwester; ich kann es mir deutlich denken, und mein Leben um vieles reicher; doch erst dann – Sie wissen wohl, wann ich meine.» – Wir wissen es auch: wenn Savigny mit Gunda verheiratet ist.

Gekannt werden – der inständige Wunsch von Frauen, die nicht durch den Mann, sondern durch sich selber leben wollen: Hier scheinen seine Wurzeln zu sein, und er setzt sich fort bis heute und ist auch heute noch seltener erfüllt als unerfüllt, weil das Losungswort «Persönlichkeit!», unter dem das Bürgertum angetreten, von der Masse der Produzenten niemals eingelöst werden konnte. Eine kühne Idee, zwischen Mann und Frau könnten andre Beziehungen walten als die von Herrschaft, Unterordnung, Eifersucht, Besitz: gleichberechtigte, freundschaftliche, hilfreiche. Schwester sein, Freund (die männliche Form!) – unerhörte Angebote. Beweis dafür, daß Not und Bedrängnis zu phantastischen Einfällen führen, die niemals zu verwirklichen, doch auch niemals mehr ganz und gar aus der Welt zu schaffen sind.

Die Sprache, die die Günderrode mit sich selber spricht, das Gedicht, hört sich anders an.

O reiche Armut! Gebend, seliges Empfangen!
In Zagheit Mut! In Freiheit doch gefangen.
    In Stummheit Sprache
    Schüchtern bei Tage,
    Siegend mit zaghaftem Bangen.
Lebendiger Tod, im Einen sel'ges Leben.
Schwelgend in Not, im Widerstand ergeben.
    Genießend schmachten,
    Nie satt betrachten,
    Leben im Traum und doppelt Leben.

Eines der ersten vollkommen offenen Liebesgedichte einer Frau in der deutschen Literatur, unverkappt, uneingekleidet. Ein Gedicht, hervorgetrieben vom unlösbaren Widerspruch, gehalten von der Spannung der einander ausschließenden Elemente, Zeugnis dieser Spannung: gebändigte Unmittelbarkeit. «Gedichte sind Balsam auf Unstillbares im Leben.»

Wer so weit gegangen ist, die Mittel ausprobiert, seine Wirkung an sich erfahren hat, kann nicht mehr zurück. Er kann nur um jeden Preis dies merkwürdige Instrument entwikkeln, das, indem es einen Schmerz bewältigt, einen neuen hervorbringt: sich selbst. Dieses Subjektwerden aber läuft dem Zeitgeist entgegen, der auf Nützlichkeit, Verwertbarkeit, die Verwandlung aller Verhältnisse in Tauschwerte dringt. Als habe ein böser Zauber die Dinge und Menschen berührt. Wie sollte ihnen nicht unheimlich werden? Wie sollten sie nicht böse Ahnungen haben und sie in bösen, unheimlichen Märchen ausdrücken? Wie sich dem Gefühl der Sinnentleerung entziehn. («Dies Zeitalter deucht mir schal und leer, ein sehnsuchtsvoller Schmerz zieht mich gewaltig in die Vergangenheit.»)

«Ich meine nämlich» – Savigny, immer noch –, «daß eine gewisse hingebende Weichheit und das berühmte Helldunkel gar nicht zu Ihrem eigentlich eigentlichen Wesen gehören.

... Nicht zu weich sein und zu wehmütig und zu sehnsüchtig – klar werden und fest und doch voll Wärme und Freude des Lebens ...» Der Mann, der sie formen will nach seinem Bilde. Das Jahr 1803 ist vergangen. Im Dezember hat das Hin und Her ihrer Briefe sie zu Geständnissen reif gemacht, die sie einander bisher vorenthielten. Die Verschlüsselung und Vertauschung, zum äußersten getrieben, führt endlich dazu, daß Klartext gesprochen wird; die doppelte Verneinung ergibt die Bejahung: Savigny stellt sich, als glaube er nicht, «die Sache», die er ihr erzählen will, könne sie interessieren, «was doch gar nicht wahr ist». So abgesichert, kommt die rührende Geschichte vom periodischen Schmerz an seiner rechten Hand zutage, die ihm ein «Jemand», dem er beim Einsteigen in eine Kutsche hatte helfen wollen, im Kutschenschlag eingeklemmt hat, so daß er viele Wochen nichts gefühlt habe als diesen Druck, der immer wiederkehre, sobald das Wetter sich ändere. Sehr berühmte Ärzte in Sachsen hatten gemeint, er müsse sich wohl verbrannt haben, helfen könnten sie ihm nicht. Und melancholisch fügt er hinzu: «Man spricht viel von den Leiden des jungen Werther, aber andere Leute haben auch ihre Leiden gehabt, sie sind nur nicht gedruckt worden.»

Und dann erwidert er ihr früheres Angebot. Er, als «gebranntes Kind», scheue das Feuer; zwar stehe er nicht dafür, daß er sich nicht zu Zeiten etwas in sie verliebe, was der Freundschaft Abbruch tun solle, doch müßte es «entsetzlich unnatürlich zugehn», wenn sie beide nicht «sehr genaue Freunde» werden sollten.

Die Günderrode ist vor Freude außer sich. «Recht, so recht innig hat Ihr Brief mich gefreut ...» Seine kranke Hand hat sie lieber, als wenn sie immer gesund geblieben wäre. Die Verstimmung, die sie bei seinen Briefen oft empfunden («es war ein häßliches, todkaltes Gefühl»), scheint aufgelöst. «Ihr beide gehört nun zu meinem Schicksal.» Sie macht sich klein, verfolgt selbstmitleidige Phantasien, findet es «so recht gut und noch viel mehr als gut» von den beiden – Savigny und Gunda –, «daß Ihr noch an das Günderrödchen denken könnt, daß Ihr nicht sagt: Gehe hinaus, suche Dir ein Obdach, wir haben keinen Platz für Dich».

Der Rückschlag auf diesen Überschwang muß kommen: ihr Versuch, sich aus dem Verhältnis zu befreien, in dem sie nicht die erste und einzige ist; darauf Savignys schelmische Erwiderung, sie sei republikanischer Gesinnungen verdächtig, und dann sein verständiger Exkurs über das Recht des Stärkeren in allem geistigen Besitz: Will sagen, die beiden Frauen können getrost konkurrieren um die freien geistigen Valenzen des Mannes, und er wird die jeweils Stärkere – diejenige, die ihm mehr zu bieten hat – siegen lassen. Der Markt ist frei für jeden, und das Recht des Stärkeren gilt überall. Nun wird die Ökonomie die Werte setzen.

«Wie boshaft! Wie ironisch! Wie abscheulich!» Ach, hilflose Gegenwehr. Die Art von Realitätssinn, die jetzt gelten soll, geht der Günderrode ab. «Ein solches System von politischer Ökonomie sollte man nicht in die Empfindungen mischen.»

Zu spät, der Bann hat gewirkt, und die Frauen, die nicht wissen, wie ihnen geschieht, kennen den Gegenzauber nicht. Also werden sie unrealistisch. Denn was realistisch ist, bestimmen die Männer, die über Politik, Produktion, Handel und Forschung verfügen; indem sie sich um des wirklich Wichtigen, das heißt, um der Geschäfte oder des Staatsdienstes willen, ihren Frauen als ganze Person entziehn, erfahren diese einen schrecklichen Realitätsverlust und zugleich ihre eigne Minderwertigkeit, werden kindisch oder zu rachsüchtigen Furien, stilisieren sich zur «schönen Seele» hinauf oder zur bieder-sittsamen Hausfrau hinunter, fühlen sich überflüssig und halten den Mund. Unter den wenigen, die reden, dichten, singen, wird die Mehrzahl versuchen, ihren Schwestern ihr Los schmackhaft zu machen: Die «Frauenliteratur» beginnt. Einige aber, die nicht gezähmte Haustiere werden, sprechen ein wildes «männliches» Glücksverlangen aus:

Wär ich ein Jäger auf freier Flur,
Ein Stück nur von einem Soldaten,
Wär ich ein Mann doch mindestens nur,
So würde der Himmel mir raten;

Nun muß ich sitzen so fein und klar,
Gleich einem artigem Kinde,
Und darf nur heimlich lösen mein Haar
Und lassen es flattern im Winde!

Wer, außer speziellen Kennern, würde diese Strophen der Annette von Droste-Hülshoff zuschreiben, von der man lesen konnte, sie sei «nervenkrank» gewesen – zumindest nervenschwach?

Solange sie kann, hält die Günderrode sich an die Regeln, die Savigny für ihren Umgang festgelegt hat, temperiert ihr Gefühl, sammelt ihre Seelen- und Verstandeskräfte auf die Arbeit, die zweite Leidenschaft. «Ich kann es Ihnen nur mit großer Blödigkeit sagen, ich schreibe ein Drama, meine ganze Seele ist damit beschäftigt, ja, ich denke mich so lebhaft hinein, werde so einheimisch darin, daß mir mein eignes Leben fremd wird; ich habe sehr viel Anlage zu einer solchen Abstraktion, zu einem solchen Eintauchen in einen Strom innerer Betrachtungen und Erzeugungen. Gunda sagt, es sei dumm, sich von einer solchen Kunst als meine sei auf diesen Grad beherrschen zu lassen; aber ich liebe diesen Fehler, wenn er einer ist, er hält mich oft schadlos für die ganze Welt.»

Der Ton hat sich geändert. Hier ist Klarheit und Festigkeit, hier spricht die Frau, die sich zu ihrer Arbeit, ihrem Talent bekennt, auch wenn sie nicht hoffen kann, «vortrefflich» zu sein; die erfährt, in welchem Maß ihre Arbeit sie mit der Realität verbindet, die ihr wichtig ist, wie sie ihr Ernst, Sammlung, Selbstverständnis gibt. Eine erwachsene, selbstbewußte Frau tritt dem Mann gegenüber. Wie leicht sie aber an sich irre wird, zeigen die letzten Sätze des gleichen Briefes: «Ich glaube, mein Wesen ist ungewiß, voll flüchtiger Erscheinungen, die wechselnd kommen und gehen, und ohne dauernde, innige Wärme. Dennoch bitte ich Sie, verzeihen Sie mir meine angeborene Schlechtigkeit.»

Zwei Monate später, kurz ehe Savigny «das Gundelchen» heiratet, schickt Karoline ihm, ihren Stolz vergessend, unter dem übermächtigen Druck der Leidenschaft ein Sonett:

Der Kuß im Traume

Es hat ein Kuß mir Leben eingehaucht,
Gestillet meines Busens tiefstes Schmachten.
Komm Dunkelheit! mich traulich zu umnachten,
Daß neue Wonne meine Lippe saugt.

In Träume war solch Leben eingetaucht.
Drum leb' ich, ewig Träume zu betrachten,
Kann aller andern Freuden Glanz verachten,
Weil nur die Nacht solch süßen Balsam haucht.

Der Tag ist karg an liebesüßen Wonnen,
Es schmerzt mich seines Lichtes eitles Prangen
Und mich verzehren seiner Sonne Gluthen.

Drum birg dich Aug' dem Glanze ird'scher Sonnen!
Hüll' dich in Nacht, sie stillet dein Verlangen
Und heilt den Schmerz, wie Lethes kühle Fluthen.

Diesem Gedicht, eindeutig genug – das Blatt liegt in der Deutschen Staatsbibliothek Unter den Linden –, hat sie hinzufügen müssen: «S.-g: ist wahr. Solche Dinge träumt das Günderrödchen, und von wem? von jemand, der sehr lieb ist und immer geliebt wird.»

Vergleicht man das Gedicht mit der Nachschrift: Welchen Grad von Freiheit und Unabhängigkeit verleiht die Kunst, der Zwang zur Form! Sehr möglich, daß die Günderrode, erschreckt durch ihre Fähigkeit, fühlend zu denken, ja zu formen – Voraussetzung und Zwiespalt jeder Kunstausübung –, sich selbst der Flüchtigkeit und Kälte bezichtigt.

Als Dichterin ist sie authentisch, das heißt, sie war es auch als Mensch. «Traum» und «Schmerz» werden ihr Schlüsselwörter, aber sie bedient sich nicht zeitgemäßer Versatzstücke. Wenn sie »Traum» sagt, hat sie geträumt, wenn sie «Schmerz» sagt, leidet sie. Wehleidig ist sie nicht.

In jenen Wochen gerade erscheint in Kotzebues «Freimüthigem» eine Kritik, in der ein Frankfurter – ein ehemaliger Hofmeister, der mit eignen Poesien gescheitert ist – süßsauer ihren ersten Band bespricht, «Gedichte und Phantasien», dessen wahre Urheberin er hinter dem Pseudonym «Tian» herausgefunden hat. «Mancher hat Reminiszenzen und hält es für Originalideen.» Die Freunde der Günderrode wollen sie trösten über den Menschen. Sie reagiert gelassen und überlegen. Dem Clemens Brentano, der sich ihr nach längerer Zeit in einem enthusiastischen Brief nähert, aber doch enttäuscht ist, daß sie sich nicht ihm zuallererst anvertraut hat, erwidert sie: «Wie ich auf den Gedanken gekommen bin, meine Gedichte drucken zu lassen, wollen Sie wissen? Ich habe stets eine dunkle Neigung dazu gehabt, warum und wozu frage ich mich selten; ich freute mich sehr, als sich jemand fand, mich bei dem Buchhändler zu vertreten, leicht und unwissend, was ich tat, habe ich so die Schranke zerbrochen, die mein innerstes Gemüt von der Welt schied; und noch hab ich es nicht bereut, denn immer rein und lebendig ist die Sehnsucht in mir, mein Leben in einer bleibenden Form auszusprechen, in einer Gestalt, die würdig sei, zu den Vortrefflichsten hinzutreten, sie zu grüßen und Gemeinschaft mit ihnen zu haben. Ja, nach dieser Gemeinschaft hat mich stets gelüstet, dies ist die Kirche, nach der mein Geist stets wallfahrtet auf Erden.»

Anders als naiv und ehrfürchtig – anders hätte sie den gefährlichen Schritt in die Öffentlichkeit nicht tun können. Die Vortrefflichen, nach deren Gemeinschaft sie gelüstet, sind nicht leicht zu erwärmen. Clemens, anscheinend wirklich von Neid gepackt, wird ihre Gedichte hinter ihrem Rükken herabsetzen – ein abgewiesener Liebhaber, der sich durchschaut fühlt. Das verträgt er nicht. – Goethe, der die «Gedichte und Phantasien» zusammen mit einer Rezension, die wohl die Esenbecks geschrieben haben, für seine «Jenaische Allgemeine Literaturzeitung» bekommt, läßt sich zu der Randbemerkung hinreißen: «Diese Gedichte sind wirklich eine seltsame Erscheinung und die Rezension brauchbar.» Er gibt das Bändchen an Frau von Stein weiter, die, allerdings erst nach dem Tod der Günderrode, ihrem Sohn schreibt: «Sie hat allerliebste dramatische und andere Poesien unter dem Namen Tian herausgegeben. Ich war erstaunt über die tiefen Gefühle und den Reichtum der Gedanken, bei den schönen Versen, und Goethe war es auch.»

Der Roman mit Savigny hat den voraussehbaren Schluß: kein Happy-End. Savigny heiratet im Mai 1804 Gunda Brentano inmitten eines großen Freundeskreises auf seinem Hof Trages, einem schönen Besitz. Karoline ist dabei, bleibt ein paar Tage, geht zurück in ihr Studierzimmer im Stift. Sie widmet sich der Geschichte, versenkt sich in Schellings Naturphilosophie, arbeitet an einem neuen Drama. Noch knistert es manchmal in den Briefen zwischen Savigny und ihr. Seine «zauberische Gegenwart», läßt sie ihn noch im August wissen, sei nur «allzu gefährlich für zarte Gemüter». Wenige Tage später fährt sie nach Heidelberg, eine Jugendfreundin zu besuchen, die Frau des Theologen Daub. Dort lernt sie auf dem Altan des Schlosses den Altertumswissenschaftler Friedrich Creuzer kennen, einen Freund Savignys. In der schwierigen Liebesbeziehung zwischen diesen beiden, die nun beginnt, wird Savigny ironischerweise Vertrauter, Richter, Berater – manchmal gesucht, öfter gemieden. Nichts mehr hat die Günderrode von ihm zu fürchten. Es beginnt das Drama, in dem sie nicht Randfigur, sondern Hauptdarstellerin ist. Sie hat den Part der tragischen Heldin zu übernehmen. «Drum leb ich, ewig Träume zu betrachten ...»

Hundertsiebzig Jahre später schreibt Sarah Kirsch:

Ich träum ville träume
ich träumm du träumst
du wärst in einn traum
in meiner küche gewesen

Die Träumerin, die vom Traum eines Träumers träumt... Die Spirale dreht sich weiter.

4.

Die niedergehaltenen Leidenschaften.

«Ich kann mich täglich weniger in die Welt und die bürgerliche Ordnung fügen, Caroline, mein ganzes Wesen strebt nach einer Freiheit des Lebens, wie ich sie nimmer finden werde. Die Liebe sollte doch, dünkt mir, frei sein, ganz frei von den engen Banden der Bürgerlichkeit.»

Das schreibt Lisette Nees von Esenbeck, eine von Karolinens langjährigen Freundinnen, im Juni 1804 an die Günderrode. Sie ist seit kurzem verheiratet mit dem Naturwissenschaftler Christian Nees von Esenbeck – der erste übrigens, der Goethes Morphologie der Pflanze anerkannte. Lisette gehört zu den klügsten Frauen im Freundeskreis der Günderrode; sie kennt die französische und englische Literatur, beherrscht slawische Sprachen, lernt Italienisch und Spanisch. Der Freundin schreibt sie Briefe, die Rezensionen sind – wenn auch die meisten ihrer Ratschläge auf die Günderrode nicht passen. Als eine geborene von Mettingh aus Frankfurt am Main lernt sie Karoline bei deren Eintritt ins Stift kennen; ein früher Brief verrät mehr als Freundschaft für die andere; er erinnert eine Szene, als Karoline, eine ungebetene Besucherin wegzuschicken, «zur Hintertüre hinausgegangen» war, «an welcher ich Dich wieder erwartete, es war da alles so mystisch und mir war, als wenn Du mein Geliebter wärest»; dann schreibt sie, als besinne sie sich: «Das ist wohl sonderbar, Karoline.»

Es ist wohl sonderbar, weil es neu ist; Frauen fühlen sich heftig zueinander hingezogen und widersetzen sich der Anziehung nicht, die keine Vermittlung und Sanktionierung durch Männer braucht – wenn sie auch enge Bindungen und Liebesverhältnisse mit Männern nicht ausschließt. Diese jungen Frauen haben einander etwas zu geben, was ein Mann ihnen nicht geben könnte, eine andre Art Verbundenheit, eine andre Art Liebe. Als könnten sie, allein miteinander, mehr sie selbst sein; sich ungestörter finden, freier ihr Leben entwerfen – Entwürfe, die denen der Männer nicht gleichen werden.

Lisette schreibt der Karoline sehr kurz nach ihrer Hochzeit mit Nees, den sie «so unaussprechlich liebt», daß sie angesichts seiner Kindheitsstätten «vor ihn hinknien» möchte: «Ich lebe jetzt anders, wie Du mich Dir denkst, und ich werde Dir einmal viel davon sagen. – Es könnte kommen, daß ich der Anhänglichkeit an Dich mehr wie jemals bedürfte, um zu leben, darum laß uns immer innig verschlungen bleiben, was uns jemals verbunden, muß ewig sein, laß mich immer mit Dir fortleben, und lebe Du auch ein doppeltes Leben in mir.» – Lisette ist so wenig eine Schwärmerin wie Karoline selbst. Die Trauer, die sich hier ausspricht, gilt einem unersetzbaren Verlust, ist mehr als ein Erschrecken vor dem Alltag der Ehe mit einem schwierigen, kränkelnden, von Stimmungen abhängigen Mann, mehr auch als ein nostalgischer Reflex, Zuflucht zu suchen in einem früheren Verhältnis, das sie selbst «die Jugend ihres Lebens» nennt: «Frei, ungetrübt und ewig heiter wie der Himmel.» Daß sie einander stützen und bestätigen, ist gewiß, und wenn man will, kann man die Freundschaftskreise der Zeit als die ersten «Organisationen» sehn, in denen Frauen als gleichberechtigte Glieder wirken – bis sie wenige Jahre später in den größeren Städten, besonders in Berlin, selbst zu Gründerinnen und Mittelpunkten solcher Zirkel werden: der Salons. Der Ton, die Inständigkeit ihrer gegenseitigen Bekenntnisse, die Richtung ihrer Interessen, die Themenkreise, über die sie ihre Ansichten austauschen, die Denk- und Lebensformen, auf die sie aus sind, können als ein vielleicht unbewußter Versuch gelten, weibliche Elemente in eine patriarchalisch strukturierte Kultur einzubringen. Diese jungen Frauen, die ersten weiblichen Intellektuellen, erleben die Anfänge des Industriezeitalters, der Arbeitsteilung und der Vergottung der Ratio als eine Vergewaltigung ihrer Natur. «Nützlichkeit ist ein Bleigewicht an dem Adlerfluge der Phantasie», schreibt Lisette Nees der Karoline. «Natur!» wird zu ihrem gemeinsamen Sehnsuchtsruf, wie er das unter Rousseaus Einfluß auch den Stürmern und Drängern war. Doch die Naivität des ersten Ansturms ist dahin, die Politur der feudalen Klasse, die französelnde Etikette an den deutschen Höfen und Höfchen, gegen die jene sich auflehnten, ist noch kaum beseitigt, da sehen sich die Nachfolger mit den neuen «Verkehrtheiten» der bürgerlichen Gesellschaft konfrontiert, mit andern Vorwänden, die Wahrheit des Empfindens zu diffamieren, die Wahrheit des Gedankens zu unterdrücken. «Haben nicht die geistesschmiedenden Zyklopen mit dem einen erhabenen Aug' auf der Stirne die Welt angeschielt, statt daß sie mit beiden Augen sie gesund würden angeschaut haben?» Die Welt ist krank, und sie merkt es nicht. Frauen, in diesen wenigen Jahren, einer Lücke zwischen zwei Zeitaltern, plötzlich aus alten Schablonen herausgefallen – auch aus den Schablonen, ihr Geschlecht betreffend – schließen eine Art Bündnis, sie gesund zu machen. Die Zeichen, die sie geben, können erst jetzt wieder bemerkt, aufgenommen und gedeutet werden.

Im Jahre 1840, vierunddreißig Jahre nach der Günderrode Tod, gibt Bettina von Arnim den Briefroman «Die Günderode» heraus. Dieses Buch hatte das Unglück, in die Hände staubtrockener Textkritik zu fallen, deren Instrumenten es ein leichtes ist, es als «Fälschung» zu entlarven. Daß die Bettine mit ihrem Material frei umgegangen ist, Briefe zusammengezogen, Stücke aus anderen Briefwechseln hineingenommen, manches erfunden hat, ist ihr angekreidet worden. Authentisch ist dies Buch dennoch, in einem poetischen Sinn: als Zeugnis für eine Freundschaft zwischen zwei Frauen, ein Beleg aber auch für Lebensformen und Sitten einer Zeit und für eine Kritik an diesen Sitten, die sich nicht scheut, an die

Wurzeln zu gehn; ich weigere mich, es einen Zufall zu nennen, daß gerade unter den Frauen die Übel der Zeit derart kompromißlos zur Sprache gebracht werden: Die Tatsache, daß sie ökonomisch und sozial vollkommen abhängig sind, keine Stellung, kein Amt anstreben können, enthebt die geistig Freiesten unter ihnen der Mißlichkeit, um des Broterwerbs willen den Untertanen-Ungeist zu rechtfertigen. Merkwürdige Verdrehung: In totaler Abhängigkeit wächst ein vollkommen freies, utopisches Denken, eine «Schwebereligion». Wie gefährdet die sind, die ihrem Empfinden entsprechend zu denken wagen, muß nicht gesagt werden. Plausibel scheint auch, daß ein Buch wie dieses wenig beachtet wurde: Sein Ton, sein Geist waren dem deutschen Leser fremd, und sie sind es wohl bis heute. Seine Sprache ist intim, leidenschaftlich, schwärmerisch, ausschweifend, sinnlich, bildhaft, nicht immer regelrecht und gewiß nicht nüchtern – das heißt, vielen Lesern würde sie überspannt vorkommen, peinlich sein. Herzensergießungen, besonders von seiten der dringlich werbenden Bettine: «Die Menschen sind gut, ich bin es ihnen von Herzen, aber wie das kommt, daß ich mit niemand sprechen kann? – Das hat nun Gott gewollt, daß ich nur mit Dir zu Haus bin.» – «Jeder Augenblick, den ich leb, ist ganz Dein, und ich kanns auch gar nicht ändern, daß meine Sinne nur bloß auf Dich gerichtet sind ...»

Verliebtheit ist das, geistige und sinnliche Liebe, mit Aufschwüngen und Abstürzen, mit Seligkeit und Zerschmetterung, mit Hingabe und Eifersucht. Die Günderrode, reifer, emotional nicht so stark beteiligt, ist zurückhaltender, wehrt sachte ab, sucht zu beschwichtigen, zu bilden, zu erziehn; zugleich sieht sie der naiveren, unbedenklich ihren Eingebungen, Neigungen und Überzeugungen lebenden Freundin fasziniert, beinah neidisch zu und eröffnet ihr ihre geheimen Gedanken: «Recht viel wissen, recht viel lernen, und nur die Jugend nicht überleben. Recht früh sterben.» Worauf die Bettine ihr einen Brief über die Ewigkeit der Jugend schreibt, einen andern über ihre Liebe zu den Gestirnen, die ihr das «Vertrauen in das Rechte» ins Herz säen, die Geringschätzung des «Erdenschicksals», den Mut, der «reinen Gewissensstimme» zu folgen und groß zu handeln. «Was aber der Mut erwirbt, das ist immer Wahrheit, was den Geist verzagen macht, das ist Lüge. Verzagtheit im Geist ist gespensterhaft und macht Furcht. Selbstdenken ist der höchste Mut.» – «Ich weiß nicht, wieviel Du tun kannst», erwidert die Günderrode, «aber so viel ist mir gewiß, daß mir, nicht allein durch meine Verhältnisse, sondern auch durch meine Natur engere Grenzen in meiner Handlungsweise gezogen sind, es könnte also leicht kommen, daß Dir etwas möglich wäre, was es darum mir noch nicht sein könnte.»

Sie bespricht Fragen der Poesie mit der Freundin, diktiert ihr Gedichte, wenn ihre Augen den Dienst versagen, geht mit ihr vor der Stadt spazieren, liest mit ihr oder nimmt die Geschichte durch; ernsthaft geht sie auf die eigenartigen Vorschläge der Bettine, die Welt zu verbessern, ein; denn nichts Geringeres als der verkehrte Zustand der Welt ist es, den sie oft und oft erörtern. «Warum sollten wir nicht zusammen denken über das Wohl und das Bedürfnis der Menschheit?» «Regierungsgedanken» kommen der unschüchternen Bettine in den Kopf. «Wär ich auf dem Thron», brüstet sie sich selbstbewußt, «so wollt ich die Welt mit lachendem Mund umwälzen.»

«Ein Ganzes werden!» ist ihrer beider Bedürfnis. Die Günderrode ergibt sich in jenen Jahren dem Studium der Schellingschen Naturphilosophie («Zugleich dankte ich dem Schicksal, daß es mich so lange hatte leben lassen, um etwas von Schellings göttlicher Philosophie zu begreifen und, was ich noch nicht begriffen, zu ahnen und daß mir wenigstens vor dem Tode der Sinn für alle himmlischen Wahrheiten dieser Lehre aufgegangen sei»). Ihr eignes Weltempfinden ist den Ideen des jungen Schelling ursprünglich verwandt; ein frühes Zeugnis dafür ist ihr «Apokalyptisches Fragment», das die mystische Sehnsucht nach dem Einssein mit der Natur, nach den «Quellen des Lebens», nach Erlösung aus den «engen Schranken» des eignen Wesens zu einer Vision von Einheit und Kontinuität alles Lebendigen steigert: «Es ist nicht zwei, nicht drei, nicht tausende; es ist nicht Körper und Geist geschieden, daß das eine der Zeit, das andere der Ewigkeit angehöre, es ist Eins, gehört sich selbst, und ist Zeit und Ewigkeit zugleich, und sichtbar, und unsichtbar, bleibend im Wandel, ein unendliches Leben.»

Sie teilt der Bettine gerade jene ihrer Arbeiten mit, in denen sie, verwandelt in unterschiedliche Gestalten, zu den Müttern zurückgeht, bis an den Punkt, da Bewußtsein und Sein noch nicht voneinander getrennt sind, da Einheit ist, Urstoff, Vor-Schöpfung. Dem Wanderer, der an seinem Bewußtsein leidet, nach dem Nichtsein im Mutterschoße lechzt, wird von den Erdgeistern mitgeteilt:

Dem Werden können wir und nicht dem Sein gebieten,
Und du bist schon vom Mutterschoß geschieden,
Durch dein Bewußtsein schon vom Traum getrennt.
Doch schau hinab in deiner Seele Gründen,
Was du hier suchest, wirst du dorten finden,
Des Weltalls sehnder Spiegel bist du nur.
Auch dort sind Mitternächte, die einst tagen,
Auch dort sind Kräfte, die vom Schlaf erwachen,
Auch dort ist eine Werkstatt der Natur.

Bettine nimmt die Gedanken der Freundin gierig auf, befeuert von diesem Rückgriff auf Kräfte, die dem «Mutterschoß» entspringen und nicht, wie Pallas Athene, dem Vaterkopf, nämlich dem Haupte des Zeus – eine Alternative zu den Quellen der Klassik, eine Hinwendung zu archaischen, teilweise matriarchalischen Mustern. Der Mythos wird neu gelesen, und zu dem bisher alleinherrschenden Mythos der Griechen kommen die Vorgeschichte und die Lehren Indiens, Asiens, des Orients. Der Eurozentrismus ist durchbrochen, mit ihm die Alleinherrschaft des Bewußtseins: Unbewußte Kräfte, die in Trieben, Wünschen, Träumen Ausdruck suchen, werden in diesen Briefen wahrgenommen, beschrieben, anerkannt. So weitet sich unendlich der Erlebniskreis und der Kreis dessen, was als Realität erfahren wird. «Alles, was wir aussprechen, muß wahr sein, weil wir es empfinden.»

Die Wahrheit der Empfindung ist ihr alles andre als ein Freibrief für Verschwommenheit. Manchmal weist sie die Freundin zurecht: «Du meinst, wenn Du taumelst oder ein bißchen trunken bist, das wär unaussprechlicher Geist?» Oder, immer und immer wieder mahnend, nur ja die Geschichte zu studieren: «Drum schien mir die Geschichte wesentlich, um das träge Pflanzenleben Deiner Gedanken aufzufrischen. Sei mir ein bißchen standhaft, trau mir, daß der Geschichtsboden für Deine Phantasien, Deine Begriffe ganz geeignet, ja notwendig ist. – Wo willst Du Dich selber fassen, wenn Du keinen Boden unter Dir hast?» Und dann, in einer Wendung, die sie ganz ausdrückt und die von Hölderlin sein könnte: «Das ist es eben – die heilige Deutlichkeit – die doch allein die Versicherung uns gewährt, ob uns die Geister liebend umfangen.»

Die beiden Frauen ergänzen einander. Ihre Einsichten sind erstaunlich. «Wir sind jetzt in einer Zeit der Ebbe», schreibt die Günderrode der Bettine, und die, erschreckt von der Verwandlung der Menschen in Masken, sucht nach den Gründen für ihre Trauer und Einsamkeit. «Ich dachte, daß wir Gedanken haben so rasch, und daß die Zeit hintennach kommt und mag nichts erfüllen, und daß die Melancholie allein aus dieser Quelle des Lebensdrangs fließt, der sich nirgends ergießen kann... Kämen die Taten und überflügelten unsere Sehnsucht, daß wir nicht immer ans Herz schlagen müßten, über den trägen Lebensgang, ... das wäre die wahre Gesundheit, und wir würden dann scheiden lernen von dem, was wir lieben, und würden lernen die Welt bauen, und das würde die Tiefen der Seele beglücken. So müßte es sein, denn es ist viel Arbeit in der Welt, mir zum wenigsten deucht nichts am rechten Platz.»

So müßte es sein, doch die Taten kommen nicht und überflügeln die Sehnsucht, und die Sehnsucht selbst wird für viele Jahrzehnte wieder verschüttet.

Die Günderrode, so vertraut sie mit der Bettine ist – sie zeigt ihr den Dolch, den sie bei sich trägt, und die Stelle unter dem Herzen, die ein Arzt ihr für den Einstich angegeben hat – über das, was sie am tiefsten bewegt, ihre Liebe zu Creuzer, scheint sie sie nicht ins Vertrauen zu ziehn. Creuzer, der eine eifersüchtige Abneigung gegen die Brentano-Familie, besonders gegen Bettine hat, erreicht es bei der Günderrode, daß sie sich von der Freundin abwendet. Ein scharfer Schmerz für beide, besonders für die Jüngere; sie setzt sich zu Füßen der Frau Rat Goethe am Hirschgraben und überträgt ihr überströmendes Gefühl auf sie und ihren angebeteten Sohn. Das wird ein neues Kapitel in ihrem Leben. Es beginnt, als die Freundin tot ist, der sie den gerechtesten Nachruf geschrieben hat. Später heiratet sie Achim von Arnim, wird Gutsherrin im märkischen Wiepersdorf und Mutter von sieben Kindern. Nüchternheit und Prosa des Lebens erfährt sie reichlich. Viele der Jugendgefährten; ihr Bruder Clemens, Savigny – haben sich unter dem Druck restaurativer Verhältnisse der politischen oder klerikalen Reaktion genähert oder angeschlossen. Sie kann in einem ihrer Briefe an den König von Preußen von sich sagen: «Welcher Vergehen ich mich auch schuldig gemacht habe, so war es doch gewiß keines an meiner Wahrhaftigkeit. Denn alles, was in der Blütezeit meiner idealen Begriffe in mir erwachsen ist, das lebt noch ungestört fort in mir.»

Wir können uns denken, was die Günderrode in dieser Freundin geliebt hat: das schöne Gegenbild zu dem zurechtgestutzten, kleinlichen, leisetreterischen Gesellschaftsmenschen; den Stolz, die Freiheitsliebe; die Radikalität des Denkens und der Hoffnungen; die Verkörperung einer Utopie.

5.

Was micht tötet, zu gebären...

«Ich habe diese Nacht einen wunderbaren Traum gehabt, den ich nicht vergessen kann. Mir war, ich läge zu Bette, ein

Löwe lag zu meiner Rechten, eine Wölfin zur Linken und ein Bär mir zu Füßen! Alle halb über mich her und in tiefem Schlaf. Da dachte ich, wenn diese Tiere erwachten, würden sie gegeneinander ergrimmen und sich und mich zerreißen. Es war mir fürchterlich bange und ich zog mich leise unter ihnen hervor und entrann. Der Traum scheint allegorisch, was denken Sie davon?»

Friedrich Creuzer, an den Brief und Frage gerichtet sind, äußert sich nicht zu der Günderrode allegorischen Traum. Die reißenden Tiere, von denen die Frau sich umgeben sieht, mögen ihn erschreckt haben, so wild träumt er wohl nicht. Die Günderrode, eine begabte Träumerin, wird ihren Traum verstanden haben, der ihre Lage so überaus genau beschreibt. Ihre einander ausschließenden Wünsche, Begierden und Leidenschaften – erwachten die, ließe sie die los, sie müßten sie zerreißen.

Diesen wenigen Frauen, die der Konvention der Versorgungs- und Standesehe entronnen sind, die ein persönliches Liebesverlangen ausdrücken, steht die verwundende Erfahrung bevor, daß ihre Art Liebe nicht erwidert werden kann – eine Erfahrung zum Tode; ein Motiv, daß sich durch die Dichtung von Frauen über fast zwei Jahrhunderte zieht. Die Günderrode schlägt den Ton an:

Überall Liebe

Kann ich im Herzen heiße Wünsche tragen?
Dabei des Lebens Blütenkränze sehn,
Und unbekränzt daran vorüber gehn
Und muß ich traurend nicht in mir verzagen?

Soll frevelnd ich dem liebsten Wunsch entsagen?
Soll muthig ich zum Schattenreiche gehn?
Um andre Freuden andre Götter flehn,
Nach neuen Wonnen bei den Todten fragen?

Ich stieg hinab, doch auch in Plutons Reichen,
Im Schooß der Nächte, brennt der Liebe Glut
Daß sehnend Schatten sich zu Schatten neigen.

Verlohren ist wen Liebe nicht beglücket,
Und stieg er auch hinab zur styg'schen Flut,
Im Glanz der Himmel blieb er unentzücket.

Dies Gedicht schickt sie im Mai 1805 an Friedrich Creuzer. «Ich soll auf die Liebe verzichten?» Die Frage stellt die betrogene Nymphe in der Erzählung «Daphnis und Pandrose», welche Savigny der Günderrode zur Lektüre empfahl, in jenem Brief von seiner verbrannten Hand: Vor der Unbedingtheit ihrer Liebe zurückschreckend, bietet er ihr Freundschaft. Dem gleichen Savigny schreibt die Bettine 1807: «Lieber Alter, soll denn mein ganzes Wesen ungenossen wieder vertrocknen, keinem wohltun, unbeachtet wieder schlafen gehen, so wie es aufwachte?» Und mehr als anderthalb Jahrhunderte später fragt – beinah im gleichen Versmaß, jedenfalls im gleichen Sinn wie die Günderrode – Ingeborg Bachmann:

Erklär mir, Liebe, was ich nicht erklären kann:
sollt ich die kurze schauerliche Zeit
nur mit Gedanken Umgang haben und allein
nichts Liebes kennen und nichts Liebes tun?
Muß einer denken? Wird er nicht vermißt?

Ein Verhängnis. Der gleiche Augenblick, der Frauen befähigt zu Personen zu werden – was heißt, ihr «wirkliches Selbst» hervorzubringen, und sei es wenigstens im Gedicht –, dieser gleiche historische Augenblick drängt die Männer zur Selbstaufgabe, zur Selbstzerstückelung, beschädigt ihre Fähigkeiten zu lieben, zwingt sie, die Ansprüche unabhängiger, zur Liebe fähiger Frauen als «unrealistisch» abzuweisen. Sachlichkeit wird ihnen abverlangt; die sich dem Gebot nicht unterwerfen können, die Dichter, werden ins Abseits gedrängt («Wohin denn ich?», Hölderlins Klage über Heimatverlust ist ausgesprochen, sein Rückzug auf eine geistige Heimat hat stattgefunden: «Sei du, Gesang, mein freundlich Asyl!»). Frauen, auf ausschließliche Liebe, rückhaltlose Hingabe angewiesen, erfahren das Grauen, zu zweitrangigen Objekten gemacht zu werden: Hier sind die Wurzeln auswegloser Leidenschaften.

Das Erlebnis, mit sich selbst zugleich das eigene Unglück hervorzubringen, «was mich tötet, zu gebären», muß zur Versteinerung oder zur gesteigerten Empfindlichkeit führen. Je unbedingter, je bedeutender die Günderrode als Dichterin wird, um so ungeeigneter wird sie zu einer Verbindung mit einem Mann, der an ein «bedingtes Leben» gefesselt ist. Lieben müssen, aber sich nicht eignen für das bürgerliche Frauenleben – wie soll der Widerspruch sich auflösen. Die eignen Möglichkeiten gewaltsam niederhalten, oder zu Einsamkeit, Lieb-Losigkeit verurteilt sein: kein Ausweg. Creuzer treibt sein Gefühl für sie bis zur Anbetung, fast bis zur religiösen Verehrung – aber auf gewöhnliche irdische Weise mit ihr zusammenleben, das kann er nicht.

Er kann es wirklich nicht.

Creuzer ist neun Jahre älter als die Günderrode. Augenzeugen nennen ihn «häßlich», er findet es auch. Sein Selbstgefühl ist, bei hohen Talenten, schwankend; als Sohn eines Buchbinders und Steuereinnehmers in Marburg hat er nicht ohne die Hilfe von Gönnern studieren können. Auffallend spät erst informiert er die Günderrode, daß Savigny, der vermögend ist, sein Studium mitfinanziert hat: Dieses Geld scheint neben einer andauernden Anhänglichkeit auch eine andauernde Empfindlichkeit gegen Savigny zurückgelassen zu haben. Creuzer heiratet «aus Dankbarkeit» die Frau seines Professors, als dieser stirbt: Sophie Leske, dreizehn Jahre älter als Creuzer, eine einfache Frau, die mehrere Kinder großgezogen hat, ihren Männern treulich den Haushalt führt und, da Creuzer sie verlassen will, ihre eigne Tragödie der alternden Frau erlebt, die sie mit ihren Mitteln abzuwehren sucht; mit ständig wechselnden Stimmungen und Entschlüssen, mit Vorwürfen, Szenen, dann wieder mit unnatürlicher Duldsamkeit; einmal liefert sie ihrem Mann in vielleicht bewußter Schlauheit den Beweis, daß er ohne sie verloren ist: Der nervenaufreibenden Auseinandersetzungen überdrüssig, verläßt sie ihn für einen Tag; da er nicht weiß, wie eine Rechnung bezahlen, wo das Geld suchen, wo den Schlüssel für irgendeine Schublade finden: Die Rache der Hausfrau an dem Mann, der sein Denken ausbilden durfte, aber die Alltagspraxis ihr überließ. «Siehe, so steht es nun!» teilt Creuzer resigniert der Günderrode mit. «Ich habe teuer gebüßt eine Sünde gegen die Natur – die in ihren Folgen ein eisernes Schicksal geworden.»

Aus dem Briefwechsel zwischen Creuzer und Savigny geht hervor, welche Verdienste sich Creuzer nicht nur um sein Fach, die Altertumswissenschaft, erwirbt: Er wurde nach Heidelberg berufen, der darniederliegenden Universität aufzuhelfen. Höchst profane Universitätsangelegenheiten beschäftigten ihn, Berufungen, Gehälter, Konzeptionen, Intrigen, Karoline, von dem bloßen Gedanken an eine praktische Tätigkeit abgeschnitten, widmet all ihre Zeit ihrer Liebe zu ihm; er knapst sich die Stunde, ihre Briefe und ihre Arbeiten zu lesen, gegen Mitternacht von seinem kurzen Schlaf ab. Am Ende wird er gereizt vorhalten, sie könne sich in seine bedrängte Lage nicht hineindenken.

Das kann sich im Oktober 1804 keiner vorstellen. Creuzer, der anfangs heftiger, drängender war als sie («Ich soll doch nicht weniger sagen, als mein Herz empfindet?»), hat sie in Frankfurt besucht, ist «an ihr Herz zu liegen» gekommen, durfte «an ihrem keuschen Busen erwarmen» – was immer das heißen, was immer die metaphorische Wendung ein- oder ausschließen mag. «Heiß mich du», hat sie ihm gesagt. «Jacta est alea», schreibt der sattelfeste Lateiner an seinen Freund und Vetter Leonhard Creuzer nach Marburg. «Einen Mittelweg gibt's nicht – Himmel oder Tod.» Von einer dunklen Ahnung eingegeben, stehn in dem kurzen Jubelbrief die Worte: «Incipit tragoedia». Die Tragödie hat begonnen. Die reißenden Tiere beginnen sich zu regen.

Das bürgerliche Trauerspiel. Karoline diesmal, den Wiederholungszwang abwehrend, in der Hauptrolle; wer aus dem Rahmen fällt, bezahlt mit Tod. Alle anderen Chargen typengerecht besetzt: der Liebhaber, der vor den Konsequenzen zurückschreckt; die Ehefrau, die ihren Besitz, den Mann, verteidigt; die treue Freundin und Vertraute, die Briefe befördert, Schlüssel für sichere Treffpunkte herausgibt, Rendezvous vermittelt: Susanne von Heyden, eine Halbschwester der Lisette Nees von Esenbeck; echte und falsche Ratgeber: Savigny, bedenklich, aber nach bestem Gewissen ratend; Daub und Schwarz, zwei Heidelberger Theologen, in unterschiedlichem Grad vertrauenswürdig und imstande, von ihren eignen biederen Moralbegriffen abzusehn; gerüchtestreuende Klatschbasen, unter ihnen hervorragend die Sophie Daub, geborene Blum, Karolinens Jugendbekanntschaft, «ein Abgrund an Prosa und Bürgerlichkeit»; Freundinnen, Zuschauer, Ahnungslose. Die Schauplätze: der Altan des Heidelberger Schlosses; das Theater in Mainz. Karolinens Stiftszimmer. Kurze Begegnungen in Gasthöfen. Zwei-, dreimal ein Stelldichein auf dem Kettenhof bei Frankfurt. Es paßt nicht zu Karoline, dorthin zu schleichen. Sie tut es. Sie täte alles.

Briefe, Briefe. Wir kennen den mehr als dreihundert Seiten starken Band, 1912 herausgegeben, der Creuzers Briefe an die Karoline enthält. Von ihr: neun Stücke, erst in den dreißiger Jahren dieses Jahrhunderts gefunden, und zwar – ein sarkastischer Kommentar! – im Nachlaß der Familie Leske: Abschriften, die die nachschnüffelnde Sophie sich von den Briefen der Rivalin gemacht hat. Die Freundin dagegen – Susanne von Heyden – hat Karolinens Briefe alle verbrannt – ein unermeßlicher Verlust. So muß alles verkehrt laufen, damit der verkehrten Moral Genüge wird: Nach dem Tod des Opfers bemächtigt sie sich der Indizien.

Dabei hat sie sich von Anfang an reichlich eingemischt;

ein gut Teil der Erörterungen zwischen Karoline und Creuzer ist den Vorsichtsmaßnahmen gewidmet, die nötig sind, ebendiese Briefe – von Sophie unbemerkt – zu übersenden und zu empfangen: ob, wann und unter welcher Adresse man sich schreiben kann; ob die Deckadressen auch zuverlässig sind; da man dessen nie ganz sicher ist, beschließen die Schreibenden, griechische Buchstaben und naive Decknamen zu verwenden: Da ist Karoline die «Poesie», Creuzer «der Fromme» – es scheint, er verdient sich diesen Ehrennamen durch eheliche Enthaltsamkeit –, Sophie «die Gutmütige», und die intrigante Madame Daub «die Feindselige». Es wirkte wie ein Kinderspiel, wäre der Einsatz nicht so hoch, würden Klatsch, Unverständnis, böswillige Gerüchte, über die Creuzer sich immer wieder erregt, nicht ihre Widerstandskraft untergraben. Je zaghafter er wird, je aussichtsloser ihm eine Verbindung mit der geliebten Frau erscheint, um so höher stilisiert er das Bild von ihr: «Liebes, liebes Mädchen», nennt er sie anfangs, dann wird sie ihm zur «reinen einfältigen Magd des Herrn», zum «Engel», zur «sanctissima virgo», zur «Muse», schließlich zur «Poesie». Die Günderrode aber ist eine junge Frau, die auf allegorische Erhöhung gerne verzichten würde, könnte sie mit dem Mann, den sie liebt, zusammen leben und arbeiten. Denn ihrer beiden Ideen, Wissen, Interessen und Begabungen ergänzen sich sehr glücklich, sie regen sich zu Produktivität an. Creuzer gibt der Günderrode griechische Philosophen zu lesen und läßt sie teilhaben an seinen Anschauungen über das griechische Altertum, dessen Ursprünge er aus Asien herleitet, und an seiner Ansicht von der Herkunft aller Religionen aus einem, allen Völkern und Erdteilen gemeinsamen Mythos. Die Günderrode legt Wert auf seine Kritik an ihren Arbeiten, die Spuren seines Einflusses deutlich verraten, wie auch sein späteres Werk «Mythologie und Symbolik der Alten», ohne sie so nicht denkbar wäre: Zeugnisse dafür, daß sie sich in ihren besten Stunden über die unleidige Abhängigkeit von platter Alltagsgemeinheit erheben konnten.

Creuzer, nicht frei von Empfindlichkeit, Selbstmitleid, in

die Fesseln seines Amtes geschlagen, zurückschreckend vor einem «Menschenopfer», schreibt der Freundin – da ist er fünfunddreißig: «Ich bin ja schon ein alternder Mann. Ich habe der Ehe mein Wort gegeben und dem Staate. Ich bin darauf angenommen, daß ich gewisse Gedanken haben soll, die dauerhaft sind auf zwanzig Jahre hin, die einen festen bürgerlichen Boden haben. Ich soll ein Exempel sein der Gesetztheit für eine rohe Jugend, der ich als Meister vorstehe, soll keine Poesie selber haben, während ich doch dazu angewiesen bin, öffentlich davon zu reden.» Dies bleibt das Los der meisten deutschen Professoren: Poesie nicht haben, doch über sie urteilen, nur empfinden die Späteren es kaum noch als Konflikt wie ihr gewiß bedauernswerter Ahnherr.

Die Günderrode aber, wenn sie sich schon tarnen muß, greift wieder zur Männerrolle: Ganz läßt Wiederholung sich nicht vermeiden. Wieder ist sie, wie bei Savigny schon, «der Freund», und sie schreibt, ein Akt der Selbstverleugnung, dem Creuzer von sich in der dritten Person: «Der Freund war eben hier... Ich versichere, er ist Ihnen ganz ergeben. Sagen Sie mir, wie haben Sie ihn so gewonnen? Was sein übriges Leben betrifft, so merke ich immer mehr, daß seine heroische Seele sich in Liebesweichheit und Liebessehnen ganz aufgelöst hat. Dieser Zustand ist nicht gut für einen Menschen, der doch für sich allein stehen muß und der wohl nimmer mehr dem Gegenstand seiner Liebe vereint wird.»

Sie geht so weit, ein Gedicht, das allzu verräterisch «Der Einzige» hieß, umzubenennen:

Die Einzige

Wie ist ganz mein Sinn befangen,
Einer, Einer anzuhangen;
Diese Eine zu umpfangen
Treibt mich einzig nur Verlangen;
Freude kann mir nur gewähren,
Heimlich diesen Wunsch zu nähren,

Mich in Träumen zu bethören,
Mich in Sehnen zu verzehren,
Was mich tödtet zu gebähren.

Nichts mehr von Scherz, Neckerei, Ironie und Selbstironie. Durchgehalten wird der Ton tiefen, unabweisbaren Ernstes, manchmal gefärbt durch Gelassenheit, Ergebung, seltener durch Leidenschaft und Aufbegehren, immer häufiger durch Verzweiflung: «Meine Seele ist düster.»

Ihre Lage ist hoffnungslos. Sie wissen es, vergessen es wieder, müssen es erneut begreifen – eine unerträgliche Dauerspannung. Die Falle schnappt über drei Menschen zu; beschlossene Sache ist, «daß hier zwei Personen aufgeopfert werden, nur weil sie eine dritte nicht aufopfern können». «Sterben ist besser als töten», tröstet Creuzer sich. Nur ist nicht er es, der stirbt. Seine «Begehrlichkeit» sublimierend, teilt er sich in einen äußeren und einen inneren Menschen: «Ich bin eine von den hölzernen Silenenfiguren, die, selber schlecht, zu Behältern dienen von herrlichen Götterbildern...» Sie soll das Kunststück fertigbringen, nicht seine Erscheinung, seine Sitte, seine Manieren, nicht ihn zu lieben, sondern einzig das, was schön an ihm sei: das verschlossene Götterbild, sein Gemüt. «Siehe da die Richtschnur Deines Verhaltens gegen mich: Laß mich oder vielmehr lehre mich Dich zu lassen als Weib – aber laß meine schöne Seele nicht.» Und er leistet den unerbetenen Schwur, er wolle «nicht fürder aufkommen lassen den einfältigen Gedanken, als wenn man, um die Poesie zu haben, notwendig mit ihr copuliert sein müßte».

Es wäre der erste Hofmeister nicht, der sich entmannte. Die entgeisterten Körper zur Raison gebracht, die entkörperlichten Geister aufeinander losgelassen. Eine Seelengemeinschaft, in der Creuzer den knieenden Teil übernehmen will, während ihre Poesie sich als herrlicher Bogen darüber wölben soll. O Selbstkasteiung als Quelle des Kitschs! Er läßt sich weitab vom Schlafzimmer der armen Sophie sein einsames Lager richten, verbirgt unter unverfänglichen Arbeitspapieren die Briefe der Geliebten, um sie nachts hervorzuholen: Wir sind im Trauerspiel, nicht in der Komödie... Der Ausgang entscheidet. Auf dem Boden der Einfalt, uns wundert's nicht, die Selbstverstümmelung. Das Victorianische Zeitalter.

Die Günderrode weiß nicht, wie ihr geschieht. Phantastische Pläne kommen ihr, in ihrer auffallenden Überspanntheit das genaue Gegenstück zu den banalen Widerständen, die ihr entgegenstehn: Sie will als Dritte in Creuzers Haushalt leben. Sophie soll Haushälterin und mütterliche Freundin der beiden Liebenden sein! Dann wieder will sie dem Creuzer, der einem Ruf an die Universität Moskau folgen soll, in Männerkleidern begleiten und als Schüler immer um ihn sein – ein absurder Plan, der unglücklicherweise ruchbar wird. Sophie hat Briefe abgefangen. Lisette Nees schreibt zornig an die Karoline: «Die Phantasie würde sich an Dir rächen, daß Du sie... in die bürgerlichen Verhältnisse hast übertragen wollen...» Der Kreis derer, die sie noch verstehen, schmilzt zusammen. Auswegloses Unglück macht einsam.

Plötzlich – Sophie will gerade wieder in die Scheidung willigen – zweifeln ein paar Klatschweiber und Freunde Creuzers, ob Karoline überhaupt zur Ehe tüchtig sei, und ein Theolog findet es bedenklich, daß sie «der neueren Philosophie anhanget»: die Gretchenfrage, einem Weibe gestellt: Dies muß man wohl Fortschritt nennen. Es geht um Schellings Philosophie, die allerdings keinen persönlichen Gott glaubt. Da nimmt die Günderrode ihren Stolz zusammen: «Soll ich mich entschuldigen über das, was ich vortrefflich in mir finde?» Sie sagt Creuzern einmal auch, daß er in jedem Konfliktfall immer sie zu opfern scheine.

Aber auch Creuzer kann einen erbarmen: «Ach, wäre doch Sophie recht groß oder recht schlecht – in jedem Falle wäre ich gerettet. Aber bei dieser tötenden Güte!» Ja, wo der normale Glücksanspruch extrem scheint, steht der durchschnittliche Mensch ihm im Wege – mehr, als ein Übermensch oder ein Ungeheuer es täte. Verzicht, Entsagung als Tugenden. Die Liebe als Schuld. Die Antwort darauf: Trauer.

Die eine Klage

Wer die tiefste aller Wunden
Hat in Geist und Sinn empfunden
Bittrer Trennung Schmerz;
Wer geliebt was er verlohren,
Lassen muß, was er erkohren,
Das geliebte Herz,

Der versteht in Lust die Thränen
Und der Liebe ewig Sehnen
Eins in Zwei zu sein,
Eins im Andern sich zu finden,
Daß der Zweiheit Gränzen schwinden
Und des Daseins Pein.

Wer so ganz in Herz und Sinnen
Konnt' ein Wesen liebgewinnen
O! den tröstet's nicht
Daß für Freuden, die verlohren,
Neue werden neu gebohren:
Jene sind's doch nicht.

Das geliebte, süße Leben,
Dieses Nehmen und dies Geben,
Wort und Sinn und Blick,
Dieses Suchen und dies Finden,
Dieses Denken und Empfinden
Giebt kein Gott zurück.

Sterbenstraurig, erschöpft, äußert sie Todessehnsucht. Creuzer, der doch einst zu sterben entschlossen schien, beschwört sie nun: «Ich lasse nicht eher ab, bis Du mir versprochen, daß Du Dich uns erhalten willst, so lange Du kannst, und nur dies sei der Sinn unseres Bundes, daß wir gerne gehen wollen, wenn die Natur uns abrufen wird, voll der frohen Zuversicht, daß wir Liebe finden auch bei den Schatten.»

Darauf erwidert die Günderrode, befangen in dem Fehler so vieler Frauen, Leben, Liebe, Arbeit nicht voneinander trennen zu können: «Ihr Brief, den ich kürzlich erhielt, hat nachmittags mich so fremd angesehen, und ich konnte weder seine Sprache noch seine Blicke recht verstehen. Er ist so vernünftig, so voll nützlicher Tatlust und gefällt sich im Leben. Ich aber habe schon viele Tage im Orkus gelebt und darauf gedacht, bald und ohne Schmerz nicht allein in Gedanken, nein ganz und gar hinunterzuwallen. Auch Sie wollte ich dort finden, aber Sie denken andere Dinge. Sie richten sich eben jetzt recht ein im Leben und, wie Sie selber sagen, soll der Sinn unseres Bundes sein, ‹daß wir gerne gehen wollen, wenn die Natur uns abrufen wird› – welches wir auch wohl getan hätten, ohne uns zu kennen. Ich meinte es sehr anders, und wenn Sie weiter nichts meinten, so sind Sie ganz irre an mir und ich an Ihnen, denn alsdann sind Sie gar nicht der, den ich meine; die Freundschaft, wie ich sie mit Ihnen meinte, war ein Bund auf Leben und Tod. Ist Ihnen das zu ernsthaft? Oder zu unvernünftig? Einst schien Ihnen der Gedanke sehr wert, mit mir zu sterben und mich, wenn Sie früher stürben, zu sich herunterzureißen. Jetzt aber haben Sie viel wichtigere Dinge zu bedenken, ich könnte ja noch irgend nützlich in der Welt werden. Da wäre es doch schade, wenn Sie Ursache meines frühen Todes sein sollten. Ich muß nun Ihrem Beispiel folgen und ebenso über Sie denken. Ich verstehe diese Vernünftigkeit nicht.»

Dies ist das entsetzlich ruhige Bekenntnis einer andern Art Vernunft, die in die Welt nicht paßt, die nicht geduldet werden kann, weil ihre bloße Anwesenheit den Nützlichkeitswahn der Vernünftigen sinnlos macht: daß sie sich selbst aufgeben müssen um etwas «Größeren» willen. «Ich will», schreibt ihr der unglückselige Creuzer, «die beste Blüte meiner männlichen Geisteskraft auf ein Werk verwenden, das, indem es den Mittelpunkt des frommen heiligen Altertums zu enthüllen sich bestrebet, nicht unwert wäre, der Poesie zum Opfer dargebracht zu werden.» Ihr wird nichts erspart. Die lebendige Frau, erst zur Allegorie entsinnlicht, nun zum Götzenbild entfremdet, dem der Mann opfert. Und was? Sein Höchstes, seine Leistung.

«Nur ein Wunder kann Euch zusammenführen: Tod oder Geld.» Die treue Heyden trifft mit ihrem Lakonismus den Kern. Gemeint ist Sophiens Tod, oder Geld für Karoline, das sie unabhängig wäre und Creuzer seiner Frau eine gebührende Rente aussetzen könnte.

Mehr und mehr werden ihre Briefe Dialoge zwischen Partnern, die sich wider Willen verkennen müssen.

Traurige Selbstgespräche.

Karoline: «Denn ich bin ja allein, ob ich traurig aussehe oder lustig, ist allen Menschen gleichgültig.»

Creuzer: «Bist Du denn allein? Hast Du mich doch. Siehe ich bin ja Dein und ich sehe ja dem Frühling entgegen, wo ich mich Deines Umgangs harmlos erfreuen darf und Dich lieben, wie man einen treuen Freund liebet...»

Karoline: «Du sprichst, als sei es nicht notwendig, daß ich Dir angehöre...»

Creuzer: «Ach, es genügt mir nichts, und nimmer wird mir etwas genügen, als die liebe sinnliche Nähe, der ich nun entrissen bin...»

Karoline: «Ich habe neulich einen fürchterlichen Augenblick gehabt. Es war mir, ich sei viele Jahre wahnsinnig gewesen und erwachte eben zur Besinnung und frage nach Dir und erfahre, Du seist längst tot. Dieser Gedanke war Wahnsinn, und hätte er länger als einen Augenblick gedauert, er hätte mein Gehirn zerrissen. Drum sprich nicht von anderm Liebesglück für mich.»

Creuzer: «O sanctissima virgo!»

Karoline, in Latein: «Ich liebe Dich bis zum Tod, süßer lieber Freund, ich wünsche mit Dir zu leben oder zu sterben.»

Creuzer, als er am Rheine geht: «O, ich hätte mich hineinstürzen mögen, damit er mich zu Dir hintrage, der starke breite Fluß!»

Karoline: «Unser Schicksal ist traurig. Ich beneide mit Dir die Flüsse, die sich vereinigen. Der Tod ist besser als so leben.»

Ein merkwürdiger Selbstschutz hindert Creuzer, die Zeichen zu sehn, die alle aufs Ende hindeuten. Beschwichtigungen versucht er noch, wie einst Savigny: «Überlasse Dich solchen Stürmen nicht!», und das «Clima» wagt er ihr anzugeben, das in ihrer Seele herrschen müßte: «Wolkenlos, klar, ruhig und sanft erquickt durch milde Wärme.» Er fordert noch: «Ruhe bist Du mir schuldig!»

Nicht ohne Beklommenheit sieht man, über die zwei Jahre hin, dem Dressurakt zu, dem der Professor sich unterwirft. Am Ende ist er fertig. «Ich muß es dulden, für sehr beschränkt zu gelten. Wie ich denn auch, wohl weiß ich's, bin. Wie könnte es auch anders sein, da ich, von deutscher Herkunft in ärmlicher Umgebung erwachsen, unter toten Bürgern fortlebe...»

So lebte er hin. Hat die Literatur dieses Urteil schon gesprochen? Steht es noch aus? Die Zeiten schieben sich ineinander. Lenz ist schon fünfzehn Jahre tot; Büchner wird erst dreißig Jahre später jenen Satz über ihn finden.

Kein Aufbegehren mehr, keine Pläne, keine Hoffnungen. Sentiment noch, Selbstmitleid; Besorgnis, die Günderrode könne ihn zu ideal sehn; Ressentiment des fest Angestellten gegenüber der «Freischaffenden»: Er müsse ein vollkommen abhängiges Leben führen, «nicht ein Leben wie das Deine, wo es alle Tage Sonntag ist». Er wird zusehends kleiner. Eifersüchtig kann er der Günderrode «Leichtsinn» im Umgang mit zufälligen Bekannten vorwerfen; bringt es fertig – sie scheint ihm in allem zu Willen zu sein –, sie von Bettine und vom «Haus Brentano» zu trennen («herrschsüchtig und eitel, wie es ist»); ihr Sätze zu schreiben wie diesen: «Das alles kommt von daher, weil Du keinen Mut hast»; vor einem Treffen mit ihr in Winkel am Rhein zu warnen: die vielen Frankfurter Familien da!

Auf der Flucht gibt es kein Halten mehr. In sieben fein gegliederten Paragraphen legt der bedauernswerte Mann der Frau, die sich beklagt haben mag, die Logik seines Benehmens dar. Punkt sieben, als Krönung: «Lieben darf ich mir erlauben, aber nicht der sich selbst vergessenden Liebe vollen Besitz.» Und schließlich, als Quittung auf ihre Reaktion, die bitter-resignierte Feststellung: «Was ich lange wußte, beweist nun Dein heutiger Brief: Du kannst Dich nicht in mein bedingtes Leben hineindenken.»

Das bißchen Boden unter ihren Füßen ist weggeschmolzen. Immer größere Stücke von Wirklichkeit sind in den Traum hinübergetrieben, auch in den Alptraum: Das hat die Günderrode schon einmal erlebt. «Drum leb ich, ewig Träume zu betrachten...» Im Mai 1806 schreibt sie dem Creuzer, den sie «Eusebio» getauft hat: «Der Freund war eben bei mir; er war sehr lebendig, und ein ungewöhnlich Rot brannte auf seiner Wange. Er sagte, er habe im Morgenschlummer von Eusebio geträumt, wie er ganz mit ihm vereint gewesen und mit ihm durch reizende Täler und waldige Hügel gewandelt sei in seliger Liebe und Freiheit. Ist ein solcher Traum nicht mehr wert als ein Jahr meines Lebens? Wenn ich nur Monate so glücklich und so schuldlos glücklich wäre als in diesem Traum, wie gerne und mit welcher Dankbarkeit gegen die Götter wollte ich sterben! Es ist zu wenig dafür geboten, ich wollte für solchen Preis meinen Kopf auf den Henkerblock legen und ohne feige Blässe den tödlichen Streich erwarten.»

Bange Botschaften, über einen Abgrund hin. Ende Juni ist Creuzer noch einmal bei ihr in Frankfurt. Man weiß nichts über diese Zusammenkunft. Tief erschöpft kommt er von der Reise zurück, seine Kräfte sind verbraucht. Er wird schwer krank, besinnungslos, fällt in ein Nervenfieber. In einer klaren Minute versammelt er die Freunde um sich und läßt durch Daub der Karoline die Nachricht zukommen, daß ihr Verhältnis aufgelöst sei.

Karoline ist inzwischen in Winkel, auf dem Landgut des Kaufmanns Joseph Merten, und wartet. Einen Aufschub bekommt sie durch die Rückfrage der entsetzten Heyden – an die Daub geschrieben hatte –, ob es denn wahr sei: Creuzers Entscheidung könne der Günderrode Tod bedeuten. Daub bestätigt des Freundes frommen Entschluß. Die Heyden trifft Vorsichtsmaßnahmen, adressiert den verhängnisvollen Brief mit verstellter Schrift an eine andre Freundin der Karoline, mit der sie in Winkel ist: Man soll die Betroffene allmählich auf den Schlag vorbereiten. Die nun aber – getrieben von bösen Ahnungen, den absurden Regeln der Tragödie Genüge zu tun – fängt den Brief ab, erbricht ihn, liest ihr Todesurteil. In ihrem Zimmer bringt sie noch einige Zeilen zu Papier, sagt dann gelassen der Freundin, sie wolle spazierengehn. Abends, als sie noch immer nicht zurück ist, findet man in ihrem Zimmer die Briefe, beginnt in wachsender Unruhe, sie zu suchen. Gegen Morgen entdeckt ein Bauer ihren Leichnam auf einer weidenbewachsenen Landzunge am Rhein. Ihr Oberkörper liegt im Wasser. Sie hat sich erstochen.

Der Ort ihres Selbstmords wurde später vom Fluß überspült. Die Günderrode liegt in Winkel an der Friedhofsmauer begraben. Ihren Grabspruch hat sie selbst aufgeschrieben, es ist, von ihr leicht verändert, der Spruch eines indischen Dichters, den sie bei Herder fand. In vollkommener Weise drückt er ihr Weltgefühl und die seelische Verfassung aus, mit der sie in den Tod ging.

Erde, du meine Mutter und du, mein Ernährer, der Lufthauch,
Heiliges Feuer, mir Freund, und du, o Bruder, der Bergstrom,
Und mein Vater, der Äther, ich sage euch allen mit Ehrfurcht
Freundlichen Dank; mit euch hab ich hinieden gelebt;
Und ich gehe zur andern Welt, euch gerne verlassend.
Lebt wohl, Bruder und Freund, Vater und Mutter, lebt wohl.

6.

«Es wäre traurig, wenn alle Irrtümer so endigen müßten!»

Savigny. Ein jeder der Freunde der Günderrode gibt den Kommentar zu ihrem Ende, der seinen Verhältnissen und dem Grad seiner Unabhängigkeit und Einfühlung entspricht.

Lisette Nees, die Karolinens Leidenschaft als Verirrung sah, schreibt der Heyden: «Jeder Abfall von der Natur ist ebensogut Sünde als der Abfall von der Sitte, denn die Sittlichkeit ist ja nur eine höhere Natur. Gegen beide sündigte Lina.» Ein für die aufgeklärte Lisette erstaunlicher Rückgriff auf die Gesetzestafeln des Christentums. Im übrigen ist ihre Analyse der Kräfte, die die Günderrode zu Fall brachten, scharfsinnig: «Sie fiel, ein Opfer der Zeit, mächtiger in ihr wirkender Ideen, frühzeitig schlaff gewordener sittlicher Grundsätze: eine unglückliche Liebe war nur die Form, unter der dies alles zur Erscheinung kam, die Feuerprobe, die sie verherrlichen oder verzehren mußte.»

Susanne von Heyden benachrichtigt Karolinens Bruder Hektor von der Schwester Tod: «Ihr Ihnen wohlbekannter Dolch hatte das Herz des Engels durchstochen. Sie konnte nicht leben ohne Liebe, ihr ganzes Wesen war aufgelöst in Lebensmüdigkeit... Ihr Herz war größer denn diese Welt; nur die innigste Liebe konnte es lebend erhalten; als diese starb, brach auch ihr Herz.»

Einen langen, der Freundin würdigen Bericht über der Günderrode Tod schreibt die Bettine. Zufällig war sie auf dem Rhein unterwegs, als sie das Gerücht vom Selbstmord einer «jungen schönen Dame» in Winkel hört und von der Ahnung durchzuckt wird: Die Günderrode! Der Verdacht bestätigt sich. «O ihr großen Seelen, dieses Lamm in seiner Unschuld, dieses junge zaghafte Herz, welche ungeheure Gewalt hat es bewogen, so zu handeln?»

Und Achim von Arnim, der die Günderrode seit 1802 gekannt, schreibt: «Wir konnten ihr nicht genug geben, um sie hier zu fesseln, nicht hell genug singen, um die Furienfackel unseliger, ihr fremder Leidenschaft auszublasen...» Als «schauderhaft» empfindet er die Sektion des Arztes, der die Todesursache aus dem Rückenmark lesen will: makabre Parallele zur medizinischen Sektion Heinrich von Kleists, eines Selbstmörders auch, dessen «verdickte Galle» dem unseligen Mediziner den Rückschluß auf «Hypochondrie» seines Objektes erlaubt. Arnim aber hat viel später noch einmal den Ort besucht, da die Günderrode starb: «Arme Sängerin, können die Deutschen unserer Zeit nichts, als das Schöne verschweigen, das Ausgezeichnete vergessen und den Ernst entheiligen?«

Die Frage wäre Nachruf genug.

Wer fehlt? Goethe. Zu Achim von Arnims Mitteilung äußert er nichts. 1810 geht er mit der Bettine im Park von Teplitz spazieren und notiert: «Umständliche Erzählung von ihrem Verhältnis zu Fräulein Günderode. Charakter dieses merkwürdigen Mädchens und Tod.» Dies konnte ein Satz aus einem Stückentwurf sein. – 1814 bereist Goethe den Rhein. «Man zeigte mir am Rhein zwischen einem Weidicht den Ort, wo Fräulein von Günderode sich entleibt. Die Erzählung dieser Katastrophe an Ort und Stelle, von Personen, welche in der Nähe gewesen und Theil genommen, gab das unangenehme Gefühl, was ein tragisches Local jederzeit erregt, wie man Eger nicht betreten kann, ohne daß die Geister Wallensteins und seiner Gefährten uns umschweben.» – Der Mißempfindung ist der Stachel schon genommen.

Und Creuzer?

Creuzer ist noch wochenlang schwer krank. Man schont ihn, wie man die Tote, als sie lebte, nie geschont hat. Die Todesnachricht trifft ihn hart. Er glaubt, nie wieder lehren zu können, und erholt sich sehr langsam.

Die Tragödie scheint noch nach ihrem Ende zum Schauerdrama, Rührstück absinken zu wollen: Karolinens Mutter warnt den Creuzer vor einer möglichen Rache des Bruders Hektor, der in Heidelberg studiert. «Lächerliche Großmut!» entrüstet jener sich. «Wie bedauernswürdig wäre ich, wenn ich ihrer bedürfte! und wie unwürdig ist doch jede Furcht, jede Leidenschaft der seligen Ruhe, welche die Entschlafene umschwebt!» Weiter kann Verdrängung und Verkennung kaum getrieben werden. Der Mann ist als Mann erledigt. «Meine Sophie» heißt es nun immer von seiner Frau. Er überlebt sie übrigens, heiratet eine andre, wird siebenundachtzig Jahre alt. Nie mehr erwähnt er die Karoline.

Nun ist er Wachs in den Händen der Freunde. Sie bringen ihm bei, der Besitz der Schriftstücke, die er der Günderrode gesandt, sei ihm «durchaus notwendig». Also räumt Frau von Heyden den Schreibtisch der Freundin, dessen innerstes Geheimnis sie kennt, und liefert das Belastungsmaterial aus. Dafür bekommt sie von Creuzer alle Briefe, welche die Günderrode ihm schrieb, um sie zu verbrennen. Gewissenhaft ist sie der Anordnung gefolgt.

Doch die Freunde denken weiter. Die Briefe Creuzers an «die Selige» sofort zu vernichten könnte unklug sein, «da man nicht wissen könne, ob nicht deren ein Gebrauch werden müßte», zu deutsch: ob sie ihm nicht als Beweisstücke seiner Unschuld zu dienen hätten. Berechnung, die wir nicht tadeln dürfen: So sind, mit Ausnahme einiger besonders kompromittierender Stücke, wenigstens Creuzers Briefe erhalten. Der treue und fromme Vetter Leonhard bewahrt sie auf. «Und laß mich weiter nichts mehr davon hören.»

Soll das Trauerspiel ein Ende haben?

Nicht ganz. Nochmals hebt sich der Vorhang. Es gibt ein Nachspiel, gespielt aus der unglückseligen Angewohnheit von Dichtern, bei ihrem Ableben beschriebenes Papier zu hinterlassen, der Nachwelt zu treuen Händen. Die kann, böswillig oder nachlässig, den Toten zum zweiten Male töten. In schweren Fällen sind ihre Agenten, ihre Willensvollstrecker die gleichen Personen, die der Autor selbst in blindem Vertrauen zum Nachlaßverwalter gemacht: Die Günderrode ist solch ein schwerer Fall.

Sie hat im Januar 1806 ihrem Freund Creuzer ihr neuestes Manuskript geschickt, das er herausgeben soll unter dem Titel «Mnemosyne». Creuzer schreibt ihr: «Du glaubst nicht, wie mich Deine Idee erfreut mit dem Büchlein Mnemosyne, und wie es mir Wonne ist, des Frommen und des Freundes

Liebe so verherrlicht zu sehen. Ob ich es herausgeben will? Nichts wird mir ein süßeres Geschäft sein. Aber daß in diesem Falle die größeste Verschwiegenheit beobachtet werden müsse, bemerkst Du richtig.» Ausführlich erörtert er Titel und Pseudonym des Bändchens. Als die Günderrode gegen seinen Rat auf dem Dichternamen «Jon» besteht, stimmt er schließlich zu: «Jonien ist ja der Poesie Vaterland. Ja, das Kind soll Jon heißen.» Dagegen nimmt sie seinen Titelvorschlag an: «Melete» wollen sie den Band nennen, nach der Muse des sinnigen Daseins. Nie, denkt man, hat eine Werkausgabe in besseren Händen gelegen.

Es gibt Briefe Creuzers, wie sie sich eingehender, sachkundiger und fördernder kein Dichter von seinem Freund, keine Dichterin vom Geliebten wünschen kann. Über Metrik und Schlegelsche Philosophie, über lateinisch schreibende Dichterinnen und über die Vorzüge und Schwächen ihrer Arbeiten schreibt er der Karoline – Urteile übrigens, mit denen ein Kritiker heute noch übereinstimmen kann: Nicht das Drama, sagt Creuzer, schon gar nicht das bürgerliche Drama, sei ihr Feld, sondern Lyrik, Mythos, Sage. Der Mann weiß, was ihm anvertraut ist, er erschrickt sogar vor der geistigen Überlegenheit der Geliebten: »Weh man hat gar nicht mehr recht den Mut, Dich kindlich zu necken und in Liebe untertan zu machen (wie wir Männer doch wollen), wenn man solche Weisheit betrachtet. Du schreckst Deinen Eusebio ab. Wahrhaftig, Du mußt töricht sein, wenn ich komme, und durch liebendes Spiel mir Mut machen. – Du mußt Dich Deiner Trefflichkeit entäußern – sonst kann ich ja bei Dir nicht froh werden.» Man weiß nicht und wagt nicht zu unterstellen, daß dies Minderwertigkeitsgefühl des Mannes gegenüber der Frau, die ihm geistig gewachsen war, seine Handlungsweise später, ihm unbewußt, beeinflußt hat.

Aber zunächst betreibt er den Druck von «Melete». Am 23. Februar kann er der Freundin mitteilen: «Melete ist verkauft, und zwar hier an Zimmer und Mohr.» Er begründet die Wahl dieser Verlagsbuchhandlung, in der übrigens auch «Des Knaben Wunderhorn» erscheint, erläutert das Honorarangebot, einen Carolin für den Bogen: «Je mehr ich den inneren Wert eines Werkes fühle, desto weniger vermag ich über dem äußern zu markten.» Alles läßt sich gut an. Nur ist das Büchlein nie erschienen. Creuzer selbst, der voraussah, daß er «immer mehr und mehr zurücksinken werde in den Wust des gemeinen Lebens», zieht das Manuskript von Jon nach dem Tod der Autorin zurück: Ein Sonderfall in der an merkwürdigen Exempeln und Verrücktheiten reichen Geschichte deutscher Zensur und Selbstzensur. Der Grund? Der allereinfachste: Eigennutz. «Daub hat mich nämlich durch siegende Gründe... überzeugt, daß Unterdrückung dieser Schrift durchaus nötig sei.» Die Misere hat ihn wieder. Die wahnwitzigen Träume der Günderrode werden wahr.

Nur gut, denkt man, hineingezogen in die absurde Logik dieses Vorgangs, daß sie dies nicht erlebte; vielleicht wäre sie irre geworden, denn sie war nicht, wie wir es sind, durch Geschichte und Literatur der folgenden hundertsiebzig Jahre auf jene schlimmmen Wandlungen gefaßt, die die herrschende Moral an denen vollzieht, die sich ihr unterwerfen.

Das Buch? Es war lange verschollen. Fünfzig Jahre nach der Günderrode Tod, als eine erste «Gesamtausgabe» ihrer Dichtungen erschien, ist von «Melete» nicht die Rede. Auch Creuzers Name wird nicht erwähnt: Die Verwischung der Spuren scheint geglückt. Der Zufall muß eingreifen: Unglaublicherweise ist ein einziges Exemplar des Buches, teils aus Druckbogen, teils aus Manuskriptseiten bestehend, nach Burg Neuburg bei Heidelberg verschlagen worden, wo es aufbewahrt wurde. 1896 wurde die interessierte Öffentlichkeit von seiner Existenz unterrichtet, mit einigen Stücken dieses Bandes bekannt gemacht. 1906 ist es in vierhundert Exemplaren zum erstenmal ungekürzt veröffentlicht worden, von dem gleichen Editor, Dr. Leopold Hirschberg, der 1920 die schöne Gesamtausgabe der Werke der Günderrode herausbrachte.

Creuzer hatte es richtig erkannt: Dieses Buch ist, in seinen bleibenden Texten, eine immer erneuerte Liebeserklärung an ihn, den «Schutzheiligen», den «Einzigen», an «Eusebio».

Es macht ihn unsterblich – ein Angebot, dem er nicht gewachsen war. Die wir die Geschichte des Bändchens kennen, werden nicht ohne Bewegung die «Zueignung» lesen.

> Ich habe Dir in ernsten stillen Stunden,
> Betrachtungsvoll in heil'ger Einsamkeit,
> Die Blumen dieser und vergangner Zeit,
> Die mir erblüht, zu einem Kranz gewunden...

Und doch: Wer kann ihn mit dem Bannwort «unwürdig» belegen? Wer ihm verdenken, daß er leben wollte – das Schicksal derjenigen vor Augen, die den geforderten Kompromiß nicht eingehn konnte? Ruhe, Frieden bleibt sein einziges Verlangen. Die Ruhe einer Grabstätte hat er nicht gemeint. Die Günderrode wußte recht gut, wie ihm geschah: «Du wurdest ein Fremdling in Deiner nächsten Umgebung, als Du eine Heimat fandest in meinem Herzen.»

7.

«Die Erde ist mir Heimat nicht geworden.»

Es steht nicht zu erwarten, daß wir, die spätere Nachwelt also, diesen Spruch aufheben werden, zu fremd ist auch unsrer Zeit der Günderrode Anspruch auf Ganzheit, Einheitlichkeit, Tiefe und Wahrhaftigkeit des Empfindens, zu unheimlich ihre Absolutheit im Bedürfnis, Leben und Schreiben in Einklang zu bringen.

Die Aufnahme ihrer Arbeiten ist nicht leicht, besonders durch die uns ungewohnte Einkleidung in mythologische Hüllen. Sie hat als Dichterin sicher ihre höchste Reife nicht erreicht; in ihren Dramen und Dramoletten, die sich den größten Themen zuwandten («Mahomet») und an denen sie hing, führt sie blasse Figuren, oft in konstruierten Handlungen, vor, bloß um ihre Ideen, ihr Weltgefühl aussprechen zu lassen. Im Gedicht, in der lyrischen Gedankenprosa leistet sie Außerordentliches. Ihre Sprache ist von großer Schönheit. Ihre großen Gesichtspunkte sind den Formen, die ihr zur Verfügung stehn, öfter nicht angemessen: Das gilt auch im übertragenen Sinn, für ihr Leben.

Sie, gleich stark an Intelligenz und Gefühlstiefe, kann weder in kühler Reflexion Genüge finden, noch sich in Schwärmerei auflösen. Den Abgrund zwischen den entfernten Polen ihres Wesens überbrückt sie, indem sie dichtet. Sie fühlt sich nur, wenn sie schreibt oder liebt. Dies, Schreiben und Lieben, sind die authentischen Entäußerungen ihrer Natur. Ihre Briefe gehören zu ihrem Werk, und erst wenn man ihr Leben kennt, wird man ihre Gedichte richtig lesen. Fortleben könnte sie als Gestalt, die sich der Erfahrung von Vergeblichkeit und Entfremdung unbedingt zu stellen hatte.

Der Riß der Zeit geht durch sie. Sie spaltet sich in mehrere Personen, darunter einen Mann. «Deswegen kömmt es mir aber vor, als sähe ich mich im Sarg liegen und meine beiden Ichs starren sich ganz verwundert an.» Sie beschwört einen Traum: «Ja, es muß eine Zeit kommen, wo jedes Wesen harmonisch mit sich selbst und den anderen wird.» Und sieht ganz klar, was lange gelten wird: «Das Leben ist uns doch aus der Hand genommen: es wird für uns gelebt, ein Teil von uns lebt es stellvertretend für den größeren andern mit, der im Halbschlaf gehalten wird und sich in den kurzen Augenblicken, da er hell wach wird, in Sehnsucht verzehrt.»

Die Diagnose trifft zu, ihre Reaktion darauf kann man kaum übertrieben nennen. Sie gehört zu den ersten, die für den Prozeß der Selbstentfremdung ein Bild und einen Ausdruck finden, indem sie den Kampf schildert, den die «stolze Vernunft» in ihr gegen die Natur führt: «Barbar! freue dich nicht deines Sieges, du hast einen Bürgerkrieg geführt, die Überwundenen waren Kinder deiner eignen Natur, du hast dich selbst getötet in deinen Siegen, du bist gefallen in deinen Schlachten. Der Friede, mit solchen Opfern erkauft, war mir zu teuer, und ich konnte den Gedanken nicht mehr ertragen, mich teilweise zu vernichten, um mich teilweise desto besser erhalten zu können.»

So sagt sie es selbst, warum sie nicht weiterleben kann: Sie war lebens- nicht todessüchtig. Sie geht aus dem Nicht-Leben, nicht aus dem Leben. Der Einsatz, mit dem sie gespielt hatte, war sie selbst. Aber da war ein andres Spiel im Gange, dessen Regeln sie nicht durchschaute und auch nicht erlernen wollte. Kann man sich die Günderrode als ein alterndes Stiftsfräulein denken, dessen Poesien, abgeschnitten von den Quellen der Erfahrung und der Empfindung, sich in Sentiment und Abstraktion auflösen müßten?

Was aber wäre ihr sonst geblieben?

Die Dichtung ist verwandt mit dem Wesen der Utopie, was heißt, sie hat einen schmerzlich freudigen Hang zum Absoluten. Die Mehrheit der Menschen erträgt nicht das laut geäußerte Ungenügen an dem reduzierten Leben, mit dem sie sich abfinden muß. Jene Naturen, die «der Welt» angehören, sich ihr nicht entziehen können und dürfen, kennt die Günderrode ganz gut. «Ich war nie von den ihrigen», läßt sie eine ihrer Gestalten sagen – bezeichnenderweise einen Mann – «es war gleichsam nur eine Übereinkunft, nach welcher sie mir gab, was mir von ihren Gütern unentbehrlich war, nach welcher ich ihr gab, was ich konnte. Diese Übereinkunft ist zu ende...»

Ein Anlauf, der Kunst ein «redlich Hineinpassen» zu geben in eine Gesellschaft, deren Maß Quantität um jeden Preis wird, ist gescheitert. Die rigorose Arbeitsteilung zeitigt ihre Ergebnisse. Die Produzenten der materiellen und die der geistigen Werte stehen einander fremd an verschiedenen Ufern gegenüber, daran gehindert, gemeinsam lebbare Umstände hervorzubringen. Der Zerstörung, die nicht immer offensichtlich ist, sind sie alle ausgesetzt. Die Literatur der Deutschen als ein Schlachtfeld – auch das wäre eine Weise, sie zu betrachten. Dichter sind, das ist keine Klage, zu Opfern und Selbstopfern prädestiniert.

Oktober 1978

GEDICHTE

Hochroth

Du innig Roth,
Bis an den Tod
Soll meine Lieb Dir gleichen,
Soll nimmer bleichen,
Bis an den Tod,
Du glühend Roth,
Soll sie Dir gleichen.

Liebe

O reiche Armuth! Gebend, seliges Empfangen!
In Zagheit Muth! in Freiheit doch gefangen.
In Stummheit Sprache,
Schüchtern bei Tage,
Siegend mit zaghaftem Bangen.

Lebendiger Tod, im Einen sel'ges Leben
Schwelgend in Noth, im Widerstand ergeben,
Genießend schmachten,
Nie satt betrachten
Leben im Traum und doppelt Leben.

Schicksal und Bestimmung

An Charlotte

Blumen flecht' ich scherzend nicht für dich zum Kranze,
Und mein Ryhthmus weiht sich nicht zum leichten Tanze,
Von Bestimmung red' er ernste Worte dir.

Hoffend, wünschend, suchst du – doch vernimm die Lehre,
Wenn dem Herzen jeder Wunsch befriedigt wäre,
Ungestillet bleibt das Sehnen deiner Brust.

Keins von allen Gütern dieser weiten Erde,
Keines! dem nicht Schmerz und Reue sei Gefährte,
Ueberall verfolgt die Plagegöttin dich.

Freundschaft, Liebe winken freundlich aus der Ferne,
Wie am Horizonte hell die Brüder Sterne,
Doch das eherne Geschick verschont sie nicht.

Reißt dir fremde Schuld nicht von verbund'nen Herzen,
Ha! so fühlst du's spät, durch tief're Schmerzen,
Eigner Wahn zerriß der Erde schönstes Band.

Drum entsage willig auch dem liebsten Gute,
Daß dein oft getäuschtes Herz nicht schmerzlich blute.
Edlerm Streben spare deines Geistes Kraft.

Folge nur der Pflicht, ob sie am ödsten Strande
Einsam, ungeliebt und unbeweint dich bannte:
Deiner Götter Abkunft Siegel ist sie dir.

Tugend ist das Ziel, nach dem die Millionen
Geister, die den ungemess'nen Raum bewohnen,
Ringen zur Vollendung und zur Göttlichkeit.

Wie Planeten um die Sonn' in ew'gen Kreisen,
Eilen sie auf Millionen Weg' und Weisen
Hin zum Ideale der Vollkommenheit.

Blicke stolz hinauf zum herrlich hohen Ziele,
Dräng' ihm zu, und wankst du, irret auch dein Wille,
Deiner Würd' und Freiheit bleibst du dir bewußt.

Zwar im Kampfe wird noch deine Kraft ermüden,
Schwache Erdentugend gibt dem Geist nicht Frieden,
Dennoch deinem Ideale naht sie dich.

Laß denn immerhin die Göttin Schicksal walten,
Ob sich dunkle Wolken gegen dich auch ballten,
Groß und ruhig siehst du ihrem Gange zu.

Vorzeit, und neue Zeit

Ein schmahler rauher Pfad schien sonst die Erde.
Und auf den Bergen glänzt der Himmel über ihr,
Ein Abgrund ihr zur Seite war die Hölle,
Und Pfade führten in den Himmel und zur Hölle.

Doch alles ist ganz anders nun geworden,
Der Himmel ist gestürzt, der Abgrund ausgefüllt,
Und mit Vernunft bedeckt, und sehr bequem zum gehen.

Des Glaubens Höhen sind nun demolieret.
Und auf der flachen Erde schreitet der Verstand,
Und misset alles aus, nach Klafter und nach Schuen.

Wunsch

Ja Quitos Hand, hat meine Hand berühret
Und freundlich zu den Lippen sie geführet,
An meinem Busen hat sein Haupt geruht.

Da fühlt ich tief ein liebend fromm Ergeben.
Mußt ich dich überleben, schönes Leben?
Noch Zukunft haben, da du keine hast?

Im Zeitenstrome wirst du mir erbleichen,
Stürb ich mit dir, wie bei der Sonne Neigen
Die Farben all' in dunkler Nacht vergehn.

Ariadne auf Naxos

Auf Naxos Felsen weint verlassen Minos Tochter.
Der Schönheit heisses Flehn erreicht der Götter Ohr.
Von seinem Thron herab senkt, Kronos Sohn, die Blitze,
Sie zur Unsterblichkeit in Wettern aufzuziehn.

Poseidon, Lieb entbrannt, eröffnet schon die Arme,
Umschlingen will er sie, mit seiner Fluthen Nacht.
Soll zur Unsterblichkeit nun Minos Tochter steigen?
Soll sie, den Schatten gleich, zum dunklen Orkus gehn?

Ariadne zögert nicht, sie stürzt sich in die Fluthen:
Betrogner Liebe Schmerz soll nicht unsterblich seyn!
Zum Götterloos hinauf mag sich der Gram nicht drängen,
Des Herzens Wunde hüllt sich gern in Gräbernacht.

Buonaparte in Egypten

Aus dem Schoos der Nacht entwindet mühesam die
Dämmerung sich,
Und der Dämmerung Gebilde löset einst des Tages Licht.
Endlich fliehet die Nacht! und herrlicher Morgen
Golden entsteigst du dem bläulichten Bette der Tiefe
Und erleuchtest das dunkle Land wo der Vorzeit
Erster Funke geglüht, wo Licht dem Dunkel entwunden.
Früh gelodert im Schutze mystischer Schleier
Dann auf lange entfloh und ferne Zonen erleuchtet. –
Ewig weicht sie doch nicht vom heimischen Lande
Die Flamme, sie kehret mit hochauflodderndem Glanz hin.
Alle Bande der Knechtschaft löset die Freiheit,
Der Begeisterung Funke erwekt die Söhne Egyptens. –
Wer bewirkt die Erscheinung? Wer ruft der Vorwelt
Tage zurük? Wer reiset Hüll und Ketten vom Bilde
Jener Isis, die der Vergangenheit Räthsel
Dasteht, ein Denkmal vergessener Weisheit der Urwelt?
Bonaparte ist's. Italiens Erobrer,
Frankreichs Liebling, die Säule der würdigeren Freiheit
Rufet er der Vorzeit Begeisterung zurüke
Zeiget dem erschlaften Jahrhunderte römische Kraft. –
Möge dem Helden das Werk gelingen Völker
Zu beglükken, möge der schöne Morgen der Freiheit
Sich entwinden der Dämmerung finsterem Schoose.
Möge der späte Enkel sich freuen der labenden
Der gereiften Frucht, die mit Todesgefahren
In dem schreklichen Kampf mit finsterem Wahn, der Menge
Irrthum, der großen Härte, des Volks Verblendung
Blutige Thränen vergiesend die leidende Menschheit
Zitternd in dieses Jahrhunderts Laufe gepflanzt.

Don Juan

Es ist der Festtag nun erschienen
Geschmükket ist die ganze Stadt.
Und die Balkone alle grünen,
In Blumen blüht der Fürstin Pfad.
Da kommt sie, schön in Gold und Seide
Im königlichen Prunkgeschmeide
An ihres neu Vermählten Seite.

Erstaunet siehet sie die Menge
Und preiset ihre Schönheit hoch!
Doch Einer, Einer im Gedränge
Fühlt tiefer ihre Schönheit noch.
Er mögt in ihrem Blick vergehen
Da er sie einmal erst gesehen,
Und fühlt im Herzen tiefe Wehen.

Sein Blick folgt ihr zum Hochzeitstanze
Durch all der Tänzer bunte Reihn,
Er stirbet bald in ihrem Glanze
Lebt auf im milden Augenschein.
So wird er seines Schauens Beute,
Und seiner Augen süße Weide
Bringt bald dem Herzen bittres Leide.

So hat er Monde sich verzehret,
In seines eignen Herzens Gluth;
Hat Töne seinem Schmerz verwehret,
Gestählt in der Entsagung Muth;
Dann könnt er vohr'gen Muth verachten
Und leben nur im tiefen Schmachten,
Die Anmuthsvolle zu betrachten.

Mit Philipp war, an heil'ger Stätte,
Am Tag den Seelen fromm geweiht,

Sein Hof versammelt zu Gebete
Das Seelen aus der Qual befreit;
Da flehen Juans heisse Blicke:
Daß sie ihn einmal nur beglücke!
Erzwingen will ers vom Geschicke.

Sie senkt das Haupt mit stillem Sinnen
Und hebt es dann zum Himmel auf;
Da flammt in ihm ein kühn Beginnen,
Er steigt voll Muth zum Altar auf.
Laut will er seinen Schmerz ihr nennen,
Und seines Herzens heißes Brennen,
In heil'ger Gegenwart bekennen.

Laut spricht er: Priester! lasset schweigen
Für Todte die Gebete all.
Für mich laßt heisse Bitten steigen;
Denn größer ist der Liebe Quaal,
Von der ich wehn'ger kann genesen,
Als jene unglücksel'gen Wesen
Zur Quaal des Feuers auserlesen.

Und staunend siehet ihn die Menge
So schön verklärt in Liebesmuth.
«Wo ist, im festlichen Gepränge?»
Denkt Manche still, «die solche Gluth
Und solches Wort jetzt hat gemeinet?»
Sie ist's, die heimlich Thränen weinet,
Die Juans heisse Liebe meynet.

War's Mitleid, ist es Lieb' gewesen,
Was diese Thränen ihr erpreßt?
Vom Gram kann Liebe nicht genesen,
Wenn Zweifelmuth sie nicht verläßt.
Er kann sich Friede nicht erjagen;
Denn nimmer darf's die Lippe wagen,
Der Liebe Schmerz ihr mehr zu klagen.

Nur einen Tag will er erblicken
Der trüb ihm nicht vorüber flieht,
Nur eine Stunde voll Entzücken
Wo süße Liebe ihm erblüht,
Nur einen Tag der Nacht erwecken,
Es mag ihn dann, mit ihren Schrecken
Auf ewig, Todesnacht bedecken.

Es liebt die Königin die Bühne,
Erschien oft selbst im bunten Spiel.
Daß er dem kleinsten Wunsche diene
Ist jetzt nur seines Lebens Ziel.
Er läßt ihr ein Theater bauen,
Dort will, die reizendste der Frauen,
Er noch in neuer Anmuth schauen.

Der Hof sich einst im Spiel vereinet,
Die Königin in Schäfertracht,
Mit holder Anmuth nun erscheinet
Den Blumenkranz in Lokkennacht.
Und Juans Seele sieht verwegen,
Mit ungestümen wildem Regen,
Dem kommenden Moment entgegen.

Er winkt, und Flamm und Dampf erfüllen,
Entsetzlich jetzt das Schauspielhaus;
Der Liebe Glück will er verhüllen
In Dampf und Nacht und Schreck und Graus;
Er jauchzet, daß es ihm gelungen,
Des Schicksals Macht hat er bezwungen
Der Liebe süssen Lohn errungen.

Gekommen ist die schöne Stunde;
Er trägt sie durch des Feuers Wuth,
Raubt manchen Kuß dem schönen Munde,
Weckt ihres Busens tiefste Gluth.
Möcht sterben jetzt in ihren Armen,

Möcht alles geben! ihr, verarmen,
In andern Leben nie erwarmen.

Die eilenden Minuten fliehen
Er merket die Gefahren nicht,
Und fühlt nur ihre Wange glühen;
Doch sie, sie träumet länger nicht,
Sie reißt sich von ihm los mit Beben,
Er sieht sie durch die Hallen schweben.
Verhaucht ist der Minute Leben.

Mit sehnsuchtsvollem, krankem Herzen
Eilt Juan durch die Hallen hin.
In Wonne Gram und süße Schmerzen
Versinket ganz sein irrer Sinn,
Er wirft sich auf sein Lager nieder,
Und holde Träume zeigen wieder
Ihm ihr geliebtes, holdes Bild.

Die Sonne steiget auf und nieder;
Doch Abend bleibt's in seiner Brust.
Es sank der Tag ihm, kehrt nicht wieder,
Und sie, nur sie ist ihm bewußt,
Und ewig, ewig ist gefangen
Sein Geist im quälenden Verlangen
Sie, wachend träumend, anzuschaun.

Und da er wacht aus seinem Schlummer
Ist's ihm, als stieg' er aus der Gruft,
So fremd und tod; und aller Kummer
Der mit ihm schlief erwacht und ruft:
O weine! sie ist dir verlohren
Die deine Liebe hat erkohren
Ein Abgrund trennet sie und dich!

Er rafft sich auf mit trüber Seele
Und eilt des Schlosses Gärten zu;

Da sieht er, bei der Mondeshelle,
Ein Mädchen auf ihn eilen zu.
Sie reicht ein Blatt ihm und verschwindet,
Eh er zu fragen Worte findet,
Er bricht die Siegel auf und liest:

«Entfliehe! wenn dies Blatt gelesen
«Du hast, und rette so dich mir.
«Mir ist, als sey ich einst gewesen,
«Die Gegenwart erstirbt in mir,
«Und lebend ist nur jene Stunde,
«Sie spricht mir mit so süßem Munde,
«Von dir, von dir, und stets von dir.»

Er liest das Blatt mit leisem Beben
Und liebt's, und drückt es an sein Herz.
Gewaltsam theilet sich sein Leben,
In große Wonne – tiefen Schmerz.
Solt er die Theuerste nun meiden?
Kann sie dies Trauern ihm bereiten!
Soll er sie nimmer wieder sehn?

Er geht nun, wie sie ihm geboten;
Da trifft ein Mörderdolch die Brust.
Doch steigt er freudig zu den Todten,
Denn der Erinn'rung süße Lust,
Ruft ihm herauf die schönste Stunde,
Er hänget noch an ihrem Munde;
Entschlummert sanft in ihrem Arm.

Des Wandrers Niederfahrt

Wandrer.
Dies ist, hat mich der Meister nicht betrogen
Des Westes Meer in dem der Nachtwind braußt.
Dies ist der Untergang von Gold umzogen,
Und dies die Grotte, wo mein Führer haußt. –
Bist du es nicht, den Tag und Nacht geboren
Des Scheitel freundlich Abendröthe küßt!
In dem sein Leben Hälios verlohren
Und dessen Gürtel schon die Nacht umfließt.
Herold der Nacht! bist du's der zu ihr führet
Der Sohn den sie dem Sonnengott gebieret?

Führer.
Ja, du bist an dessen Grotte,
Der dem starken Sonnengotte
In die Zügel fiel.
Der die Rosse westwärts lenket,
Daß sich hin der Wagen senket,
An des Tages Ziel.

Und es sendet mir noch Blicke
Liebevoll der Gott zurücke.
Scheidend küßt er mich;
Und ich seh es, weine Thränen
Und ein süßes stilles Sehnen
Färbet bleicher mich;

Bleicher, bis mich hat umschlungen,
Sie, aus der ich halb entsprungen,
Die verhüllte Nacht.
In ihre Tiefen führt mich ein Verlangen
Mein Auge schauet noch der Sonne Pracht
Doch tief im Thale hat sie mich umpfangen
Den Dämmerschein verschlingt schon Mitternacht.

Wandrer.
O führe mich! du kennest wohl die Pfade
Das alte Reich der dunklen Mitternacht;
Hinab will ich ans finstere Gestade
Wo nie der Morgen, nie der Mittag lacht.
Entsagen will ich jenem Tagesschimmer
Der ungern uns der Erde sich vermählt,
Geblendet hat mich, trüg'risch, nur der Flimmer,
Der Ird'sches nie zur Heimath sich erwählt.
Vergebens wollt' den Flüchtigen ich fassen,
Er kann doch nie vom steten Wandel lassen.
Drum führe mich zum Kreis der stillen Mächte,
In deren tiefem Schoos das Chaos schlief,
Eh, aus dem Dunkel ew'ger Mitternächte,
Der Lichtgeist es herauf zum Leben rief.
Dort, wo der Erde Schoos noch unbezwungen
In dunkle Schleier züchtig sich verhüllt,
Wo er, vom frechen Lichte nicht durchdrungen,
Noch nicht erzeugt dies schwankende Gebild
Der Dinge Ordnung, dies Geschlecht der Erde!
Dem Schmerz und Irrsal ewig bleibt Gefährte.

Führer.
Willst du die Götter befragen,
Die des Erdballs Stützen tragen,
Lieben der Erde Geschlecht,
Die in seliger Eintracht wohnen,
Ungeblendet von irdischen Sonnen,
Ewig streng und gerecht;
So komm, eh ich mein Leben ganz verhauchet,
Eh mich die Nacht in ihre Schatten tauchet.

Horch! es heulen laut die Winde,
Und es engt sich das Gewinde
Meines Wegs durch Klüfte hin.
Die verschloß'nen Ströme brausen,
Und ich seh mit kaltem Grausen

Daß ich ohne Führer bin.
Ich sah ihn blässer, immer blässer werden,
Und es begrub die Nacht mir den Gefährten.

In Wasserfluthen hör ich Feuer zischen
Seh wie sich brausend Elemente mischen;
Wie, was die Ordnung trennet, sich vereint.
Ich seh, wie Ost und West sich hier umpfangen,
Der laue Süd spielt um Boreas Wangen,
Das Feindliche umarmet seinen Feind
Und reißt ihn fort in seinen starken Armen:
Das Kalte muß in Feuersgluth erwarmen.

Tiefer führen noch die Pfade
Mich hinab, zu dem Gestade
Wo die Ruhe wohnt,
Wo des Lebens Farben bleichen,
Wo die Elemente schweigen
Und der Friede thront.

Erdgeister.
Wer hieß herab dich in die Tiefe steigen
Und unterbrechen unser ewig Schweigen?

Wandrer.
Der rege Trieb: die Wahrheit zu ergründen!

Erdgeister.
So wolltest in der Nacht das Licht du finden?

Wandrer.
Nicht jenes Licht das auf der Erde gastet
Und trügerisch dem Forscher nur entflieht,
Nein, jenes Urseyn das hier unten rastet
Und rein nur in der Lebensquelle glüht.
Die unvermischten Schätze wollt' ich heben
Die nicht der Schein der Oberwelt berührt
Die Urkraft, die, der Perle gleich, vom Leben

Des Daseyns Meer in seinen Tiefen führt.
Das Leben, in dem Schoos des Lebens schauen;
Wie es sich kindlich an die Mutter schmiegt
In ihrer Werkstatt die Natur erschauen,
Sehn, wie die Schöpfung ihr am Busen liegt.

Erdgeister.
So wiß! es ruht die ew'ge Lebensfülle
Gebunden hier noch in des Schlafes Hülle
Und lebt und regt sich kaum,
Sie hat nicht Lippen um sich auszusprechen,
Noch kann sie nicht des Schweigens Siegel brechen,
Ihr Daseyn ist noch Traum.
Und wir, wir sorgen, daß noch Schlaf sie decke
Daß sie nicht wache, eh' die Zeit sie wecke.

Wandrer.
O ihr! die in der Erde waltet,
Der Dinge Tiefe habt gestaltet,
Enthüllt, enthüllt euch mir!

Erdgeister.
Opfer nicht und Zauberworte
Dringen durch der Erde Pforte,
Erhörung ist nicht hier.
Das Ungeborne ruhet hier verhüllet
Geheimnißvoll, bis seine Zeit erfüllet.

Wandrer.
So nehmt mich auf, geheimnißvolle Mächte,
O wieget mich in tiefem Schlummer ein.
Verhüllet mich in eure Mitternächte,
Ich trete freudig aus des Lebens Reihn.
Laßt wieder mich zum Mutterschoose sinken,
Vergessenheit und neues Daseyn trinken.

Erdgeister.
Umsonst! an dir ist uns're Macht verlohren,
Zu spät! du bist dem Tage schon geboren;
Geschieden aus dem Lebenselement.
Dem Werden können wir, und nicht dem Seyn gebieten
Und du bist schon vom Mutterschoos geschieden
Durch dein Bewußtseyn schon vom Traum getrennt.
Doch schau hinab, in deiner Seele Gründen
Was du hier suchest wirst du dorten finden,
Des Weltalls sehn'nder Spiegel bist du nur.
Auch dort sind Mitternächte die einst tagen,
Auch dort sind Kräfte, die vom Schlaf erwachen
Auch dort ist eine Werkstatt der Natur.

Ist alles stumm und leer

Ist alles stumm und leer;
Nichts macht mir Freude mehr;
Düfte, sie düften nicht,
Lüfte, sie lüften nicht;
Mein Herz so schwer!

Ist Alles öd' und hin;
Bange mein Herz und Sinn;
Möchte, nicht weiß ich, was;
Treibt mich ohn' Unterlaß,
Weiß nicht, wohin!

Ein Bild von Meisterhand
Hat mir den Sinn gebannt;
Seit ich das holde sah,
Ist's fern und ewig nah,
Mir anverwandt.

Ein Klang im Herzen ruht,
Der noch erquickt den Muth,
Wie Flötenhauch ein Wort,
Tönet noch leise fort,
Stillt Thränenflut.

Frühlinges Blumen treu
Kommen zurück auf's Neu;
Nicht so der Liebe Glück,
Ach, es kommt nicht zurück –
Schön, doch nicht treu!

Kann Lieb' so unlieb sein,
Von mir so fern, was mein?
Kann Lust so schmerzlich sein,
Untreu so herzlich sein?
O Wonn', o Pein!

Phönix der Lieblichkeit,
Dich trägt dein Fittig weit
Hin zu der Sonne Strahl,
Ach was ist dir zumal
Mein einsam Leid!

Der Kuß im Traume

Es hat ein Kuß mir Leben eingehaucht,
Gestillet meines Busens tiefstes Schmachten.
Komm, Dunkelheit! mich traulich zu umnachten,
Daß neue Wonne meine Lippe saugt.

In Träume war solch Leben eingetaucht,
Drum leb' ich, ewig Träume zu betrachten,

Kann aller andern Freuden Glanz verachten,
Weil nur die Nacht so süßen Balsam haucht.

Der Tag ist karg an liebesüßen Wonnen,
Es schmerzt mich seines Lichtes eitles Prangen
Und mich verzehren seiner Sonne Gluthen.

Drum birg dich Aug' dem Glanze irrd'scher Sonnen!
Hüll' dich in Nacht, sie stillet dein Verlangen
Und heilt den Schmerz, wie Lethes kühle Fluthen.

Wandel und Treue

Violetta.
Ja, du bist treulos! laß mich von dir eilen;
Gleich Fäden kannst du die Empfindung theilen.
Wen liebst du denn? und wem gehörst du an?

Narziß.
Es hat Natur mich also lieben lehren:
Dem Schönen werd' ich immer angehören
Und nimmer weich ich von der Schönheit Bahn.

Violetta.
So ist dein Lieben, wie dein Leben, wandern!
Von einem Schönen eilest du zum Andern,
Berauschest dich in seinem Taumelkelch,
Bis Neues schöner dir entgegen winket –

Narziß
In höh'rem Reiz Betrachtung dann versinket
Wie Bienenlippen in der Blume Kelch.

Violetta.
Und traurig wird die Blume dann vergehen
Muß sie sich so von dir verlassen sehen!

Narziß.
O Nein! es hat die Sonne sie geküßt.
Die Sonne sank, und Abendnebel thauen.
Kann sie die Strahlende nicht mehr erschauen,
Wird ihre Nacht durch Sternenschein versüßt.
Sah sie den Tag nicht oft im Ost verglühen?
Sah sie die Nacht nicht thränend still entfliehen?
Und Tag und Nacht sind schöner doch als ich.
Doch flieht ein Tag, ein Andrer kehret weider;
Stirbt eine Nacht, sinkt eine Neue nieder
Denn Tröstung gab Natur in jedem Schönen sich.

Violetta.
Was ist denn Liebe, hat sie kein Bestehen?

Narziß.
Die Liebe will nur wandlen, nicht vergehen;
Betrachten will sie alles Trefliche.
Hat sie dies Licht in einem Bild erkennet,
Eilt sie zu Andern, wo es schöner brennet,
Erjagen will sie das Vortrefliche.

Violetta.
So will ich deine Lieb' als Gast empfangen;
Da sie entfliehet wie ein satt Verlangen,
Vergönnt mein Herz Ihr keine Heimath mehr.

Narziß.
O sieh den Frühling! gleicht er nicht der Liebe?
Er lächelt wonnig, freundlich, und das trübe
Gewölk des Winters, niemand schaut es mehr!
Er ist nicht Gast, er herrscht in allen Dingen,
Er küßt sie Alle, und ein neues Ringen

Und Regen wird in allen Wesen wach.
Und dennoch reißt er sich aus Tellus Armen
Auch andre Zonen soll sein Hauch erwarmen
Auch Andern bringt er neuen, schönen Tag.

Violetta.
Hast du die Heil'ge Treue nie gekennet?

Narziß.
Mir ist nicht Treue was ihr also nennet,
Mir ist nicht treulos was euch treulos ist! –
Wer den Moment des höchsten Lebens theilet;
Vergessend nicht, in Liebe selig weilet;
Beurtheilt noch, und noch berechnet, mißt;
Den nenn' ich treulos, ihm ist nicht zu trauen
Sein kalt Bewußtseyn wird dich klar durchschauen
Und deines Selbstvergessens Richter seyn.
Doch ich bin treu! Erfüllt vom Gegenstande
Dem ich mich gebe in der Liebe Bande
Wird Alles, wird mein ganzes Wesen seyn.

Violetta.
Giebt's keine Liebe denn die dich bezwinge?

Narziß.
Ich liebe Menschen nicht, und nicht die Dinge,
Ihr Schönes nur, und bin mir so getreu,
Ja Untreu' an mir selbst wär andre Treue,
Bereitete mir Unmuth, Zwist und Reue,
Mir bleibt nur so die Neigung immer frei.
Die Harmonie der inneren Gestalten
Zerstören nie die ordnenden Gewalten
Die für Verderbniß nur die Noth erfand. –
Drum laß mich, wie mich der Moment gebohren.
In ew'gen Kreisen drehen sich die Horen;
Die Sterne wandeln ohne festen Stand,
Der Bach enteilt der Quelle, kehrt nicht wieder

Der Strom des Lebens woget auf und nieder
Und reisset mich in seinen Wirbeln fort.
Sieh alles Leben! es ist kein Bestehen,
Es ist ein ew'ges Wandern, Kommen, Gehen,
Lebend'ger Wandel! buntes, reges Streben!
O Strom! in dich ergießt sich all mein Leben!
Dir stürz ich zu! vergesse Land und Port!

Tendenz des Künstlers

Sage! was treibt doch den Künstler, sein Ideal aus dem Lande
Der Ideen zu ziehn, und es dem Stoff zu vertraun?
Schöner wird ihm sein Bilden gelingen im Reich der Gedanken,
Wäre es flüchtiger zwar, dennoch auch freier dafür,
Und sein Eigenthum mehr, und nicht dem Stoff unterthänig.

Frager! der du so fragst, du verstehst nicht des Geistes Beginnen,
Siehst nicht was er erstrebt, nicht was der Künstler ersehnt.
Alle! sie wollen unsterbliches thun, die sterblichen Menschen.
Leben im Himmel die Frommen, in guten Thaten die Guten,
Bleibend will sein der Künstler im Reiche der Schönheit,
Darum in dauernder Form stellt den Gedanken er dar.

Brutus II

1

Die Sonne taugte sich im Schoos des Abends nieder
Ihr lezter Scheideblik fiel auf der Römer Heer
Es sandte hier der Tod sein ehrenes Gefieder
Und alle wateten in einem blut'gen Meer
Die weite Ebne raucht die Rosse stampfen wilder
Im wütenden Gefecht erklingen schwere Schilder.

2

Schon naht die Dämmerung sich, und die Entscheidung weilet
Der Sieg schwankt ungewis, in Brutus Seele flammt
Der stählerne Entschlus, wenn ihm das Glück enteilet
Flieht er dem Grabe zu was auch daraus entstammt
Und seinem Schwure hat sich Kassius Schwur verbunden
Nicht in Gefangenschaft zu zählen Trauer Stunden.

3

Jetzt sinkt der Freiheit Heer, durchbohret von dem Schwerde
Das Cäsars Brust durchdrang stürzt Kassius blutig hin
Ha! rufet Brutus aus, Ha! sterbender Gefährte
Mit Dir stirbt Romas Glück und wahrer Freiheits Sinn
Verweile Freund! Bald eilt mein Geist dem deinigen zu
In jenem schwarzen Styksumflossnen Land der Ruh.

4

Mit einem großen Blik der eine Erd' umfasset
Mit einem Schmerz zu schwer für diese kleine Welt

Mit dem Gefühl vor dem die Menschheit scheu erblasset
Verweilet Brutus noch im blutgetränkten Feld
Er fühlt der Sterbenden weitaufgerißne Wunden
Und hört im Geiste schon von Rom die Trauer kunden.

5

Verlaßt mich spricht er jezt verlaßt mich ihr Getreuen
Entflieht der Sclaverei, sucht euch ein Vaterland
Allein nur kan ich mich der Schicksalsgöttin weihen
Zufrieden wohin auch ihr strenger Ruf mich bant
Doch wählt ich zwischen meinem Fall und jener Siegen
Weil lieber würd' ich für die Freiheit unterliegen.

6

Ein stummer Abschied trent ihn schmerzlich von den Freunden
Und traurig schweigend eilet er ins nächste Thal
Von allen tausenden die sich ihm sonst vereinten
Sind zwei gesinnt mit ihm zu sinken gleichen Fall
Ergeben bis zum Tod und ewig treu dem Kühnen
Bis an des Orkus schwarzumhülltes Thor zu dienen.

7

Noch zögert Brutus denn noch einmal will er leben
Im lezten Augenblick des Lebens schweren Traum –
Weh ihm! mißlungene Mühen, Zweifel Schmerzen schweben
Wie Furien um ihn im öden wüsten Raum
In dieser Stunde weichet des Bewußtseins Frieden
Und ihn umzischt die gräßlichste der Eumeniden.

8

Und doch des eigenen Schicksals ehrner Griffel gräbet
In seine große Seele solche Wunden nicht
Daß was so zehrend ihm im starken Busen bebet
Ist, daß er nimmer nun der Römer Ketten bricht
Auf seinem Grabe wird die Tiranei regieren
Der Freiheit Genius auf ihren Trümmern irren.

Einstens lebt ich süßes Leben

Einstens lebt ich süßes Leben
denn mir war, als sey ich plötzlich
nur ein duftiges Gewölke.
Über mir war nichts zu schauen
als ein tiefes blaues Meer
und ich schiffte auf den Woogen
dieses Meeres leicht umher.
Lustig in des Himmels Lüften
gaukelt ich den ganzen Tag,
lagerte dann froh und gaukelnd
hin mich um den Rand der Erde,
als sie sich der Sonne Armen
dampfend und voll Gluth entriß,
sich zu baden in nächtlicher Kühle,
sich zu erlaben im Abendwind.
Da umarmte mich die Sonne,
von des Scheidens Weh ergriffen,
und die schönen hellen Strahlen
liebten all und küßten mich.
Farbige Lichter
stiegen hernieder,
hüpfend und spielend,

wiegend auf Lüften
duftige Glieder.
Ihre Gewande
Purpur und Golden
und wie des Feuers
tiefere Gluthen.
Aber sie wurden
blässer und blässer,
bleicher die Wangen,
sterbend die Augen.
Plötzlich verschwanden
mir die Gespielen,
und als ich traurend
nach ihnen blickte,
sah ich den großen
eilenden Schatten,
der sie verfolgte,
sie zu erhaschen.
Tief noch im Westen
sah ich den goldnen
Saum der Gewänder.
Da erhub ich kleine Schwingen,
flatterte bald hie bald dort hin,
freute mich des leichten Lebens,
ruhend in dem klaren Aether.
sah jetzt in dem heilig tiefen
unnennbaren Raum der Himmel
wunderseltsame Gebilde
und Gestalten sich bewegen.
Ewige Götter
saßen auf Thronen
glänzender Sterne,
schauten einander
seelig und lächelnd.
Tönende Schilde,
klingende Speere
huben gewaltige,

streitende Helden;
Vor ihnen flohen
gewaltige Thiere,
andre umwanden
in breiten Ringen
Erde und Himmel,
selbst sich verfolgend
ewig im Kreise.
Blühend voll Anmuth
unter den Rohen
stand eine Jungfrau,
Alle beherrschend.
Liebliche Kinder
spielten in mitten
giftiger Schlangen. –
Hin zu den Kindern
wollt ich nun flattern,
mit ihnen spielen
und auch der Jungfrau
Sohle dann küssen.
Und es hielt ein tiefes Sehnen
in mir selber mich gefangen.
Und mir war, als hab ich einstens
mich von einem süßen Leibe
los gerissen, und nun blute
erst die Wunde alter Schmerzen.
Und ich wandte mich zur Erde,
wie sie süß im trunknen Schlafe
sich im Arm des Himmels wiegte.
Leis erklungen nun die Sterne,
nicht die schöne Braut zu weken,
und des Himmels Lüfte spielten
leise um die zarte Brust.
Da ward mir, als sey ich entsprungen
dem innersten Leben der Mutter,
und habe getaumelt
in den Räumen des Aethers,

ein irrendes Kind.
Ich mußte weinen,
rinnend in Thränen
sank ich hinab zu dem
Schooße der Mutter.
Farbige Kelche
duftender Blumen
faßten die Thränen,
und ich durchdrang sie,
alle die Kelche,
rieselte Abwärts
hin durch die Blumen,
tiefer und tiefer,
bis zu dem Schooße
hin, der verhüllten
Quelle des Lebens.

Die Bande der Liebe

Ach! mein Geliebter ist tod! er wandelt im Lande der Schatten
Sterne leuchten ihm nicht, ihm erglänzet kein Tag
Und ihm schweigt die Geschichte; das Schicksal der Zeiten
Gehet den mächtigen Gang, doch ihn erwecket es nicht;
Alles starb ihm mit ihm, mir ist er doch nicht gestorben
Denn ein ewiges Band eint mir noch immer den Freund.
Liebe heißet dies Band, das an den Tag mir geknüpft
Hat die erebische Nacht, Tod mit dem Leben vereint.
Ja ich kenne ein Land, wo Todte zu Lebenden reden,
Wo sie, dem Orkus entflohn, wieder sich freuen des Lichts,
Wo von Erinn'rung erweckt, sie auferstehn von den Todten
Wo ein irdisches Licht glühet im Leichengewand.
Seliges Land der Träume! wo, mit Lebendigen, Todte

Wandeln, im Dämmerschein, freuen des Daseyns sich noch.
Dort, in dem glücklichen Land, begegnet mir wieder der Theure,
Freuet, der Liebe, sich meiner Umarmungen noch;
Und ich hauche die Kraft der Jugend dann in den Schatten,
Daß ein lebendig Roth wieder die Wange ihm färbt,
Daß die erstarreten Pulse vom warmen Hauche sich regen,
Und der Liebe Gefühl wieder den Busen ihm hebt.
darum fraget nicht, Gespielen! was ich so bebe?
Warum das rosigte Roth löscht ein ertödtendes Blaß?
Theil ich mein Leben doch mit unterirdischen Schatten,
Meiner Jugend Kraft schlürfen sie gierig mir aus.

Mahomets Traum in der Wüste

Bei des Mittags Brand
Wo der Wüste Sand
Kein kühlend Lüftchen erlabet,
Wo heiß, vom Samum nur geküsset,
Ein grauer Fels die Wolken grüßet
Da sinket müd der Seher hin.

Vom trügenden Schein
Will der Dinge Seyn
Sein Geist, betrachtend hier, trennen.
Der Zukunft Geist will er beschwören,
Des eignen Herzens Stimme hören,
Und folgen seiner Eingebung.

Hier flieht die Gottheit,
Die der Wahn ihm leiht,
Der eitle Schimmer verstiebet.
Und ihn, auf den die Völker sehen,
Den Siegespalmen nur umwehen,
Umkreist der Sorgen dunkle Nacht.

Des Sehers Traum
Durchflieget den Raum
Und all' die künftigen Zeiten,
Bald kostet er, in trunknem Wahne,
Die Seligkeit gelung'ner Plane,
Dann sieht er seinen Untergang,

Entsetzen und Wuth,
Mit wechselnder Fluth,
Kämpfen im innersten Leben,
Von Zweifeln, ruft er, nur umgeben!
Verhauchet der Entschluß sein Leben!
Eh' Reu ihn und Mißlingen straft.

Der Gottheit Macht,
Zerreiße die Nacht
Des Schicksals, vor meinen Blicken!
Sie lasse mich die Zukunft sehen,
Ob meine Fahnen siegreich wehen?
Ob mein Gesetz die Welt regiert?

Er sprichts; da bebt
Die Erde, es hebt
Die See sich auf zu den Wolken,
Flammen entlodern den Felsenklüften,
Die Luft, erfüllt von Schwefeldüften,
Läßt träg die müden Schwingen ruhn.

Im wilden Tanz,
Umschlinget der Kranz
Der irren Sterne, die Himmel;
Das Meer erbraußt in seinen Gründen,
Und in der Erde tiefsten Schlünden
Streiten die Elemente sich.

Und der Eintracht Band,
Das mächtig umwand

Die Kräfte, es schien gelöset.
Der Luft entsinkt der Wolken Schleier
Und aus dem Abgrund steigt das Feuer,
und zehret alles Ird'sche auf.

Mit trüberer Fluth
Steigt erst die Gluth,
Doch brennt sie stets sich reiner,
Bis hell ein Lichtmeer ihr entsteiget
Das lodernd zu den Sternen reichet
Und rein, und hell, und strahlend wallt.

Der Seher erwacht
Wie aus Grabesnacht
Und staunend fühlt er sich leben,
Erwachet aus dem Tod der Schrecken,
Harr't zagend er, ob nun erwecken
Ein Gott der Wesen Kette wird.

Von Sternen herab
Zum Seher hinab
Ertönt nun eine Stimme:
«Verkörpert hast du hier gesehen
Was allen Dingen wird geschehen
Die Weltgeschichte sahst du hier.

Es treibet die Kraft
Sie wirket und schafft,
In unaufhaltsamem Regen;
Was unrein ist das wird verzehret,
Das Reine nur, der Lichtstoff, währet
Und fließt dem ew'gen Urlicht zu.»

Jetzt sinket die Nacht
Und glänzend ertagt
Der Morgen in seiner Seele.
Nichts! ruft er, soll mich mehr bezwingen:

Daß Licht nur werde! sey mein Ringen,
Dann wird mein Thun unsterblich seyn.

Des Knaben Morgengruß

Morgenlicht! Morgenlicht
Scheint mir hell ins Gesicht!
Wenn ich Tag kommen seh,
wird mir leid und weh;
Denn im Grabe liegt
Ein jung Mägdelein;
Des Frühroths Schein
Sieht traurig hinein
In das enge Kämmerlein.
Mögt wekken das Jungfräulein,
Das kann vom Schlaf nicht erstehn,
Morgenlicht nicht sehn;
Drum wenn ich Frühroth kommen seh,
Wird mir leid und weh.

Des Knaben Abendgruß

Mitternacht! Mitternacht!
Ich bin erwacht,
Der Mondenschein
Schaut hell herein
In mein Kämmerlein,
Da muß ich traurig sein.
Denn sonst im Mondenschein

War mit mir am Fensterlein
Ein lieblich Mägdelein.
Nun muß ich traurig sein,
Weil jetzt im Mondenschein
Ich bin allein.

Einer nur und Einer dienen

Einer nur und Einer dienen
Das ermüdet meine Seele.
Rosen nur und immer Rosen –
Andere Blumen blühen noch bunter;
Wie die Bienen will ich schwärmen
Mich in Trauben Gluth berauschen,
In der Lilie Weiß mich kühlen,
Ruhen in der Nacht der Büsche.

Wehe, wer mit engem Sinne
Einem, nur sich Einem weihet;
Schmachvoll rächt sich an dem Armen
Alles was er streng verschmähet!
Nicht zur Heimath wird die Weite,
Ungestaltet in die Ferne,
Aufgelöst in leeres Sehnen
Wird der Inhalt so des Lebens
Schön ist was sich grenzt und g'nüget,
Treu um eines sich beweget
An dem Einen sich erneuet,
Wie des Pulses rege Schläge
Stets sich um das Herz bewegen,
Stets zum Herzen wiederkehren
Stets am Herzen sich erneuen
Sich an seiner Gluth entzünden...

Seh' ich das Spätroth, o Freund, tiefer erröthen im Westen,
Ernsthaft lächlend, voll Wehmuth lächlend und traurig verglimmen,
O dann muß ich es fragen, warum es so trüb wird und dunkel,
Aber es schweiget und weint perlenden Thau auf mich nieder.

AUS «MELETE»

An Melete

Schüze, o sinnende Muse! mir gnädig die ärmlichen Blätter!
Fülle des Lorbeers bringt reichlich der lauere Süd,
Aber den Norden umziehn die Stürme und eisichte Regen;
Sparsamer sprießen empor Blüthen aus dürftiger Aue.

Zueignung

Ich habe Dir in ernsten stillen Stunden,
Betrachtungsvoll in heil'ger Einsamkeit,
Die Blumen dieser und vergangner Zeit,
Die mir erblüht, zu einem Kranz gewunden.

Von Dir, ich weiß es, wird der Sinn empfunden,
Der in des Blüthenkelchs Verschwiegenheit
Nur sichtbar wird dem Auge, das geweiht
Im Farbenspiel den stillen Geist gefunden.

Es flechten Mädchen so im Orient
Den bunten Kranz; daß vielen er gefalle,
Wetteifern unter sich die Blumen alle.

Doch Einer ihren tiefern Sinn erkennt,
Ihm sind Symbole sie nur, äußre Zeichen;
Sie reden ihm, obgleich sie alle schweigen.

Adonis Tod

1.

Die Göttin sinkt in namenlosem Leide,
Den Jäger traf des Thieres wilde Wuth;
Die Rose trinkend von des Jünglings Blut,
Glänzt ferner nicht im weißen Liljenkleide.

Das Abendroth der kurzen Liebesfreude
Blickt traurig aus der Blume dunklen Gluth;
Adonis todt im Arm der Göttin ruht;
Das Schönste wird des kargen Hades Beute.

Verhaßt ist ihr des langen Lebens Dauer,
Das Götterlos wird ihrer Seele Trauer,
Die sehnsuchtskrank den süßen Gatten sucht.

Und still erblühet heißer Thränen Frucht;
Den stummen Schmerz verkünden Anemonen,
Den ew'gen Wunsch im Schattenreich zu wohnen.

2.

Den Liljenleib des Purpurs dunkler Schleier
Dem irren Blick der Göttin halb entzieht;
Der Trauer Bild, die Anemone, blüht
So weiß als roth zur stillen Todtenfeyer.

Erloschen ist Ihm des Lebens Feuer,
Sein todtes Aug' die Blume nimmer sieht. –
Doch plötzlich schmilzt der Göttin Leid im Lied,
Die Klage tönt, die Seele fühlt sich freier.

Ein Kranker, der des Liedes Sinn empfunden,
Durch Ihrer Töne Zauber soll gesunden. –
Der Andacht gerne Liebe sich vertraut.

Und glaubig einen Tempel er sich baut,
Auf daß er pflege in dem Heiligthume
Der Sehnsucht Kind die süße Wunderblume.

Adonis Todtenfeyer

Wehe! daß der Gott auf Erden
Sterblich mußt gebohren werden!
Alles Dasein, alles Leben
Ist mit ihm dem Tod gegeben.
Alles wandelt und vergehet,
Morgen sinkt was heute flehet;
Was jetzt schön und herrlich steiget,
Bald sich hin zum Staube neiget;
Dauer ist nicht zu erwerben,
Wandeln ist unsterblich Sterben.
Wehe! daß der Gott auf Erden
Sterblich mußt gebohren werden!
Alle sind dem Tod verfallen,
Sterben ist das Loos von allen.
Viele doch sind die nicht wissen,
Wie der Gott hat sterben müssen;
Blinde sind es, die nicht sehen,
Nicht den tiefen Schmerz verstehen,
Nicht der Göttin Klang und Sehnen,
Ihre ungezählten Thränen,
Daß der süße Leib des Schönen
Muß dem kargen Tode fröhnen.

Laßt die Klage uns erneuern!
Rufet zu geheimen Feyern,
Die Adonis heilig nennen,
Seine Gottheit anerkennen,
Die die Weihen sich erworben,
Denen auch der Gott gestorben.

Brecht die dunkle Anemone,
Sie, die ihre Blätterkrone
Sinnend still herunter beuget,
Leise sich der Tiefe neiget,
Forschend ob der Gott auf Erden
Wieder soll gebohren werden!

Brechet Rosen; jede Blume
Sei verehrt im Heiligthume,
Forscht in ihren Kindermienen,
Denn es schläft der Gott in ihnen;
Uns ist er durch sie erstanden
Aus des dumpfen Grabes Banden.
Wie sie leis hervor sich drängen,
Und des Hügels Decke sprengen,
Ringet aus des Grabes Engen
Sich empor verschloßnes Leben;
Tod den Raub muß wiedergeben,
Leben wiederkehrt zum Leben.
Also ist der Gott erstanden
Aus des dumpfen Grabes Banden.

Gebet an den Schutzheiligen

Den Königen aus Morgenlanden
Ging einst ein hell Gestirn voran,

Und führte treu sie ferne Pfade
Bis sie das Haus des Heilands sahn.

So leuchte über meinem Leben,
Laß glaubensvoll nach dir mich schaun,
In Qualen, Tod und in Gefahren
Laß mich auf deine Liebe traun.

Mein Auge hab' ich abgewendet
Von allem was die Erde giebt,
Und über Alles was sie bietet
Hab' ich dich, Trost und Heil, geliebt.

Dir leb' ich, und dir werd' ich sterben,
Drum lasse meine Seele nicht,
Und sende in des Lebens Dunkel
Mir deiner Liebe tröstlich Licht.

O, leuchte über meinem Leben!
Ein Morgenstern der Heimath mir,
Und führe mich den Weg zum Frieden,
Denn Gottes Friede ist in dir.

Laß nichts die tiefe Andacht stören,
Das fromme Lieben, das dich meint,
Das, ob auch Zeit und Welt uns trennen,
Mich ewig doch mit dir vereint.

Da du erbarmend mich erkohren,
Verlasse meine Seele nicht,
O Trost und Freude! Quell des Heiles!
Laß mich nicht einsam, liebes Licht!

Die Malabarischen Witwen

Zum Flammentode gehn an Indusstranden
Mit dem Gemahl, in Jugendherrlichkeit,
Die Frauen, ohne Zagen, ohne Leid,
Geschmücket festlich, wie in Brautgewanden.

Die Sitte hat der Liebe Sinn verstanden,
Sie von der Trennung harter Schmach befreit
Zu ihrem Priester selbst den Tod geweiht,
Unsterblichkeit gegeben ihren Banden.

Nicht Trennung ferner solchem Bunde droht,
Denn die vorhin entzweiten Liebesflammen
In einer schlagen brünstig sie zusammen.

Zur süßen Liebesfeyer wird der Tod,
Vereinet die getrennten Elemente,
Zum Lebensgipfel wird des Daseins Ende.

Die Einzige

Wie ist ganz mein Sinn befangen,
Einer, Einer anzuhangen;
Diese Eine zu umpfangen
Treibt mich einzig nur Verlangen;
Freude kann mir nur gewähren,
Heimlich diesen Wunsch zu nähren,
Mich in Träumen zu bethören,
Mich in Sehnen zu verzehren,
Was mich tödtet zu gebähren.

Widerstand will mir nicht frommen,
Fliehen muß ich neu zu kommen,
Zürnen nur, mich zu versöhnen,
Kann mich Ihrer nicht entwöhnen,
Muß im lauten Jubel stöhnen;
In den Becher fallen Thränen,
Ich versink in träumrisch Wähnen;
Höre nicht der Töne Reigen,
Wie sie auf und nieder steigen.

Wogend schwellen Well' in Welle;
Sehe nicht der Farben Helle
Strömen aus des Lichtes Quelle.
Mich begrüßen Frühlingslüfte,
Küssen leise Blumendüfte,
Doch das all ist mir verlohren,
Ist für mich wie nicht gebohren,
Denn mein Geist ist eng umpfangen
Von dem einzigen Verlangen
Eine, Eine zu erlangen.

Hungrig in der Zahl der Gäste
Siz ich bei dem Freudenfeste,
Das Natur der Erde spendet;
Frage heimlich ob's bald endet?
Ob ich aus der Gäste Reigen
Dürf' dem eklen Mahl entweichen,
Das verschwendrisch Andre nähret:
Mir nicht einen Wunsch gewähret?
Eines nur mein Sinn begehret,
Eine Sehnsucht mich verzehret;
Eng ist meine Welt befangen,
Nur vom einzigen Verlangen
Was ich liebe zu erlangen.

Die eine Klage

Wer die tiefste aller Wunden
Hat in Geist und Sinn empfunden
Bittrer Trennung Schmerz;
Wer geliebt was er verlohren,
Lassen muß was er erkohren,
Das geliebte Herz,

Der versteht in Lust die Thränen
Und der Liebe ewig Sehnen
Eins in Zwei zu sein,
Eins im Andern sich zu finden,
Daß der Zweiheit Gränzen schwinden
Und des Daseins Pein.

Wer so ganz in Herz und Sinnen
Konnt' ein Wesen liebgewinnen
O! den tröstet's nicht
Daß für Freuden, die verlohren,
Neue werden neu gebohren:
Jene sind's doch nicht.

Das geliebte, süße Leben,
Dieses Nehmen und dies Geben,
Wort und Sinn und Blick,
Dieses Suchen und dies Finden,
Dieses Denken und Empfinden
Giebt kein Gott zurück.

Ägypten

Blau ist meines Himmels Bogen,
Ist von Regen nie umzogen,
Ist von Wolken nicht umspielt,
Nie vom Abendthau gekühlt.

Meine Bäche fließen träge
Oft verschlungen auf dem Wege,
Von der durst'gen Steppen Sand,
Bei des langen Mittags Brand.

Meine Sonn' ein gierig Feuer,
Nie gedämpft durch Nebelschleier,
Dringt durch Mark mir und Gebein
In das tiefste Leben ein.

Schwer entschlummert sind die Kräfte,
Aufgezehrt die Lebenssäfte;
Eingelullt in Fiebertraum
Fühl' ich noch mein Dasein kaum.

Der Nil

Aber ich stürze von Bergen hernieder,
Wo mich der Regen des Himmels gekühlt,
Tränke erbarmend die lechzenden Brüder
Daß sich ihr brennendes Bette erfüllt.

Jauchzend begrüßen mich alle die Quellen;
Kühlend umpfange ich, Erde, auch dich;
Leben erschwellt mir die Tropfen, die Wellen,
Leben dir spendend umarme ich dich.

Theueres Land du! Gebährerin Erde!
Nimm nun den Sohn auch den liebenden auf,
Du, die in Klüften gebahr mich und nährte,
Nimm jetzt, o Mutter! den Sehnenden auf.

Der Caucasus

Mir zu Häupten Wolken wandeln,
Mir zur Seite Luft verwehet,
Wellen mir den Fuß umspielen,
Thürmen sich und brausen, sinken. –
Meine Schläfe, Jahr' umgauklen,
Sommer, Frühling, Winter kamen,
Frühling mich nicht grün bekleidet,
Sommer hat mich nicht entzündet,
Winter nicht mein Haupt gewandelt.
Hoch mein Gipfel über Wolken
Eingetaucht im ew'gen Äther
Freuet sich des steten Lebens.

Orphisches Lied

Höre mich Phoibos Apoll! Du, der auf bläuligem Bogen
Siegreich schreitet herauf an wölbichter Feste des Himmels,
Spendend die heilige Helle der wolkenerzeugenden Erde,
Leuchtend Okeanos hin zur Tiefe des felsichten Bettes,
Höre mich Liebling des Zeus! Sieh gnädig auf deinen Geweihten!
Sei im Gesang mir gewärtig, und lasse der goldenen Leyer
Saiten mir klingen, wie dir, wenn mit siegender Lippe du singest

Phytons des schrecklichen Fall dem Chore melodischer
Musen,
Oder im Liede besingst ferntreffende Pfeile des Bogens,
Also, o Phoibos Apoll! laß von begeistertem Munde
Strömen mir wogende Rythmen des sinnebeherrschenden
Wohllauts,
Daß sich der Wald mit beseele, die Dryas des Baumes mir
lausche,
Schlängelnde Ströme mir folgen, und reißende Thiere un-
schädlich
Schmeichelnd zu mir sich gesellen. Vor allem Erzeugter
Kronions!
Gieb des Gesanges herrschende Kraft, die drunten gewaltig
Äis den König bewege des Landes am stygischem Strome.
Lehre vergessene Schmerzen mich wecken im Busen der
Göttin
Die ein zu strenges Gebot dem düsteren Herrscher ver-
mählet,
Daß sie erbarmend sich zeige dem Schwestergeschick der
Geliebten,
Wieder ihr gönne zu schaun des Tages sonnige Klarheit,
Deines unsterblichen Haupts fern leuchtende Strahlen, o
Phoibos!

Überall Liebe

Kann ich im Herzen heiße Wünsche tragen?
Dabei des Lebens Blüthenkränze sehn,
Und unbekränzt daran vorüber gehn
Und muß ich traurend nicht in mir verzagen?

Soll frevelnd ich dem liebsten Wunsch entsagen?
Soll muthig ich zum Schattenreiche gehn?

Um andre Freuden andre Götter flehn,
Nach neuen Wonnen bei den Todten fragen?

Ich stieg hinab, doch auch in Plutons Reichen,
Im Schooß der Nächte, brennt der Liebe Glut
Daß sehnend Schatten sich zu Schatten neigen.

Verlohren ist wen Liebe nicht beglücket,
Und stieg er auch hinab zur styg'schen Flut,
Im Glanz der Himmel blieb er unentzücket.

Der Gefangene und der Sänger

Ich wallte mit leichtem und lustigem Sinn
Und singend am Kerker vorüber;
Da schallt aus der Tiefe, da schallt aus dem Thurm
Mir Stimme des Freundes herüber. –

«Ach Sänger! verweile, mich tröstet dein Lied,»
«Es steigt zum Gefangnen herunter,»
«Ihm macht es gesellig die einsame Zeit,»
«Das krankende Herz ihm gesunder.»

Ich horchte der Stimme, gehorchte ihr bald,
Zum Kerker hin wandt' ich die Schritte,
Gern sprach ich die freundlichsten Worte hinab,
Begegnete jeglicher Bitte.

Da war dem Gefangenen freier der Sinn,
Gesellig die einsamen Stunden. –
«Gern gäb ich dir Lieber! so rief er: die Hand,»
«Doch ist sie von Banden umwunden.»

«Gern käm' ich Geliebter! gern käm' ich herauf»
«Am Herzen dich treulich zu herzen;»

«Doch trennen mich Mauern und Riegel von dir,»
«O fühl' des Gefangenen Schmerzen.»

«Es ziehet mich mancherlei Sehnsucht zu dir;»
«Doch Ketten umpfangen mein Leben,»
«Drum gehe mein Lieber und laß mich allein,»
«Ach Armer ich kann dir nichts geben.» –

Da ward mir so weich und so wehe ums Herz,
Ich konnte den Lieben nicht lassen.
Am Kerker nun lausch' ich von Frührothes Schein
Bis Abends die Farben erblassen.

Und harren dort werd' ich die Jahre hindurch,
Und sollt' ich drob selber erblassen.
Es ist mir so weich und so sehnend ums Herz
Ich kann den Geliebten nicht lassen.

Liebst du das Dunkel

Liebst du das Dunkel
Thauigter Nächte
Graut dir der Morgen
Starst du ins Spatroth
Seufzest beym Mahle
Stösest den Becher
Weg von den Lippen
Liebst du nicht Jagdlust
Reizet dich Ruhm nicht
Schlachtengetümmel
Welken die Blumen
Schneller am Busen
Als sie sonst welkten
Drängt sich das Blut dir
Pochend zum Herzen.

Immortalita

Ein Dramolet

Personen
Immortalita, eine Göttin
Erodion · Charon · Hekate

Erste Scene

Eine offene schwarze Höhle am Eingang der Unterwelt, im Hintergrunde der Höhle sieht man den Stix und Charons Nachen der hin und her fährt, im Vordergrund der Höhle ein schwarzer Altar worauf ein Feuer brennt. Die Bäume und Pflanzen am Eingang der Höhle sind alle Feuerfarb und schwarz, so wie die ganze Dekoration, *Hecate* und *Charon* sind schwarz und Feuerfarb, die Schatten hellgrau, *Immortalita* weiß, *Erodion* wie ein römischer Jüngling gekleidet. Eine große feurige Schlange die sich in den Schwanz beißt, bildet einen großen Kreis, dessen Raum Immortalita nie überschreitet.

Immortalita. (wie aus einer Betäubung erwachend) Charon! Charon.
Charon. (seinen Kahn inne haltend) Was rufst du mich?
Immortalita. Wann kommt die Zeit?
Charon. Sieh die Schlange zu deinen Füßen an, noch ist sie fest geschlossen, der Zauber dauert so lange dieser Kreis dich umschließt, du weißt es, warum fragst du mich?
Immortalita. Ungütiger Greis, wenn es mich nun tröstete, die Verheißung einer bessern Zukunft noch einmal zu vernehmen, warum versagst du mir ein freundliches Wort?
Charon. Wir sind im Lande des Schweigens.
Immortalita. Wahrsage mir noch einmal.
Charon. Deute meine Geberden, ich hasse die Rede.

Immortalita. Rede! Rede!
Charon. Frage Hekaten (er fährt hinweg).
Immortalita (streut Weihrauch auf den Altar). Hekate! Göttin der Mitternacht! Enthüllerin der Zukunft die im dunklen Schoße des Nichtseyns schläft! Geheimnisvolle Hekate! Hekate! erscheine.
Hekate. Mächtige Beschwörerin! (sie kömmt hinter dem Altar halb hervor) Was rufst du mich aus den Höhlen ewiger Mitternacht; dies Ufer ist mir verhaßt, sein Dunkel zu helle, ja mir däucht ein niedriger Schein aus dem Lande des Lebens habe sich hierher verirrt.
Immortalita. O vergieb Hekate! und erhöre meine Bitte.
Hekate. Bitte nicht, du bist hier Königinn, du herrschest hier und weist es nicht.
Immortalita. Ich weiß es nicht! warum kenne ich mich nicht?
Hekate. Weil du dich nicht sehen kannst.
Immortalita. Wer wird mir einen Spiegel zeigen, daß ich mich darin anschaue?
Hekate. Die Liebe.
Immortalita. Warum die Liebe?
Hekate. Weil nur ihre Unendlichkeit ein Maas für die deine ist.
Immortalita. Wie weit erstreckt sich mein Reich?
Hekate. Ueber jenseits, einst über Alles.
Immortalita. Wie? wird einst diese undurchdringliche Scheidewand zerfallen, die mein Reich von der Oberwelt scheidet.
Hekate. Sie wird zerfallen, du wirst wohnen im Licht, und alle werden dich finden.
Immortalita. O wann wird dies geschehen?
Hekate. Wenn glaubige Liebe dich der Nacht entführt.
Immortalita. Wann? in Stunden, Jahren?
Hekate. Zähle die Stunden nicht, bei dir ist keine Zeit. Siehe zur Erde! die Schlange windet sich ängstlich, fester beißt sie sich ein, vergeblich will sie dich gefangen halten in ihrem engen Kreis, dein Reich erweitert sich, vergeblich ist ihr Widerstand, die Herrschaft des Unglaubens, der Barbarei und der Nacht sinkt dahin. (Sie verschwindet)

Immortalita. O Zukunft wirst du der Vergangenheit gleichen! jener seligen fernen Vergangenheit, wo ich mit Göttern in ewiger Klarheit wohnte. Ich lächelte sie Alle an, und mein Lächeln verklärte sich auf ihrer Stirne in einem Glanz den ihnen kein Nektar geben konnte. Hebe dankte mir ihre Jugend, Aphrodite ihre immer blühende Reize, aber ein finsteres Zeitalter kam, von ihren Thronen wurden die seligen Götter gestoßen, ich wurde von ihnen getrennt, ihr Leben war dahin, sie giengen zurück in die Lebenselemente aus denen sie entsprungen waren, ehe mein Hauch ihnen Dauer verliehen hatte; Jupiter gieng zurück in die Kräfte des Himmels, Eros in die Herzen der Menschen, Minerva in die Gedanken der Weisen, die Musen in die Gesänge der Dichter. Und ich Unglücklichste von allen! ich wand den Helden und Dichtern keine unverwelklichen Lorbeern mehr, verbannt in dies Reich der Nacht! dies Land der Schatten! dies düstere Jenseits! muß ich nur der Zukunft entgegen leben.
Charon. (fährt mit Schatten vorüber) Neigt euch Schatten, dies ist die Königin des Erebos, daß ihr noch lebt nach eurem Leben, ist ihr Werk.

(Chor der Schatten)

Stille führet uns der Nachen
Nach dem unbekannten Land,
Wo die Sonne nicht wird tagen
An dem ewig finstern Strand. –
Zagend sehen wir ihn eilen,
Denn der Blick möcht noch verweilen
An des Lebens buntem Rand.

(Sie fahren weg)

Die vorige Scene

Charons Nachen im Begriff zu landen. *Erodion* springt aus dem Nachen. Immortalita im Hintergrund.

Erodion. Zurück Charon von diesem Ufer, das kein Schatten betreten darf! Was siehst du mich an? Ich bin kein Schatten wie ihr; eine frohe Hoffnung, ein träumerischer Glaube haben meines Lebens Funken zur Flamme angeblasen.

Charon. (für sich) Gewiß ist dies der junge Mann, der die goldne Zukunft in sich trägt. (er fährt ab mit seinem Kahn)

Immortalita. (tritt hervor) Ja du bist der Jüngling, von dem Hekate mir weissagte. Bei deinem Anblick ist mir, als ob ein Strahl des Tages durch diese alte Hallen, durch diese erebische Nacht hereinbräche.

Erodion. Wenn ich der Mann deiner Weissagungen bin, Mädchen oder Göttin! wie ich dich nennen soll, so glaube mir, du bist die innerste Ahndung meines Herzens.

Immortalita. Sage mir wer du bist, wie du heißest, und wo du den Weg fandest, in dieses pfadlose Gestade? wo weder Schatten noch Menschen wandlen dürfen, sondern nur die unterirdischen Götter.

Erodion. Ungern mögt' ich dir von etwas anderm reden, als von meiner Liebe, aber so ich dir mein Leben erzähle, rede ich von meiner Liebe. Höre mich denn: ich bin Eros Sohn und seiner Mutter Aphrodite, diese doppelte Vereinigung, der Liebe und Schönheit, hatte schon in mein Daseyn die Idee eines Genusses gelegt, den ich nirgends finden konnte, und den ich doch überall ahndete und suchte. Lange war ich ein Fremdling auf Erden, und ich mochte von ihren Schattengütern nichts genießen, bis mir durch einen Traum oder Eingebung eine dunkle Vorstellung von dir in die Seele kam. Ueberall geleitete mich diese Idee, dieser Abglanz von dir, und überall verfolgte ich diese geliebte Erscheinung, auch wenn sie mir untertauchte in das Land der Träume folgte ich ihr nach, und erschien so vor den äussersten Thoren der Unterwelt. Aber nie konnte ich zu dir durchdringen; ein unseliges Geschick rief mich immer wieder an die Oberwelt.

Immortalita. Wie Jüngling, so hast du mich geliebt, daß du lieber Hälios und das Morgenroth nicht mehr sehen wolltest, als mich nicht finden.

Erodion. So hab ich dich geliebt, und ohne dich konnte mich die Erde nicht mehr ergötzen, nicht mehr der blumige Frühling, der sonnigte Tag nicht, Schönheiten die zu besitzen Pluto sein finsteres Zepter gerne vertauscht hätte. Aber wie eine größere Liebe sich vereint hatte, in den Umarmungen meiner Eltern, als alle andre Liebe, denn sie waren die Liebe selbst; so war auch die Sehnsucht die mich zu dir trieb die mächtigste, und siegreich über alle Hindernisse war mein Glaube dich zu finden; denn meine Eltern, die wohl wußten, daß der, aus Lieb' und Schönheit entsprungen, nichts höheres auf Erden finden würde, als sich selbst, hatten mir diesen Glauben gegeben, damit meine Kraft nicht ermüden möge, nach Höherem zu streben ausser mir.

Immortalita. Aber wie kamst du endlich zu mir? unwillig nimmt Charon Lebende in das morsche Fahrzeug, nur für Schatten erbaut.

Erodion. Einst war meine Sehnsucht dich zu schauen so groß, daß alles was die Menschen erdacht haben, dich ungewiß zu machen, mir klein und nichtig erschien, ein begeisterter Muth erfüllte mein ganzes Wesen: ich will nichts, nichts als sie besitzen, so dacht ich, und kühn warf ich alle Güter dieser Erde hinweg von mir, und führte mein Fahrzeug an den gefährlichen Felsen, wo alles Irdische scheitern sollte. Noch einmal dacht ich: wenn du alles verlöhrst um nichts zu finden? aber hohe Zuversicht verdrängte den Zweifel, fröhlig sagt' ich der Oberwelt das letzte Lebewohl; die Nacht verschlang mich – eine gräßliche Pause! und ich fand mich bei dir. – Die Fackel meines Lebens brennt noch jenseits der stygischen Wasser.

Immortalita. Die Heroen der Vorwelt haben diesen Pfad schon betreten, der Muth hat Streifereien in dies Gebiet gewagt, aber nur der Liebe war es vorbehalten, ein dauernd Reich hier zu gründen. Die Bewohner des Orkus sagen, mein Daseyn hauche ihnen unsterbliches Leben ein, so sey denn auch du unsterblich; denn du hast etwas Unnennbares in mir bewirkt, ich lebte ein Mumienleben, aber du hast mir eine Seele eingehaucht. Ja, theurer Jüngling! in deiner Liebe erblicke ich mich selbst verklährt; ich weiß nun wer ich bin, weiß, daß ein sonniger Tag diese alten Hallen beglänzen wird.

Hekate tritt hinter dem Altar hervor.

Hekate. Erodion! trete in den Kreis der Schlange. (Er thut es: die Schlange verschwindet) Zu lange, Immortalita, warst du, durch die Macht des Unglaubens und der Barbarei, von Wenigen gekannt, von Vielen bezweifelt, in diesen engen Kreis gebannt. Ein Orakel, so alt als die Welt, hat gesagt, der glaubigen Liebe würde es gelingen, dich selbst in dem erebischen Dunkel zu finden, dich hervorzuziehen und deinen Thron in ewiger Klarheit, zugänglich für Alle, zu gründen. Diese Zeit ist nun gekommen, dir, Erodion, bleibt nur noch etwas zu thun übrig.
(Der Schauplatz verwandelt sich in einen Theil der Elisäischen Gärten, die Scene ist matt erleuchtet, man sieht Schatten hin und wieder irren. Zur Seite ein Fels, im Hintergrund der Styx und Charons Nachen.)

Die Vorigen

Hekate. Sieh Erodion, diesen Einsturz drohenden Felsen, er ist die unübersteigliche Scheidewand, der das Reich des sterblichen Lebens von dem deiner Gebieterin scheidet, er verwehrt dem Sonnenlicht seine Strahlen hierher zu senden, und getrennten Lieben sich wieder zu begegnen. Erodion! versuche es, diesen Felsen einzustürzen, daß deine Geliebte auf seinen Trümmern aus der engen Unterwelt steigen möge; daß ferner nichts Unübersteigliches das Land der Todten von dem der Lebenden trennte.

Erodion schlägt an den Felsen, er stürzt ein, es wird plötzlich helle.

Immortalita. Triumph! der Fels ist gesunken, von nun an sey es den Gedanken der Liebe, den Träumen der Sehnsucht, der Begeisterung der Dichter vergönnt, aus dem Lebenslande in das Schattenreich herabzusteigen und wieder zurück zu gehen.
Hekate. Heil! dreifaches, unsterbliches Leben wird dies blasse Schattenreich beseelen, nun dein Reich gegründet ist.
Immortalita. Komm Erodion, steige mit mir auf, in ewige Klarheit; und alle Liebe, und jegliche Treflichkeit sollen meines Reiches theilhaftig werden. Und du Charon, entfalte deine Stirne, sey ein freundlicher Geleiter derer die mein Reich betreten wollen.
Erodion. Wohl mir, daß ich die heilige Ahndung meines Herzens, wie der Vesta Feuer, treu bewahrte; wohl mir, daß ich den Muth hatte, der Sterblichkeit zu sterben, und der Unsterblichkeit zu leben, das Sichtbare dem Unsichtbaren zu opfern.

PROSA

Die Manen

Ein Fragment

Schüler.
Weiser Meister! ich war gestern in den Katakomben der Könige von Schweden. Tags zuvor hatte ich die Geschichte Gustav Adolphs gelesen, und ich nahte mich seinem Sarge mit einem äusserst sonderbaren und schmerzlichen Gefühl, sein Leben und seine Thaten gingen vor meinem Geiste vorüber, ich sah zugleich sein Leben und seinen Tod, seine große Thätigkeit und seine tiefe Ruhe in der er schon dem zweiten Jahrhundert entgegen schlummert. Ich rief mir die dunkle grausenvolle Zeit zurück in welcher er gelebt hat, und mein Gemüth glich einer Gruft, aus welcher die Schatten der Vergangenheit bleich und schwankend herauf steigen. Ich weinte um seinen Tod mit heissen Thränen, als sey er heute erst gefallen. Dahin! Verlohren! Vergangen! sagte ich mir selbst, sind das alle Früchte eines großen Lebens? Diese Gedanken, diese Gefühle überwältigten mich, ich mußte die Gruft verlassen, ich suchte Zerstreuung, ich suchte andere Schmerzen, aber der unterirdische trübe Geist verfolgt mich allenthalben, ich kann diese Wehmuth nicht los werden, sie legt sich wie ein Trauerflohr über meine Gegenwart; dies Zeitalter däucht mir schaal und leer, ein sehnsuchtsvoller Schmerz zieht mich gewaltig in die Vergangenheit. Dahin! Vergangen! ruft mein Geist. O möchte ich mit vergangen seyn! und diese schlechte Zeit nicht gesehen haben, in der die Vorwelt vergeht, an der ihre Größe verlohren ist.

Lehrer.
Verlohren junger Mensch? Es ist nichts verlohren, und in keiner Rücksicht; nur unser Auge vermag die lange unendliche Kette von der Ursache zu allen Folgen nicht zu übersehen. Aber wenn du auch dieses nicht bedenken willst, so kannst du doch das nicht verlohren und dahin nennen, was dich

selbst so stark bewegt, und so mächtig auf dich wirkt. Schon lange kenne ich dich, und mich däucht, dein eignes Schicksal und die Gegenwart haben dich kaum so heftig bewegt, als das Andenken dieses großen Königs. Lebt er nicht jetzt noch in dir! oder nennst du nur Leben, was im Fleisch und in dem Sichtbaren fortlebt? und ist dir das dahin und verlohren, was noch in Gedanken wirkt, und da ist?

Schüler.
Wenn dies ein Leben ist, so ist es doch nicht mehr, als ein bleiches Schattenleben; dann ist die Erinnerung des Gewesenen, Wirklichen, mehr, als ihre bleiche Schatten dieser Wirklichkeit!

Lehrer.
Die positive Gegenwart ist der kleinste und flüchtigste Punkt; indem du die Gegenwart gewahr wirst, ist sie schon vorüber, das Bewußtseyn des Genusses liegt immer in der Erinnerung. Das Vergangene kann in diesem Sinn nur betrachtet werden, ob es nun längst oder so eben vergangen, gleichviel.

Schüler.
Es ist wahr. So lebt und wirkt aber ein großer Mensch nicht nach seiner Weise in mir fort, sondern nach meiner, nach der Art wie ich ihn aufnehme, wie ich mich und ob ich mich seiner erinnern will.

Lehrer.
Freilich lebt er nur fort in dir, in sofern du Sinn für ihn hast, in sofern deine Anlage dich fähig macht ihn zu empfangen in deinem Innern, in sofern du etwas mit ihm Homogenes hast, das Fremdartige in dir tritt mit ihm in keine Verbindung, und er kann nicht auf es wirken; und nur mit dieser Einschränkung wirken alle Dinge. Das, wofür du keinen Sinn hast, geht für dich verlohren, wie die Farbenwelt dem Blinden.

Schüler.
Hieraus folgt, daß nichts ganz verlohren geht, daß die Ursachen in ihren Folgen fortwirken, (oder wie du dich ausdrückst, fortleben), daß sie aber nur auf dasjenige wirken können, das Empfänglichkeit, oder Sinn für sie hat.

Meister.
Ganz recht.

Schüler.
Gut! die Welt und die Vernunft möge genug haben an diesem nicht verlohren seyn, an dieser Art fort zu leben, aber mir ist es nicht genug; eine tiefe Sehnsucht führt mich zurück in den Schoos der Vergangenheit, ich mögte in einer unmittelbaren Verbindung mit den Manen der großen Vorzeit stehn.

Lehrer.
Hälst du es denn für möglich?

Schüler.
Ich hielt es für unmöglich, als noch kein Wunsch mich dahin zog, ja, ich hätte noch vor kurzem jede Frage der Art für thöricht gehalten, heute wünsche ich schon, eine Verbindung mit der Geisterwelt möchte möglich seyn, ja mir dünkt, ich sey geneigt sie glaublich zu finden.

Lehrer.
Mir däucht die Manen Gustav Adolphs haben deinem innern Auge zu einer glücklichen Geburt verholfen, und du scheinst mir reif, meine Meynung über diese Gegenstände zu vernehmen. So gewiß alle harmonische Dinge in einer gewissen Verbindung stehen, sie mag nun sichtbar oder unsichtbar seyn, so gewiß stehen auch wir in einer Verbindung mit dem Theil der Geisterwelt der mit uns harmonieret; ein ähnlicher oder gleicher Gedanke in verschiedenen Köpfen, auch wenn sie nie von einander wußten, ist im geistigen Sinne schon eine Verbindung. Der Tod eines Menschen der in einer solchen

Verbindung mit mir stehet, hebt diese Verbindung nicht auf. Der Tod ist ein chemischer Prozeß, eine Scheidung der Kräfte, aber kein Vernichter, er zerreißt das Band zwischen mir und ähnlichen Seelen nicht, das Fortschreiten des Einen und das Zurückbleiben des Andern aber kann wohl diese Gemeinschaft aufheben, wie ein Mensch, der in allem Vortreflichen fortgeschritten ist, mit seinem unwissenden und roh gebliebenen Jugendfreund nicht mehr harmonieren wird. Du wirst das Gesagte leicht ganz allgemein, und ganz aufs Besondere anwenden können?

Schüler.
Vollkommen! du sagst Harmonie der Kräfte ist Verbindung, der Tod hebt diese Verbindung nicht auf, indem er nur scheidet nicht vernichtet.

Lehrer.
Ich fügte noch hinzu: das Aufheben dessen, was eigentlich diese Harmonie ausmachte (z. B. Veränderung der Ansichten und Meynungen, wenn die Harmonie gerade darin bestand) müßte auch notwendig diese Verbindung aufheben.

Schüler.
Ich hab' es nicht aus der Acht gelassen.

Lehrer.
Gut. Eine Verbindung mit Verstorbenen kann also statt haben, in so fern sie nicht aufgehört haben, mit uns zu harmonieren?

Schüler.
Zugegeben.

Lehrer.
Es kommt nur darauf an, diese Verbindung gewahr zu werden. Blos geistige Kräfte können unsern äussern Sinnen nicht offenbar werden; sie wirken nicht durch unsere Augen

und Ohren auf uns, sondern durch das Organ, durch das allein eine Verbindung mit ihnen möglich ist, durch den innern Sinn, auf ihn wirken sie unmittelbar. Dieser innere Sinn, das tiefste und feinste Seelenorgan, ist bei fast allen Menschen gänzlich unentwickelt und nur dem Keim nach da; das Geräusch der Welt, das Getreibe der Geschäfte, die Gewohnheit nur auf der Oberfläche, und nur die Oberfläche zu betrachten, lassen es zu keiner Ausbildung, zu keinem deutlichen Bewußtseyn kommen, und so wird es nicht allgemein anerkannt, und was sich hier und da zu allen Zeiten in ihm offenbahret hat, hat immer so viele Zweifler und Schmäher gefunden; und bis jetzt ist sein Empfangen und Wirken in äußerst seltnen Menschen die seltenste Individualität. – Ich bin weit davon entfernt, so manchen lächerlichen Geistererscheinungen und Gesichten das Wort zu reden; aber ich kann es mir deutlich denken, daß der innere Sinn zu einem Grade afficirt werden kann, nach welchem die Erscheinung des Innern vor das körperliche Auge treten kann, wie gewöhnlich umgekehrt, die äussere Erscheinung vor das Auge des Geistes tritt. So brauche ich nicht alles Wunderbare, durch Betrug oder Täuschung der Sinnen zu erklären. Doch ich erinnere mich, man nennt in der Sprache der Welt diese Entwicklung des innern Sinns, überspannte Einbildung.

Wem also der innere Sinn, das Auge des Geistes, aufgegangen ist, der sieht dem Andern unsichtbare mit ihm verbundene Dinge. Aus diesem innern Sinn sind die Religionen hervorgegangen, und so manche Apokalipsen der alten und neuen Zeit. Aus dieser Fähigkeit des innern Sinnes, Verbindungen, die andern Menschen (deren Geistesauge verschlossen ist) unsichtbar sind, wahrzunehmen, entsteht die Prophezeihung, denn sie ist nichts anders als die Gabe, die Verbindung der Gegenwart und Vergangenheit mit der Zukunft, den nothwendigen Zusammenhang der Ursachen und Wirkungen zu sehen. Prophezeihung ist Sinn für die Zukunft. Man kann die Wahrsagerkunst nicht erlernen, der Sinn für sie ist geheimnißvoll, er entwickelt sich auf eine geheimnißvolle Art; er offenbahrt sich oft nur wie ein schneller Blitz der dann von dunkler Nacht wieder begraben wird. Man kann Geister nicht durch Verschwörungen rufen, aber sie können sich dem Geiste offenbahren, das Empfängliche kann sie empfangen, dem innern Sinn können sie erscheinen.

Der Lehrer schwieg, und sein Zuhörer verließ ihn. Mancherlei Gedanken bewegten sein Inneres, und seine ganze Seele strebte sich das Gehörte zum Eigenthum zu machen.

Ein apokaliptisches Fragment

1. Ich stand auf einem hohen Fels im Mittelmeer, und vor mir war der Ost, und hinter mir der West, und der Wind ruhte auf der See.

2. Da sank die Sonne, und kaum war sie verhüllt im Niedergang, so stieg im Aufgang das Morgenroth wieder empor, und Morgen, Mittag, Abend und Nacht, jagten sich, in schwindelnder Eile, um den Bogen des Himmels.

3. Erstaunt sah ich sie sich drehen in wilden Kreisen; mein Puls floh nicht schneller, meine Gedanken bewegten sich nicht rascher, und die Zeit in mir gieng den gewohnten Gang, indes sie ausser mir, sich nach neuem Gesetz bewegte.

4. Ich wollte mich hinstürzen in das Morgenroth, oder mich tauchen in die Schatten der Nacht, um mit in ihre Eile gezogen zu werden, und nicht so langsam zu leben; da ich sie aber immer betrachtete, ward ich sehr müde und entschlief.

5. Da sah ich ein weites Meer vor mir, das von keinem Ufer umgeben war, weder im Ost noch Süd noch West, noch Nord; kein Windstoß bewegte die Wellen, aber die unermeßliche See bewegte sich doch in ihren Tiefen, wie von innern Gährungen bewegt.

6. Und mancherlei Gestalten stiegen herauf, aus dem Schoos des tiefen Meeres, und Nebel stiegen empor und

wurden Wolken, und die Wolken senkten sich, und berührten in zuckenden Blitzen die gebährenden Wogen.

7. Und immer mannichfaltigere Gestalten entstiegen der Tiefe, aber mich ergriffen Schwindel und eine sonderbare Bangigkeit, meine Gedanken wurden hie hin und dort hin getrieben, wie eine Fackel vom Sturmwind, bis meine Erinnerung erlosch.

8. Da ich aber wieder erwachte, und von mir zu wissen anfieng, wußte ich nicht, wie lange ich geschlafen hatte, ob es Jahrhunderte oder Minuten waren; denn ob ich gleich dumpfe und verworrene Träume gehabt hatte, so war mir doch nichts begegnet, was mich an die Zeit erinnert hätte.

9. Aber es war ein dunkles Gefühl in mir, als habe ich geruht im Schoose dieses Meeres und sey ihm entstiegen, wie die andern Gestalten. Und ich schien mir ein Tropfen Thau, und bewegte mich lustig hin und wieder in der Luft, und freute mich, daß die Sonne sich in mir spiegle, und die Sterne mich beschauten.

10. Ich ließ mich von den Lüften in raschen Zügen dahin tragen, ich gesellte mich zum Abendroth, und zu des Regenbogens siebenfarbigen Tropfen, ich reihte mich mit meinen Gespielen um den Mond wenn er sich bergen wollte, und begleitete seine Bahn.

11. Die Vergangenheit war mir dahin! ich gehörte nur der Gegenwart. Aber eine Sehnsucht war in mir, die ihren Gegenstand nicht kannte, ich suchte immer, aber jedes Gefundene war nicht das Gesuchte, und sehnend trieb ich mich umher im Unendlichen.

12. Einst ward ich gewahr, daß alle die Wesen, die aus dem Meere gestiegen waren, wieder zu ihm zurückkehrten, und sich in wechselnden Formen wieder erzeugten. Mich befremdete diese Erscheinung; denn ich hatte von keinem Ende gewußt. Da dachte ich, meine Sehnsucht sey auch, zurück zu kehren, zu der Quelle des Lebens.

13. Und da ich dies dachte, und fast lebendiger fühlte, als all mein Bewußtseyn, ward plötzlich mein Gemüth wie mit betäubenden Nebeln umgeben. Aber sie schwanden bald,

ich schien mir nicht mehr ich, und doch mehr als sonst ich, meine Gränzen konnte ich nicht mehr finden, mein Bewußtseyn hatte sie überschritten, es war größer, anders, und doch fühlte ich mich in ihm.

14. Erlöset war ich von den engen Schranken meines Wesens, und kein einzler Tropfen mehr, ich war allem wiedergegeben, und alles gehörte mir an, ich dachte, und fühlte, wogte im Meer, glänzte in der Sonne, kreiste mit den Sternen; ich fühlte mich in allem, und genos alles in mir.

15. Drum, wer Ohren hat zu hören, der höre! Es ist nicht zwei, nicht drei, nicht tausende, es ist Eins und alles; es ist nicht Körper und Geist geschieden, daß das eine der Zeit, das andere der Ewigkeit angehöre, es ist Eins, gehört sich selbst, und ist Zeit und Ewigkeit zugleich, und sichtbar, und unsichtbar, bleibend im Wandel, ein unendliches Leben.

BRIEFE ZWEIER FREUNDE

Aus: «Melete»

*An Eusebio**

Vergib, o Freund! daß ich mit kind'scher Sprache,
Aus deines Herzens tiefem Heiligthume,
Akkorde leise nachzulallen wage,
Beim Höchsten aber schülerhaft verstumme.

Und reden möcht' ich doch zu deinem Ruhme,
Vergib der Kühnheit, daß ich nicht verzage.
Den Sommer mein' ich mit der Einen Blume,
Und Einen Strahl entwand ich nur dem Tage.

Doch die Natur in ihrer heil'gen Fülle
Sie offenbart sich ganz in jedem Handeln,
Das höchste Leben in der tiefsten Stille.

Erhascht' ich einen Zug aus deinem Bilde,
Wie reichlich auch Gedanken in dir wandeln,
So bist du's ganz in deiner frommen Milde.

An Eusebio

Mit Freude denk ich oft zurück an den Tag, an welchem wir uns zuerst fanden, als ich dir mit einer ehrfurchtsvollen Verlegenheit entgegentrat wie ein lehrbegieriger Laye dem Hohenpriester. Ich hatte es mir vorgesetzt, dir wo möglich zu gefallen, und das Bewustseyn meines eig'nen Werthes wäre mir in seinen Grundfesten erschüttert worden, hättest du dich gleichgültig von mir abgewendet; wie es mir aber gelang, dich mit solchem Maaße für mich zu gewinnen, begreife ich noch nicht; mein eigner Geist muß bei jener Unter-

* Eusebio war der Name, den Karoline Friedrich Creuzer gab.

redung zwiefach über mir gewesen seyn. Mit ihr ist mir ein neues Leben aufgegangen, denn erst in dir habe ich jene wahrhafte Erhebung zu den höchsten Anschauungen, in welchen alles Weltliche als ein wesenloser Traum verschwindet, als einen herrschenden Zustand gefunden; in dir haben mir die höchsten Ideen auch eine irrdische Realität erlangt. Wir andern Sterblichen müssen erst fasten und uns leiblich und geistig zubereiten, wenn wir zum Mahle des Herrn gehen wollen, du empfängst den Gott täglich ohne diese Anstalten.

Mir, o Freund! sind die himmlischen Mächte nicht so günstig, und oft bin ich mißmuthig, und weis nicht über wen ich es am meisten seyn soll, ob über mich selbst, oder über diese Zeit, denn auch sie ist arm an begeisternden Anschauungen für den Künstler jeder Art; alles Große und Gewaltige hat sich an eine unendliche Masse, unter der es beinah verschwindet, ausgetheilt. Unselige Gerechtigkeit des Schicksals! damit Keiner prasse und Keiner hungere, müssen wir uns alle in nüchterner Dürftigkeit behelfen. Ist es da auch noch ein Wunder, wenn die Ökonomie in jedem Sinn und in allen Dingen zu einer so beträchtlichen Tugend herangewachsen ist. Diese Erbärmlichkeit des Lebens, laß es uns gestehen, ist mit dem Protestantismus aufgekommen. Sie werden alle zum Kelch hinzugelassen, die Layen wie die Geweihten, darum kann Niemand genugsam trinken um des Gottes voll zu werden, der Tropfen aber ist Keinem genug; da wissen sie denn nicht was ihnen fehlt, und gerathen in ein Disputieren und Protestieren darüber. – Doch was sage ich dir das! angeschaut im Fremden hast du diese Zeitübel wohl schon oft, aber sie können dich nicht so berühren, da du sie nur als Gegensatz mit deiner eigensten Natur sehen kannst, und kein Gegensatz durch sie in dich selbst gekommen ist. Genug also von dem aufgeblasenen Jahrhundert, an dessen Thorheiten noch ferne Zeiten erkranken werden. Rückwärts in schönre Tage laß uns blicken, die gewesen. Vielleicht sind wir eben jetzt auf einer Bildungsstufe angelangt, wo unser höchstes und würdigstes Bestreben sich dahin richten sollte, die großen Kunstmeister der Vorwelt zu verstehen, und mit dem Reichthum und der Fülle ihrer poesiereichen Darstellungen unser dürftiges Leben zu befruchten. Denn, abgeschlossen sind wir durch enge Verhältnisse von der Natur, durch engere Begriffe vom wahren Lebensgenuß, durch unsere Staatsformen von aller Thätigkeit im Großen. So fest umschlossen ringsum, bleibt uns nur übrig den Blick hinauf zu richten zum Himmel, oder brütend in uns selbst zu wenden. Sind nicht beinahe alle Arten der neuern Poesie durch diese unsere Stellung bestimmt? Liniengestalten entweder, die körperlos hinaufstreben im unendlichen Raum zu zerfließen, oder bleiche, lichtscheue Erdgeister, die wir grübelnd aus der Tiefe unsers Wesens herauf beschwören; aber nirgends kräftige, markige Gestalten. Der Höhe dürfen wir uns rühmen und der Tiefe, aber behagliche Ausdehnung fehlt uns durchaus. Wie Shakespeare's Julius Cäsar möcht' ich rufen: «Bringt fette Leute zu mir, und die ruhig schlafen, ich fürchte diesen hagern Cassius.» – Da ich nun selbst nicht über die Schranken meiner Zeit hinaus reiche, dünkt es dir nicht besser für mich, den Weg eigner poetischer Produktion zu verlassen, und ein ernsthaftes Studium der Poeten der Vorzeit und besonders des Mittelalters zu beginnen? Ich weis zwar, daß es mir Mühe kosten wird, ich werde gleichsam einen Zweig aus meiner Natur herausschneiden müssen, denn ich schaue mich am fröhlichsten in einem Produkt meines Geistes an, und habe nur wahrhaftes Bewustseyn durch dieses Hervorgebrachte; aber um Etwas desto gewisser zu gewinnen, muß man stets ein Anderes aufgeben, das ist ein allgemeines Schicksal, und es soll mich nicht erschrecken. Eins aber hat mir stets das innerste Gemüth schmerzlich angegriffen, es ist dies; daß hinter jedem Gipfel sich der Abhang verbirgt; dieser Gedanke macht mir die Freude bleich in ihrer frischesten Jugend, und mischt in all mein Leben eine unnennbare Wehmuth; darum erfreut mich jeder Anfang mehr als das Vollendete, und nichts berührt mich so tief als das Abendroth; mit ihm möcht' ich jeden Abend versinken in der gleichen Nacht, um nicht sein Verlöschen zu überleben. Glückliche! denen vergönnt ist zu sterben in der Blüthe der

Freude, die aufstehn dürfen vom Mahle des Lebens, ehe die Kerzen bleich werden und der Wein sparsamer perlt. Eusebio! wenn mir auch dereinst das freundliche Licht deines Lebens erlöschen sollte, o! dann nimm mich gütig mit, wie der göttliche Pollux den sterblichen Bruder, und laß mich gemeinsam mit dir in den Orkus gehen und mit dir zu den unsterblichen Göttern, denn nicht möcht' ich leben ohne dich, der du meiner Gedanken und Empfindungen liebster Inhalt bist, um den sich alle Formen und Blüthen meines Seyns herumwinden, wie das labyrintische Geäder um das Herz, das sie all' erfüllt und durchglüht.

Fragmente aus Eusebio's Antwort

– Gestalt hat nur für uns, was wir überschauen können; von dieser Zeit aber sind wir umpfangen, wie Embryonen von dem Leibe der Mutter, was können wir also von ihr Bedeutendes sagen? Wir sehen einzelne Symptome, hören Einen Pulsschlag des Jahrhunderts, und wollen daraus schließen, es sey erkrankt. Eben diese uns bedenklich scheinenden Anzeigen gehören vielleicht zu der individuellen Gesundheit dieser Zeit. Jede Individualität aber ist ein Abgrund von Abweichungen, eine Nacht, die nur sparsam von dem Licht allgemeiner Begriffe erleuchtet wird. Darum Freund! weil wir nur wenige Züge von dem unermeßlichen Teppich sehen, an welchem der Erdgeist die Zeiten hindurch webt, darum laß uns bescheiden seyn. Es gibt eine Ergebung, in der allein Seligkeit und Vollkommenheit und Friede ist, eine Art der Betrachtung, welche ich Auflösung im Göttlichen nennen möchte; dahin zu kommen laß uns trachten, und nicht klagen um die Schicksale des Universums. Damit du aber deutlicher siehst, was ich damit meine, so sende ich dir hiermit einige Bücher über die Religion der Hindu. Die Wunder uralter Weisheit, in geheimnißvollen Symbolen niedergelegt, werden dein Gemüth berühren, es wird Augenblicke geben, in welchen du dich entkleidet fühlst von dieser persönlichen Einzelheit und Armuth, und wieder hingegeben dem großen Ganzen; wo du es mehr als nur denkst, daß alles was jetzt Sonne und Mond ist, und Blume und Edelstein, und Äther und Meer, ein Einziges ist, ein Heiliges, das in seinen Tiefen ruht ohne Aufhören, selig in sich selbst, sich selbst ewig umpfangend, ohne Wunsch nach dem Thun und Leiden der Zweiheit, die seine Oberfläche bewegt. In solchen Augenblicken, wo wir uns nicht mehr besinnen können, weil das, was das einzelne und irdische Bewustseyn weckt, dem äußern Sinn verschwunden ist unter der Herrschaft der Betrachtung des Innern; in solchen Augenblicken versteh' ich den Tod, der Religion Geheimniß, das Opfer des Sohnes und der Liebe unendliches Sehnen. Ist es nicht ein Winken der Natur, aus der Einzelheit in die gemeinschaftliche Allheit zurück zu kehren, zu lassen das getheilte Leben, in welchem die Wesen Etwas für sich seyn wollen und doch nicht können? Ich erblicke die rechte Verdammniß in dem selbstsüchtigen Stolz, der nicht ruhen konnte in dem Schooß des Ewigen, sondern ihn verlassend seine Armuth und Blöße decken wollte mit der Mannigfaltigkeit der Gestalten, und Baum wurde und Stein und Metall und Thier und der begehrliche Mensch.

Ja, auch das o Freund! was sie alle nicht ohne Murren und Zweifeln betrachten mögen; das trübere Alter, ich verstehe seinen höheren Sinn jezt. Entwicklen soll sich im Lauf der Jahre das persönliche Leben, sich ergötzen im für sich seyn, seinen Triumpf feiern in der Blüthe der Jugend; aber absterben sollen wir im Alter dieser Einzelheit, darum schwinden die Sinne, bleicher wird das Gedächtniß, schwächer die Begierde, und des Daseyns fröhlicher Muth trübt sich in Ahndungen der nahen Auflösung. – Es sind die äußeren Sinne, die uns mannigfaltige Grade unsers Gegensatzes mit der fremden Welt deutlich machen, wenn aber die Scheidewand der Persönlichkeit zerfällt, mögen sie immerhin erlöschen; denn es bedarf des Auges nicht, unser Inneres und was mit ihm Eins ist zu schauen; auch ohne Ohr können wir die Melodie des ewigen Geistes vernehmen; und das Gedächtniß ist für die Vergangenheit, es ist das Organ des Wissens von uns selbst im Wechsel der Zeiten. Wo aber nicht Zeit ist, nicht Vergangnes noch Künftiges, sondern ewige Gegenwart, da bedarfs der Erinnerung nicht. Was uns also abstirbt im Alter ist die Vollkommenheit unsers Verhältnisses zur Aussenwelt; abgelebt mögen also die wohl im Alter zu nennen seyn, die von nichts wusten als diesem Verhältniß. – So fürchte ich höhere Jahre nicht, und der Tod ist mir willkommen; und zu dieser Ruhe der Betrachtung in allen Dingen zu gelangen, sey das Ziel unseres Strebens. – Deutlich liegt deine Bahn vor mir, Geliebtester! denn erkannt habe ich dich vom ersten Augenblick unserer Annäherung, die, das Bewußtseyn wird mir immer bleiben, von Gott gefügt war; nie habe ich so das Angesicht eines Menschen zum erstenmal angesehen, nie solch Gefühl bei einer menschlichen Stimme gehabt; und dies Göttliche und Nothwendige ist mir immer geblieben im Gedanken an dich; und so weis ich auch was nothwendig ist in dir und für dich, und wie du ganz solltest leben in der Natur, der Poesie und einer göttlichen Weisheit. Ich weiß, daß es dir nicht geziemt dir so ängstliche Studien vorzuschreiben. Die großen Kunstmeister der Vorwelt sind freilich da, um gelesen und verstanden zu werden, aber, wenn von Kunst-Schulen die Frage ist, so sage ich, sie sind da gewesen jene Meister, eben deswegen sollen sie nicht noch einmal wiedergeboren werden; die unendliche Natur will sich stets neu offenbaren in der unendlichen Zeit. In der Fülle der Jahrhunderte ist Brahma oftmals erschienen, aber in immer neuen Verwandlungen; dieselbe Gestalt hat er nie wieder gewählt. So thue und dichte doch Jeder das wozu er berufen ist, wozu der Geist ihn treibt, und versage sich keinen Gesang als den mißklingenden. Doch zag' ich im Ernste nicht für dich, die strebende Kraft wird den, welchen sie bewohnt, nicht ruhen lassen; es wird ihm oft wehe und bange werden ums Herz, bis die neugeborne Idee gestillet hat des Gebährens Schmerz und Sehnsucht.

Gestern lebte ich ein paar selige Stunden recht über der Erde, ich hatte einen Berg erstiegen, an dessen Umgebungen jede Spur menschlichen Anbaus in Zweck und Nutzen verschwand; es ward mir wohl und heiter. Zwei herrliche Reiher schwebend über mir badeten ihre sorgenfreie Brust in blauer Himmelsluft. Ach! wer doch auch schon so dem Himmel angehörte, dachte ich da, und klein schien mir alles Irrdische. In solchen Augenblicken behält nur das Ewige Werth, der schaffende Genius und das heilige Gemüth; da dacht' ich dein, wie immer, wenn die Natur mich berührt; oft gab ich dem Flusse, wenn der Sonne letzte Strahlen ihn erhellen, Gedanken an dich mit, als würden seine Wellen sie zu dir tragen und dein Haupt umspielen. Leb wohl, in meinen besten Stunden bin ich stets bei dir. –

An Eusebio

Eine der größten Epochen meines kleinen Lebens ist vorübergegangen Eusebio! ich habe auf dem Scheidepunkt gestanden zwischen Leben und Tod. Was sträubt sich doch der Mensch: sagte ich in jenen Augenblicken zu mir selbst, vor dem Sterben? ich freue mich auf jede Nacht indem ich das Unbewußtseyn und dunkele Träumen dem hellern Leben vorziehe, warum grauet mir doch vor der langen Nacht und dem tiefen Schlummer? Welche Thaten warten noch meiner, oder welche bessere Erkenntniß auf Erden daß ich länger leben müßte? – Eine Nothwendigkeit gebiert uns alle in die Persönlichkeit, eine gemeinsame Nacht verschlinget uns alle. Jahre werden mir keine bessere Weisheit geben, und wann Lernen, Thun und Leiden drunten noch Noth thut, wird ein Gott mir geben was ich bedarf. So sprach ich mir selbst zu, aber die Gedanken, die ich liebe, traten zu mir, und die Heroen die ich angebetet hatte von Jugend auf: «Was willst du am hohen Mittage die Nacht ersehnen? riefen sie mir zu! Warum untertauchen in dem alten Meer, und darinn zerrinnen mit Allem was dir lieb ist? So wechselten die Vorstellungen in mir, und deiner gedacht ich, und immer deiner, und fast alles Andre nur in Bezug auf dich, und wenn anders den Sterblichen vergönnt ist noch eines ihrer Güter aus dem Schiffbruch des irrdischen Lebens zu retten, so hätte ich gewis dein Andenken mit hinab genommen zu den Schatten. Daß du mir aber könntest verlohren seyn war der Gedanken schmerzlichster. Ich sagte daß dein Ich und das Meine sollten aufgelößt werden in die alten Urstoffe der Welt, dann tröstete ich mich wieder, daß unsere befreundete Elemente, dem Gesetze der Anziehung gehorchend, sich selbst im unendlichen Raum aufsuchen und zu einander gesellen würden. So wogten Hoffnung und Zweifel auf und nieder in meiner Seele, und Muth und Zagheit. Doch das Schicksal wollte – ich lebe noch. – Aber was ist es doch, das Leben? dieses schon aufgegebene, wiedererlangte Gut! so frag' ich mich oft: was bedeutet es, daß aus der Allheit der Natur ein Wesen sich mit solchem Bewustseyn losscheidet, und sich abgerissen von ihr fühlt? Warum hängt der Mensch mit solcher Stärke an Gedanken und Meinungen, als seyen sie das Ewige? warum kann er sterben für sie, da doch für ihn eben dieser Gedanke mit seinem Tode verlohren ist? und warum, wenn gleichwohl diese Gedanken und Begriffe dahin sterben mit den Individuen, warum werden sie von denselben immer wieder aufs neue hervorgebracht und drängen sich so durch die Reihen des aufeinander folgenden Geschlechtes zu einer Unsterblichkeit in der Zeit? Lange wust' ich diesen Fragen nicht Antwort, und sie verwirrten mich; da war mir plötzlich in einer Offenbarung Alles deutlich, und wird es mir ewig bleiben. Zwar weiß ich, das Leben ist nur das Produkt der innigsten Berührung und Anziehung der Elemente; weiß, daß alle seine Blüthen und Blätter, die wir Gedanken und Empfindungen nennen, verwelken müssen, wenn jene Berührung aufgelößt wird; und daß das einzelne Leben dem Gesetz der Sterblichkeit dahin gegeben ist; aber so gewiß mir Dieses ist, eben so über allem Zweifel ist mir auch das Andre, die Unsterblichkeit des Lebens im Ganzen; denn dieses Ganze ist eben das Leben, und es wogt auf und nieder in seinen Gliedern den Elementen, und was es auch sey, das durch Auflösung (die wir zuweilen Tod nennen) zu denselben zurück gegangen ist, das vermischt sich mit ihnen nach Gesetzen der Verwandschaft, d. h. das Ähnliche zu dem Ähnlichen. Aber anders sind diese Elemente geworden, nachdem sie einmal im Organismus zum Leben hinauf getrieben gewesen, sie sind lebendiger geworden, wie Zwei, die sich in langem Kampf übten, stärker sind wenn er geendet hat als ehe sie kämpften; so die Elemente, denn sie sind lebendig, und jede lebendige Kraft stärkt sich durch Übung. Wenn sie also zurükkehren zur Erde, vermehren sie das Erdleben. Die Erde aber gebiert den ihr zurückgegebenen Lebensstoff in andern Erscheinungen wieder, bis durch immer neue Verwandlungen, alles Lebensfähige in ihr ist lebendig geworden. Dies wäre, wenn alle Massen organisch würden. –

So gibt jeder Sterbende der Erde ein erhöhteres, entwickelteres Elementarleben zurück, welches sie in aufsteigenden Formen fortbildet; und der Organismus, indem er immer entwickeltere Elemente in sich aufnimmt, muß dadurch immer vollkommener und allgemeiner werden. So wird die Allheit lebendig durch den Untergang der Einzelheit, und die Einzelheit lebt unsterblich fort in der Allheit, deren Leben sie lebend entwickelte, und nach dem Tode selbst erhöht und mehrt, und so durch Leben und Sterben die Idee der Erde realisiren hilft. Wie also auch meine Elemente zerstreut werden mögen, wenn sie sich schon zu Lebendem gesellen, werden sie es erhöhen, wenn zu dem, dessen Leben noch dem Tode gleicht, so werden sie es beseelen. Und wie mir däucht, Eusebio! so entspricht die Idee der Indier von der Seelenwanderung dieser Meinung; nur dann erst dürfen die Elemente nicht mehr wandern und suchen, wann die Erde die ihr angemessene Existenz, die organische, durchgehends erlangt hat. Alle bis jezt hervorgebrachten Formen müssen aber wohl dem Erdgeist nicht genügen, weil er sie immer wieder zerbricht und neue sucht; die ihm ganz gleichen würde er nicht zerstören können, eben weil sie ihm gleich und von ihm untrennbar wären. Diese vollkommene Gleichheit des innern Wesens mit der Form kann, wie mir scheint, überhaupt nicht in der Mannigfaltigkeit der Formen erreicht werden; das Erdwesen ist nur Eines, so dürfte also seine Form auch nur Eine, nicht verschiedenartig seyn; und ihr eigentliches wahres Daseyn würde die Erde erst dann erlangen, wann sich alle ihre Erscheinungen in einem gemeinschaftlichen Organismus auflößen würden; wann Geist und Körper sich so durchdrängen daß alle Körper, alle Form auch zugleich Gedanken und Seele wäre und aller Gedanke zugleich Form und Leib und ein wahrhaft verklärter Leib, ohne Fehl und Krankheit und unsterblich; also ganz verschieden von dem was wir Leib oder Materie nennen, indem wir ihm Vergänglichkeit, Krankheit, Trägheit und Mangelhaftigkeit beilegen, denn diese Art von Leib ist gleichsam nur ein mißglückter Versuch jenen unsterblichen göttlichen Leib hervorzubringen. – Ob es der Erde gelingen wird sich so unsterblich zu organisieren, weis ich nicht. Es kann in ihren Urelementen ein Misverhältniß von Wesen und Form seyn das sie immer daran hindert; und vielleicht gehört die Totalität unsers Sonnensystems dazu um dieses Gleichgewicht zu stand zu bringen; vielleicht reicht dieses wiederum nicht zu, und es ist eine Aufgabe für das gesammte Universum.

In dieser Betrachtungsweise Eusebio! ist mir nun auch deutlich geworden was die großen Gedanken von Wahrheit, Gerechtigkeit, Tugend, Liebe und Schönheit wollen, die auf dem Boden der Persönlichkeit keimen und ihn bald überwachsend sich hinaufziehen nach dem freien Himmel, ein unsterbliches Gewächs das nicht untergehet mit dem Boden auf dem es sich entwickelte, sondern immer neu sich erzeugt im neuen Individuum, denn es ist das Bleibende, Ewige, das Individuum aber das zerbrechliche Gefäß für den Trank der Unsterblichkeit. – Denn, laß es uns genauer betrachten Eusebio, alle Tugenden und Trefflichkeiten sind sie nicht Annäherungen zu jenem höchst vollkommnen Zustand so viel die Einzelheit sich ihm nähern kann? Die Wahrheit ist doch nur der Ausdruck des sich selbst gleichseyns überhaupt, vollkommen wahr ist also nur das Ewige, das keinem Wechsel der Zeiten und Zustände unterworfen ist. Die Gerechtigkeit ist das Streben in der Vereinzelung unter einander gleich zu seyn. Die Schönheit ist der äußere Ausdruck des erreichten Gleichgewichtes mit sich selbst. Die Liebe ist die Versöhnung der Persönlichkeit mit der Allheit, und die Tugend aller Art ist nur Eine, d. h. ein Vergessen der Persönlichkeit und Einzelheit für die Allheit. Durch Liebe und Tugend also wird schon hier auf eine geistige Weise der Zustand der Auflösung der Vielfalt in der Einheit vorbereitet, denn wo Liebe ist, da ist nur Ein Sinn, und wo Tugend, ist einerlei Streben nach Thaten der Gerechtigkeit, Güte und Eintracht. Was aber sich selbst gleich ist, und äußerlich und innerlich den Ausdruck dieses harmonischen Seyns an sich trägt, und selbst dieser Ausdruck ist, was Eins ist und nicht zerrissen in Vielheit, das ist gerade jenes Vollkommene, Unsterbliche und Unwandelbare, jener Organismus, den ich als Ziel der Natur, der Geschichte und der Zeiten, kurz des Universums betrachte. Durch jede That der Unwahrheit, Ungerechtigkeit und Selbstsucht wird jener selige Zustand entfernt, und der Gott der Erde in neue Fesseln geschlagen, der seine Sehnsucht nach besserem Leben in jedem Gemüth durch Empfänglichkeit für das Trefliche ausspricht, im verlezten Gewissen aber klagt, daß sein seliges, göttliches Leben noch fern sei.

Geschichte eines Braminen

Ich bin, sagte Almor, in Smirna geboren. Mein Vater, ein Franzose und reicher Kaufmann, der von der Christlichen zur Mahomedanischen Religion übergegangen war, behandelte mich, so selten ich auch vor ihm erschien, kalt und unfreundlich, und meine Mutter war vor meiner Erinnerung gestorben. Ich fühlte mich recht verlassen und oft tief erbittert durch meinen Vater. Kinder, wenn sie schon anfangen, das Leben mit den Augen ihres Geistes zu betrachten, werden von den Gewohnheiten, Verhältnissen und Forderungen der menschlichen Gesellschaft beängstigt, und nur die sanfte Hand guter Eltern kann sie ohne große Schmerzen in die ungewohnten Schranken des bürgerlichen und häuslichen Lebens einführen. Durch die Eltern spricht die Natur zuerst zu den Kindern. Wehe den armen Geschöpfen, wenn diese erste Sprache kalt und lieblos ist!

Da sich mir mehr unangenehme Gegenstände des Nachdenkens darboten, als angenehme, so entsagte ich ihm bald ganz; selbst die Ceremonien des mahomedanischen Gottesdienstes, die ich täglich mitmachen mußte, erregten meine Neugierde, deren Sinn zu verstehen, nicht. Mein Vater hatte oft gesagt, die Religionen seyen zwar nützliche politische Einrichtungen, allein für den einzelnen Aufgeklärten höchst überflüssig; der Ceremoniendienst war mir ohnehin beschwerlich, ich gab also diesem Ausspruche aus Bequemlichkeit meinen ganzen Beyfall.

Sechszehn Jahre war ich alt, als mich mein Vater (welcher haben wollte, ich solle Kaufmann werden) zu einem Handelsfreund in eine der größten Städte Europens sandte. Der Eindruck, welchen die Neuheit so vieler Gegenstände auf meine Seele machte, war nicht bedeutend, denn ich betrachtete die Dinge mehr mit den Augen, als mit dem Geiste.

Ich war genöthiget, die meisten Stunden des Tages mit Geschäften auszufüllen; diejenigen, die mir übrig blieben, wandte ich dazu an, mir Vergnügen zu machen. Ich besuchte Schauspiele, schöne Frauen, und ging mit leichtsinnigen jungen Männern um; dennoch blieb mir eine gewisse Verlegenheit und Ungeschicklichkeit im gesellschaftlichen Leben, die wir Morgenländer selten ablegen, weil unsere Lebensart sehr ungesellig ist.

Mehrere Jahre waren so vergangen, in welchen ich nichts Höheres kannte als Geld erwerben, um es auf eine angenehme Art wieder auszugeben. Die Nachricht von dem Tode meines Vaters brachte mich zuerst zu einiger Besinnung. Ich beklagte seinen Tod nicht, aber ich betrauerte meine Unempfindlichkeit bey seinem Verlust, und machte mir im Herzen Vorwürfe darüber. Ein neuer Umstand kam hinzu, meinen Geist aus seinem Schlummer zu erwecken; der Kaufmann, für den ich arbeitete, verlor fast sein ganzes Vermögen, er und seine Gattin brachten Tage lang mit mir in dem größten Kummer darüber hin, und wir entwarfen hundert vergebliche Plane, das Übel abzuwenden. Nachdem ich mich fast stumpf über die Mittel, diese Leute zu retten, gedacht hatte, sagte ich zu mir selber: Sind denn Reichthümer und Vergnügen der Sinne die einzigen wünschenswerthen Güter? Diese Frage öffnete plötzlich die mir noch unbekannten Tiefen meines eigenen Gemüthes; ich stieg hinab in eine Menge von Gedanken, wie in eine Felsenhöhle, in welcher immer neue und frische Quellen sprudeln. Ich war schon lange auf Erden, jetzt fing ich an zu leben, und die Flügel meines Geistes wagten den ersten Flug. Die mir bisher unsichtbare moralische Welt enthüllte sich mir, ich sah eine Gemeinschaft der Geister, ein Reich von Wirkung und Gegenwirkung, eine unsichtbare Harmonie, einen Zweck des menschlichen Strebens und ein wahres Gut. Verloren war ich für meine Berufsarbeiten seit dem Augenblick, da ich dies schöne Land gefunden hatte, ich gab sie auf, denn erst wollte ich wissen, wer ich sey? was ich seyn solle? welche Stelle mir gebühre? und welche Gesetze in dem Reiche herrschten, dessen Bürger ich werden wollte? ehe ich meiner Thätigkeit einen Kreis bestimmte.

Zuerst betrachtete ich meine Natur und Bestimmung abgesondert, und nur in Rücksicht auf mich selbst; ich fand, daß ohne Weisheit und Tugend die Wohlfahrt meines Geistes nicht bestehen könne; ich fand, daß Weisheit und Tugend die Gegenstände meines höchsten Strebens, durch Beherrschung der Sinnlichkeit, der Leidenschaften, und durch Übung der Kräfte in edler und nützlicher Thätigkeit erlangt werden könnten. Betrachtete ich mich als Bürger des moralischen Reiches, so fand ich mich verpflichtet, dessen Wohlfahrt wie die eigne, nach allen Kräften zu befördern, ihr alles zu opfern, und mich als ihr Eigenthum zu betrachten.

Mit welcher Freude trat ich aus dem engen Kreis zugemessener täglicher Arbeiten in die freye Thätigkeit eines denkenden Wesens, das sich selbst einen Zweck seines Thuns setzt, aus dem beschränkten persönlichen Eigennutz in die große Verbrüderung aller Menschen, zu Aller Wohl. Das bloß mechanische und thierische Leben, dem ich entronnen war, lag wie ein dumpfer Kerker hinter mir; ich trat in jedem Sinne in die Welt, und übte meine Kraft in mancher Selbstüberwindung, in mancher schweren Tugend. Durch sorgfältige Betrachtung lernte ich bald alles Menschliche im Menschen kennen, aber das Göttliche war mir noch nicht offenbar.

Meine stolze Vernunft maßte sich bald die Alleinherrschaft in mir an; sie wollte, Alles solle vernünftig seyn. Diese Forderungen verwickelte mich natürlich in beständige Zwistigkeiten mit mir selbst und der Welt; die Widerspenstigkeiten meiner eignen Natur gegen ihre Gebote machten mich unzufrieden mit mir; der beständige Kampf der Welt gegen ihre Forderunge verwirrte mich, eine klügelnde Kritik fand alles tadelnswürdig, nichts konnte dieser Vernunft genügen. Einst hatte ich ihr ein großes Opfer gebracht, lange Zeit war ich im Nachdenken darüber verloren; endlich sprach eine innere Stimme zu mir: Warum ist denn alles gut, was auf Erden ist, nur der Mensch nicht? Warum soll er allein anders werden, als er ist? Ist nur der tugendhaft, der auf den Ruinen seines eignen Geistes steht und sagen kann: Seht, diese hatten sich empört, aber sie sind gefallen, ich bin Sieger worden über sie Alle! – Barbar! freue dich nicht deines Siegs, du hast einen Bürgerkrieg geführt, die Überwundenen waren Kinder deiner eignen Natur, du hast dich selbst getödtet in deinen Siegen, du bist gefallen in deinen Schlachten. Ich konnte dieser Stimme nichts entgegensetzen, als die Unordnung, in welche die moralische Welt gerathen würde, wenn keiner gegen seine Neigungen kämpfen wollte. Aber diese Antwort genügte mir nicht; der Friede, mit solchen Opfern erkauft, war mir zu theuer, und ich konnte den Gedanken nicht mehr ertragen, mich Theilweise zu vernichten, um mich Theilweise desto besser erhalten zu können. Wie kann ich wissen, fuhr ich zu denken fort, was zu der eigentlichen Natur und Harmonie meines Wesens gehört, und was durch Erziehung und Verhältnisse Fremdes in mich übertragen wurde? Vielleicht, wenn mein Gemüth noch unvermischt von fremdem Zusatz wäre, vielleicht gäbe es dann in mir kein Sollen, keine Ertödtung des Einen, damit das Andre besser gedeihe. Gewiß nur die Welt, ihre Verwirrungen, der Strom ihres tiefen Verderbens, die feige Gefälligkeit, die sie uns oft auferlegt, haben mich mir selber entrückt, und mich zu einem Wesen von widersprechender Natur gemacht. Von dem Augenblick an, da mir dies klar wurde, entriß ich mich allen Verhältnissen mit den Menschen, ich verließ sogar Europa und ging zurück in mein Vaterland; dort wollte ich in stiller Betrachtung meine Seele reinigen von allem Fremden, und wieder ganz Ich selbst werden.

Mit welcher Freude sah ich Asien wieder! Eine laue Luft trug mir den feinsten Duft der Spezereyen des Morgenlandes entgegen. Syriens stille Küste badete sich im heißen Mittelmeer, und Abendwolken ruhten auf den Gipfeln der Berge; eine bedeutende Inschrift am Eingange dieses Landes, in welchem sich von jeher Irdisches und Himmlisches, Menschliches und Göttliches, so nahe berührt haben.

Ich wählte mir einen Palmenwald am persischen Meerbusen zum Aufenthalt. Dieser stille Ort diente mir zum Hafen gegen die Untiefen und Klippen der Welt; aber es ist nicht so leicht, sich von ihr zu scheiden. Tausend geheime Bande knüpfen uns an sie, und der Entschluß, der uns von ihr trennt, ist nicht viel kleiner, als der Schritt von dem diesseitigen Leben in das jenseitige.

Ich kann, unterbrach Lubar den Erzähler, diesen Schritt eben so wenig gut heißen, als den Selbstmord; beyde sind für die menschliche Gesellschaft gleich nachtheilig, und was würde aus ihr werden, wenn sich jeder erlauben wollte, sich für sie zu tödten?

Junger Freund! erwiederte Almor, es kann und wird nicht

jeder thun was ich that, und nicht jedem ziemt es; denn so verschieden die äußere Bildung der Menschen ist, so verschieden ist auch ihre innere Natur, ihr Leben und ihre Wünsche. Den einen bildet die Welt, ihre Gewirre macht ihn gewandt, ihr Widerstand übt seine Kraft. Ein Andrer bildet die Welt, und seine Thaten wirken fort in ihr, wenn er auch schon längst aufgehört hat; diese und ähnliche Naturen gehören ihr an, sie können und dürfen sich ihr nicht entziehen. Ganz anders ist es mit mir, ich war nie von den Ihrigen, es war gleichsam nur eine Übereinkunft, nach welcher sie mir gab, was mir von ihren Gütern unentbehrlich war, nach welcher ich ihr gab was ich konnte. Diese Übereinkunft ist zu Ende, sie kann mir nichts mehr geben, ihr Geräusch macht mich taub für die Sprache meines eignen Geistes, ihre Verhältnisse verwirren mich, ich ginge in ihr nutzlos verloren. Hier in dieser Einsamkeit habe ich meine Eigenheit, meinen Frieden, meinen Gott gefunden, und tausend Geisterstimmen reden Offenbahrungen zu mir, die ich im Getümmel des Lebens nicht vernehmen könnte.

Der Kampf (fuhr Almor in seiner Erzählung fort) des Einzelnen mit der Gesellschaft, der Freyheit gegen die Freyheit, der Eigenheit gegen allgemeine Gesetze, und der Moral gegen ihre Hindernisse, hörten auf mich so sehr zu beschäftigen und zu quälen. Schon lange war es mir klar geworden, daß das Recht der Grund der bürgerlichen, und die Sittlichkeit der Grund der menschlichen Gesellschaft seyen. Diese beyden Beziehungen hatten mir ehemals genügt; ich hatte gesucht, alle Punkte meines Gemüthes mit ihnen in Berührung zu bringen; jetzt entdeckte ich Anlagen in mir, denen diese endlichen Beziehungen nicht mehr genügen wollten, mein Verstand wollte immer mehr und unersättlich wissen, meine Einbildungskraft suchte ein weiteres Feld für ihre Schöpfungen, meine Begierde einen unendlichen Gegenstand ihres Strebens, und mein innerer Sinn ahndete eine unsichtbare und geheimnißvolle Verbindung mit Etwas, das ich noch nicht kannte, und dem ich gerne Gestalt und Namen gegeben hätte. Ich sahe hinauf in die Sterne, und fand es traurig, daß mein Auge so gerne hinsehe, und doch an die Erde gefesselt sey; ich liebte das Morgenroth, daß ich zu seinen Umarmungen hätte auffliegen, und die wogende See, daß ich mich in ihre Tiefen hätte stürzen mögen. In dieser Sehnsucht, in dieser Liebe sprach der Naturgeist zu mir, ich hörte seine Stimme wohl, aber ich wußte noch nicht, wo sie herkäme; je mehr ich aber darauf lauschte, desto deutlicher war es mir, daß es eine Grundkraft gäbe, in welcher Alle, Sichtbare und Unsichtbare, verbunden seyen. Ich nannte diese Kraft das Urleben, und suchte mein Bewußtseyn in Verbindung mit ihr zu bringen, (denn eine mir geheimnißvolle und unbewußte Abstammung von ihr schien mir gewiß;) ich suchte mir allerley Pfade, zu ihr aufzusteigen, von dem Irdischen zum Himmlischen; die Religion schien mir endlich dieser Pfad zu seyn. Ein Spruch aus dem Coran, der mir einst einfiel, brachte mich auf diesen Gedanken; mit Liebe und Eifer studierte ich Mahomeds Lehre und sein Leben. Mein Geist ging in Betrachtung des seinigen über; ich sah, wie früh in seiner Seele das Bewußtseyn göttlicher Dinge gekeimt sey, wie eine mächtige Sehnsucht ihn getrieben, diesen Zweig vom ewigen Lebensbaum dem verwitterten Stamm seines Volkes einzuimpfen, wie aber dieses zarte Gewächs, das nur in einem durch Sittlichkeit und Kultur gereinigten Boden blühen und Früchte tragen kann, eine veränderte und fremdartige Gestalt und Natur angenommen habe; sah seine Versuche, durch Gesetze, durch Hoffnung auf den Himmel und Furcht vor der Hölle, einen Grund von Sittlichkeit in ihren rohen Gemüthern zu legen; sah endlich, wie Ehrgeiz, eine zügellose Einbildungskraft, und die Gewalt der Umstände ihn verführt hatten, unheilige Mittel und Zwecke mit dem Heiligen zu verbinden. Nachdem ich so gesehen, wie der Weltgeist sich in diesem Individuum abgespielt hatte, ging ich zur Betrachtung seines Bildes in den Geistern anderer Religionsdarsteller über; ich durchging Zoroasters, Confutsees, Moses und Christus Lehren, die Überbleibsel der ägyptischen Priesterweisheit, und der Hindu heilige Mythen.

So verschieden der Geist aus diesen Allen gesprochen hat,

habe ich doch nur einen Sinn in diesen Formen gefunden, mit dem sich der Meinige innigst verbunden hat, wodurch er erweitert und verstärkt wurde.

Du verlangst von mir, junger Freund! daß ich dich einführe in die Thore des ewigen Tempels der Religion. Wisse! seine Aufschrift ist Unendlichkeit, und die Sprache ist endlich. Doch will ich versuchen, die heilige Bildsäule der Isis zu Sais, (unter der die Worte: «Ich bin, was da ist, was war und seyn wird» standen,) vor dir zu entschleyern; so dir aber der innere Sinn nicht aufgeht für die Göttin, so wirst du sie nicht schauen, weder durch deine Vernunft, noch durch dein Wissen.

Es ist eine unendliche Kraft, ein ewiges Leben, das da Alles ist, was ist, was war und werden wird, das sich selbst auf geheimnißvolle Weise erzeugt, ewig bleibt bey allem Wandeln und Sterben. Es ist zugleich der Grund aller Dinge, und die Dinge selbst, die Bedingung und das Bedingte, der Schöpfer und das Geschöpf, und es theilt und sondert sich in mancherley Gestalten, wird Sonne, Mond, Gestirne, Pflanzen, Thier und Mensch zugleich, und durchfließt sich selber in frischen Lebensströmen und betrachtet sich selber im Menschen in heiliger Demuth. Diese Anschauung der Dinge, die Anschauung ihres Urgrundes, ist die innerste Seele der Religionen, verschieden individualisiert in jedem Individuum; aber durchgehe sie selbst, die Religionssysteme alle, in allen wirst du finden ein Unendliches, Unsichtbares, aus dem das Endliche und Sichtbare hervorging, ein Göttliches, das Mensch wurde, ein Übergehen aus dem zeitlichen Leben in das ewige. Der Sinn für dies ewige Leben ist mir schon hier aufgegangen in religiöser Betrachtung, darum ist mir das Zeitliche in gewissem Sinne so gering geworden, und mein Geist hat die Dinge ganz anders geordnet.

Verhaßt ist mir nun die Philosophie geworden, die jeden Einzelnen als Mittel für das Ganze betrachtet, das doch nur aus Einzelnen besteht, die immer fragt, was dies oder jenes nütze für die Andern? und die jeden als eine Frucht betrachtet, die geblüht habe und gereift sey, um von dem Ganzen verzehrt zu werden; die die verschiedensten Naturen in einen Garten pflanzen, und den Eichbaum und die Rose nach einer Regel ziehen will. Mir ist jeder Einzelne heilig, er ist Gottes Werk, er ist sich selbst Zweck. Wird er, was er seiner Natur nach werden kann, so hat er genug gethan, und was er den Andern genützt, ist Nebensache. Jede Eigenheit ist mir heilig; was der Welt gehört von uns, unser Handeln in ihr möge sich nach ihrem Gesetz richten und nach ihrer Ordnung, aber kein fremdes Gesetz berühre die innere Freyheit meines Geistes, stöhre die eigne Natur meines Gemüthes, die, wenn sie vollendet wäre, eine reine Harmonie ohne Mislaut seyn würde. – Ja, es muß eine Zeit der Vollendung kommen, wo jedes Wesen harmonisch mit sich selbst und mit den Andern wird, wo sie in einander fließen; und Eins werden in einem großen Einklang, wo jede Melodie hinstürzt in die ewige Harmonie.

Wie dem blos thierischen Leben Gesundheit, Erhaltung, Fortpflanzung das Höchste sind, so ist Humanität im weitesten Sinne des Worts (nach welchem es Sittlichkeit und Kultur mit begreift) das Höchste für den Menschen als Menschen; als solcher hat er die Menschheit zum Gegenstand. Sein reines Verhältniß zu ihr, die Moralität, besteht in sich, genügt sich selbst, und bedarf keiner andern Motive noch Aussichten als sich und die Menschheit. Wer irgend einer Art von Religion zur Stütze seiner Sittlichkeit bedarf, dessen Moralität ist nicht rein, denn diese muß ihrer Natur nach in sich selbst bestehen. So kann der Mensch die Religion entbehren, und, blos als Mensch betrachtet, reicht seine Aussicht nicht in ihr Gebiet; aber der Geist sucht das Geistige, sein Durst forscht nach der Quelle des Lebens, er sucht für seine Kräfte, die auf Erden kein Verhältniß finden, ein Überirdisches, für sein geistiges Auge einen unendlichen Gegenstand der Betrachtung, und er findet dies alles in der Religion; sie ist ihm das Höchste, und sein Leben in ihr ist ein rein geistiges. So lebt der Mensch dreyfach: thierisch, dies ist sein Verhältniß zur Erde; menschlich, dies ist seine Beziehung zur Menschheit; geistig, dies ist seine Beziehung zum Unendlichen, Göttlichen. Wer auf eine dieser drey Arten nicht lebt, hat eine

Lücke in seiner Existenz, und es geht ihm etwas verlohren von seinen Anlagen. –

Diese neue Ansicht der Dinge brachte meinem Gemüth den ewigen Frieden. Die persischen Palmwälder waren mir ein Elysium, aber eine gewisse Sehnsucht trieb mich, Indien zu sehen; ich wanderte gen Tibet hinauf, durch des Mustags Klüfte und Thäler, und den Ganges hinunter bis dahin, wo er seine heilige Wasser in den bengalischen Meerbusen ergießt, und wieder zurück nach Dehli, der alten Hauptstadt der mongolischen Sultane. Unfern von dieser Stadt lernte ich einen weisen Braminen kennen, der mich bald lieb gewann, mich zu sich aufnahm in seine Wohnung an den Ufern des Ganges, und mich unterrichtete in der Sanskritasprache. Wir machten zusammen Wanderungen in die entferntesten Gegenden Indiens, und forschten nach Denkmälern der vergangenen Herrlichkeit dieses Landes.

Eine heiße Liebe zu seinem Volk beseelte den Braminen, er trauerte über dessen Fall, als sey es sein eigner, und weidete sich an dessen voriger Größe; und der lebhafte Antheil, den auch ich daran nahm, machte mich ihm immer lieber; er lehrte mich die Geschichte seines Vaterlandes genauer kennen, und mit Erstaunen sah ich, daß Indiens Kultur in ein Alterthum hinauf reicht, wo die Zeitrechnungen anderer Völker noch ungeboren sind. Mögen, sagte er einst zu mir, die stolzen Europäer sich rühmen, der Mittelpunkt der gebildeten und aufgeklärten Welt zu seyn, im Morgenlande ist doch jede Sonne aufgegangen, die die Erde erleuchtet und erwärmet hat; später und bleicher sendet sie ihre Strahlen dem Abendlande. Der Nebel der Vergessenheit umschleyert die Gräber unserer Vorwelt, nur wenige große Gestalten schimmern hindurch; unsere siegreichen Götter sind geflohen, wir sind zertreten von den rohen Mongolen, wir sterben langsam durch die gewinnsüchtigen Europäer. Jede Volksgröße scheint ein Frühling, der nur einmal kömmt, und dann entfliehet, um andere Zonen zu beglücken.

Je mehr ich diesen Menschen kennen lernte, desto mehr fand ich einen wahren Priester, einen Mittler zwischen Gott und den Menschen in ihm. Göttliches und Menschliches waren in seinem Gemüthe auf das Innigste und Schönste verknüpft. Die Erde war ihm heilig wie ein Vorhof des Himmels, ihr buntes Getümmel verwirrte ihn nicht, alles entwikkelte sich klar vor seinem Geiste, und er blieb rein und unschuldig in den Strudeln des Verderbens. Er stand, wie Moses, auf einem hohen Berge, dahin ihm keiner folgen konnte, und Gott sprach zu ihm, und durch ihn, zu den Menschen. Bald vergaß er, daß ich ein Fremder sey, und weihte mich ein in die Weisheit der Braminen. Er lehrte mich, wie in jedem Theile des unendlichen Naturgeistes die Anlage zu ewiger Vervollkommnung läge, wie die Kräfte wanderten durch alle Formen hindurch, bis sich Bewußtseyn und Gedanke im Menschen entwickelten; wie von dem Menschen an, eine unendliche Reihe von Wanderungen, die immer zu höherer Vollkommenheit führten, der Seelen warteten; wie sie endlich auf geheimnißvolle Weise sich alle vereinigten mit der Urkraft, von der sie ausgegangen, und Eins mit ihr würden, und doch zugleich sie selbst blieben, und so die Göttlichkeit und Universalität des Schöpfers mit der Individualität des Geschöpfes vereinigten. Er lehrte mich, wie eine Gemeinschaft bestehe zwischen den Menschen, denen der innere Sinn aufgegangen sey, und dem Weltgeiste. «Ich habe, sprach er zu mir, Monden und Jahre verlebt, in welchen der Geist nur geschwiegen hat, aber plötzlich hat er zu mir geredet in hohen Offenbarungen, dann wurden mir in einem Augenblick Dinge begreiflich, die ich Jahre lang zu verstehen umsonst gestrebt hatte. Eine neue und ganz andere Bedeutung hatten dann die Erscheinungen um mich her, ein frischer Lebensquell floß durch meine Brust, meine Gedanken flogen kühner, rascher; es war mir dann wie Einem, der in öder Einsamkeit fast der Sprache Töne vergessen hat, und zu dem ein guter und großer Mensch tritt und freundlich zu ihm redet.

Wann aber die Stimme schwieg, wann sich das Himmelsfenster schloß, durch welches göttliche Klarheit in meine dunkle Seele gekommen war, dann war ich sehr traurig, und ich konnte mich über nichts freuen, als über die Erinnerung des Lichts, das ich gesehen hatte.»

Ein zwiefaches Leben schien in dem Greis zu wohnen, wenn er so sprach, und ein Funke seines Geistes ging in den meinigen über. Ich konnte ihn nicht verlassen, überall begleitete ich ihn, einige Sommernächte ausgenommen, die er mit einem alten Braminen in den Trümmern eines indischen Tempels am Ganges in geheimnißvollen Weihen und Ceremonien seiner Religion zubrachte. Von einer dieser Wanderungen kam er einst sehr ermüdet und bleich zurück, und befahl mir und seiner siebenjährigen Tochter Lasida, ihn in den Schatten einiger Palmen, die am Ganges standen, und über die sich ein hoher mit Inschriften bekleideter Fels bog, zu begleiten; er setzte sich nieder in den Schatten der Bäume, und hatte lange die Kraft nicht, zu reden. Endlich sagte er mit schwacher Stimme: «Almor! sey du der Vater meiner Lasida, wenn ich gestorben bin, wohne bey ihr, und erzähle ihr von mir, ich möchte wohl in ihrer Liebe fortleben. Du Almor, lebe wohl! für dich werd' ich nicht sterben, denn mein Geist wirkt fort in dir. Noch einmal, lebe wohl! und laß mich allein; ich möchte in ungestörter Betrachtung des Todes sterben, möchte stille meinen Geist in die stille Natur zurück hauchen.» Ich verließ ihn, und als ich am Abend zurück kehrte, fand ich ihn todt. Sein Freund, der alte Branmin, kam noch denselben Abend; er behauptete, seinen Tod gewußt zu haben, und begrub ihn um Mitternacht an der Stelle, wo er gestorben war.

Ich blieb in Lasida's Haus, lebte wie ein Bramin, und erzog das Mädchen sehr wenig, ich überließ es vielmehr seiner eignen schönen Natur. Zehn Jahre sind seit dem Tode ihres Vaters verflossen, und er lebt noch unter uns; ja Lasida verläßt ungern dies Haus, um ihrem Geliebten zu folgen, weil sie fürchtet, von der nähern Gemeinschaft mit ihrem Vater durch eine kleine Entfernung ausgeschlossen zu werden. Und ich werde nimmer diese Hütte, diese Palmen, diesen Strom verlassen; ich bin hierher gebannt wie in Zauberkreisen, und der Friede weicht nicht von mir. Tiann

Mein Freund war seit mehreren Tagen in einer benachbarten, Stadt, da träumte mir, er habe Nachricht bekommen, die ihn nöthige, nach Afrika zu reißen; ich weinte heftig darüber. Den folgenden Tag kam er, um Abschied zu nehmen, weil er nach Italien reißen mußte. Ich hatte nie vorher daran gedacht, noch davon wißen können.

Ich hatte zwei Schwestern, die älteste liebte ich vorzüglich, weil sie mit mir eine große Aehnlichkeit der Gesinnung hatte; ich war seit mehreren Wochen von ihr entfernt und dachte oft mit Sehnsucht und Liebe an sie, da träumte mir einst, diese beide Schwestern seyn gestorben. Ich war sehr traurig darüber. Da erschienen mit ihre Geister in dem Hofe eines alten Hauses, in dem wir einen großen Theil unserer Jugend verlebt hatten. Sie traten beide aus einer dunkeln Kammer, vor der ich immer einen gewissen Schauer gehabt hatte. Es war Nacht, eine feuchte Herbst-Luft wehte und reichlicher Regen fiel herab. Meine ältere Schwester nahte mir, und sprach: Eine ewige kalte Nothwendigkeit regiert die Welt, kein freundlich liebend Wesen. Ich erwachte. Es träumte mir noch mehrmals, sie sei gestorben, obgleich sie sehr gesund war. Nach zwei Jahren erfüllte sich der Traum, beyde starben kurz nacheinander.

Ich hielt mich auf dem Lande bey einer Freundin auf, diese machte Anstalten zu einer Reise nach Italien, mir war es ein beständiger Schmerz, daß ich nicht Theil an dieser Reise nehmen solte, da meine Freunde mir doch oft Hoffnung dazu gemacht hatten, welches schon mehrmals unangenehme Erörterungen veranlast hatte. Nun träumte mir, ich wolte meine Freunde verlaßen und sei deswegen beschäftigt, meinen Koffer zu packen; da trat mein Freund ins Zimmer und sprach sehr unfreundlich über meinen Anspruch an diese Reise, ja er begegnete mir so hart, daß ich in ein lautes

Weinen ausbrach; Ich erwachte darüber und weinte wirklich so heftig, daß ich mir vergeblich vorstellte, es sei doch nur ein Traum gewesen; um mich zu beruhigen, stand ich auf, und trat ans Fenster. Der Tag war eben angebrochen, es regnete sehr gelind, die Luft war lau, die Apfelblüthen dufteten lieblich, und in dem nahen Wald schlug der Kuckuck mit einförmlichen melancholischen Tönen. Dies beruhigte mich ich ging wieder zu Bette und entschlief. Den folgenden Morgen hatte ich eine sonderbare Empfindung, es war mir als habe der Traum etwas, das sonst hart in mir gewesen, in Wehmuth zerschmelzt. Wunderbar erfüllte sich der Traum; ich erlebte sehr bald eine äußerst unangenehme Szene mit meinen Freunden und gerade da ich meine Sachen packte um sie zu verlaßen, nur daß nicht die Italienische Reise, sondern eine nach Würtzburg der Grund davon war.

Die Musik für mich

Ich kann das Wesen und Weben der Musik nicht verstehn, ihre innern Gesetze bleiben mir verborgen, auch ist mein Urtheil über das was in ihr vortreflich ist, und was nicht, schwankend, und trüglich. Meine Aufmerksamkeit kann eine schöne Musik nicht in ihrer Bahn begleiten; Ich höre eine Weile zu, bald aber verliehrt sich mein Geist in einer Reihe komender und gehender Bilder, die den wechselnden Vorstellungen bunter Träume gleich komen, bald sehe ich dunkle Wolken von brausenden Stürmen eilend dahingetragen, dann ein dunkles Meer von bleichem Mondschein erhellt, das sich schäumend an schwarzen Felsen bricht. Diese und viele andre Vorstellungen zum Theil aus meinem Leben, gehn schnell auf- und abwoogend, an meiner Seele vorüber; und dies Leben das die Musik in mir erwekt wird mir so mächtig daß ich sie nicht mehr vernehme; und eine Musik die nicht ähnlich auf mich wirkt macht mir wenig Freude. Der Sturm ist mir ein wahrer Auferwekker von den Todten. Denn wenn ich sein Brausen vernehme gehn mir die Bilder der Vergangenheit aus ihren Gräbern hervor, und ich wandle noch einmal unter ihnen.

Allerley Gedanken

Die Vortrefflichkeit ist ein Ganzes, wir haben sie nicht, sie ist gleichsam wie die Bläue des Himmels über uns, und unsere Vortreflichkeit, ist nur ein Streben zu ihr, eine Ansicht von ihr; drum ist keine persönliche Liebe, nur Liebe zum Vortreflichen.

Lasse dich leben wie du bist ohne Kunststücke mit dir zu probieren, d. h. ohne dich zwingen zu wollen Dinge zu lieben die du nicht lieben kanst; Dein Klagen daß du nicht liebtest ist eine Sehnsucht nach Liebe, diese Sehnsucht ist ein Gedanke, (der, weil er keinen Gegenstand hat auf dem er ruhe) ins unendliche starrt; jezt begegnet mein Gedanke deinem gestaltlosen hinauf starren, und bildet es, giebt ihm seine Form, ihren Grund und Zwek im Bewußtsein, wenn ich nun allen deinen Gedanken die noch keine Form haben, mit den meinigen begegnet bin, und sie geformt habe, dann nehme ich mit meinen Gedanken eine andere Richtung, du glaubst dann ich habe dich verlassen, aber ich müßte hoffärtig sein wollte ich mich zu den Glücklichen drängen die mich nicht bedürfen.

Ich habe alles erfahren was ich ihnen sage, ich hatte ihren Zustand, aber in höherem Grade. Ich habe mich durch den Aberglauben und den Zweifel durchgearbeitet, und bin zum Glauben zurückgekehrt, auch sie müssen glauben, denn alles ist ja Glaube, auch die neueste und würdigste Philosophie kehrt zum Glaube.

Es giebt nur zwei Leben, das gemeine (das schlechter ist als wir) und das höhere; viele Menschen schweben zwischen beiden, der wahre Künstler steht ganz in lezterm, es ist die wahre Seligkeit, und wer es einmal betretten der ist der Welt ohne Rettung verlohren.

Es giebt nur zwei Arten recht zu leben, irrdisch oder himlisch; man kann der Welt dienen, und nüzen, ein Amt führen Geschäfte treiben, Kinder erziehen, dann lebt man irrdisch. Aber man lebt himlisch in der Betrachtung des Ewigen, Unendlichen im Streben nach ihm (eine Art Nonnenstand). Wer anders leben will als eine dieser beiden Arten der verdirbt.

Sie wachsen noch an der Welt wie der Apfel am Baum, aber wenn die Frucht reif ist fällt sie vom Stamm, sie hat dann ihre eigenthümliche Gestalt, ist vollendet. Auch sie müssen sich losreißen von der Welt, und ganz sie selbst werden, dann sind sie vollkomen. Ein Gesez herrschet in der ganzen Natur.

Sie haben ein Heiligenbild zerrissen, und mögen deshalb nicht beten, so ist ihr Zustand. Sie verweilen bei der Betrachtung ihrer Fehler und versäumen das Höchste.

Sie komen mir vor wie jemand der mit einer schönen Stimme schlecht singt, mit guten Anlagen leben sie schlecht.

Die Leute sagen ich sei unnüz weil ich kein Geschäft treibe, und ich arbeite doch durch den Einflus den ich auf manches Gemüth habe, für das Ewige. Wer ein Priester will sein unter den Menschen darf nicht heuchlen; drum kann ich nicht umgehen mit den Pharisäern, drum kann ich die Wahrheit nicht verschweigen. Daß mich meine Zeitgenossen nicht achten daran liegt mir nichts; wer einer bessern Lehre anhangt muß das immer erfahren, ich werde darum nicht untergehen, haben doch die Apostel Weib und Kind und alles verlassen und sind Christus gefolgt.

Die wahre ächte Liebe ist meist eine unglückliche Erscheinung, man quält sich selbst und wird von der Welt mißhandelt. Die Koketterie war mir immer interessant; sie ist zugleich das geistreichste Spiel und die größt Uebung für den Geist; man gehört sich dadurch an ohne sich selbst zu verliehren. Es ist ein sonderbares Gemeng in ihnen das sie verstehen müssen zu theilen, nicht durch Gedanken, (denn ihre Gedanken sind gerade aus Gemeng) sondern durch theilende Beschäftigung. Dichten sie mit der Fantasie, arbeiten sie mit den Armen, tanzen sie mit den Füßen, lesen sie Göthe und den Homer, und studieren sie diese, d. h. lesen sie sie mit Freude, und so lange bis sich ihnen die Personen in den Gedanken aufgelöst haben d. h. bis ihnen Aiax nicht mehr blos der Held bleibt, nein bis sie in ihm den unendlichen Gedanken, (der sich durch die Kunst in die menschliche Form dargestellt hat) erkennen. Bis iezt haben sich alle ihre Bedürfnisse auf das der Liebe bezogen und gedrängt, darum ist ihre Liebe nicht frei mehr, nothwendig nicht liebenswürdig; wenn sie aber das alles gethan haben dann werden sie sich gehoben fühlen, und glücklich. Uebrigens sein sie bestimter in ihrem Sein tolerieren sie nichts schlechtes, gehn sie nicht viel mit gemeinen Menschen um, denn das heist die Vortreflichkeit mit Füßen tretten.

Meine Ansicht vom Sterben ist die ruhigste. Ein Freund ist mir bei seinem Leben was mir die Gramatik ist, stirbt er so wird er mir zur Poesie. Ich wollte lieber von meinem besten Freund nichts wissen als irgend ein schönes Kunstwerk nicht kennen.

BRIEFE

Karoline von Günderrode an Karoline von Barkhaus

Hanau, d. 4. Juli 1799

Ungern verlies ich Sie gestern, und im heftigen Kampfe mit mir selbst ob ich Ihnen die Laage meines Herzens entdeken sollte oder nicht, ich sehnte mich nach dem Trost mein Herz in das Ihrige ausschütten zu können, und doch hielt mich eine geheime Furcht deren Ursache ich mir nicht erklären konte zurük. Schriftlich dachte ich wird es leichter sein mich zu entdekken, dieser Gedanke ward Entschlus, welcher noch jezt in meiner Seele haftet. Schon beim ersten Anblik machte Savingne* einen tiefen Eindruck auf mich, ich suchte es mir zu verbergen und überredete mich es sei blos Theilnahme an dem sanften Schmerz den sein ganzes Wesen ausdrükt, aber bald, sehr bald belehrte mich die zunehmende Stärke meines Gefühls daß es Leidenschaft sei was ich fühlte; ich wuste mich vor Freude kaum zu fassen als Sie mir in Ihrem lezten Brief schrieben S. käme mit nach Wilhelmsbad. – Zürnen mögte ich mit mir selbst daß sich mein Herz so schnell an einen Mann hingab dem ich wahrscheinlich ganz gleichgültig bin, aber es ist nun so, und mein einziger Trost ist bei Ihnen Beste, freundschaftliche Theilnahme zu suchen. Ich weis nicht wie Sie mein vielleicht zu voreiliges Zutrauen aufnehmen werden, denn ich habe bei diesem Schritt nicht meine Vernunft nur mein Herz welches sich ganz zu Ihnen hinneigt gefragt; ich bitte sagen Sie mir bald daß ich dadurch nichts an Ihrer Freundschaft verlohr...

Ich umarme Sie in Gedanken. Vergessen Sie mich nicht...

Karoline G.

Ich bitte verbrennen Sie diesen Brief

* Savigny

Karoline an Karoline von Barkhaus

Hanau, d. 10. Juli 1799

Sehr lieb war es mir meine Liebe daß Sie meinen Brief so bald und theilnehmend beantworteten, und gerne möchte ich noch recht viel mit Ihnen darüber sprechen. Ich fühle es nur zu sehr wie weit ich von dem Ideal entfernt bin daß sich ein S. erträumen kann als daß ich hoffen dürfte; gewis wird er ein Mädchen finden das seiner Liebe würdiger ist als ich, und beinahe liebe ich ihn zu sehr, zu uneigennützig um zu wünschen er möchte sein Ideal nicht finden; ich weis selbst nicht was im innern meines Herzens vorgeht, mit welcher Hoffnung ich mich troz jenem traurigen Bewustsein hin halte, aber doch ists so, ich kann mir es nicht verbergen, ein leiser dunkler Glaube ist noch in mir. –

Kaum glaubte ich mich aus den Stürmen der Leidenschaft gerettet, glaubte mich sicher, und ich sehe mich wieder verstrikt, ich liebe, wünsche, glaube hoffe wieder vielleicht stärker als jemals. Wie freute ich mich an jenem Morgen in Lengfeld wie wir Geschwister wurden, Bruder nante ihn meine Seele mit einer heitern Innigkeit die nicht größer, nicht reiner hätte sein können hätte ich ihn Geliebter genant. – Sein Sie nicht böse Liebe daß ich so schwärme, sehn Sie ich schweige schon weil mir einfällt ich könte Ihnen lästig sein ...

Karoline an Karoline von Barkhaus

Hanau, d. 16. Juli 99

Ich erwarte sehnlichst eine Antwort von Ihnen, denn sie bald mündlich zu hören darf ich nicht hoffen. Ich bin nicht krank aber doch kränklich, alle behaupten ich sehe blas und niedergeschlagen aus, unserer hiesiger Arzt glaubt eine Badekur würde mir helfen, die Mutter wünscht ich möchte während dieser Kur noch bei ihr bleiben; ich stellte ihr zwar vor wie gut u nöthig es wäre jezt wieder nach Frankfurt zu gehn, umsonst, sie glaubt ich würde dort meine Gesundheit vernachlässigen, ich muß also versprechen noch 14 Tage in Hanau zu bleiben, um die geheime Sehnsucht welche mich dahin zieht wo ich von ihm hören kann zu verbergen willigte ich ein, denn meine Mutter darf und soll es nicht wissen.

d. 17ten

Gestern Abend bekam ich Ihren Brief. Sie sagen ich sollte meinem Herzen nicht zu sehr nachgeben, und doch ists mein größtes Vergnügen diesen Träumen nachzuhängen. – …

Ich lese seit mehreren Tagen in Jean Pauls Siebenkäs, er gefällt mir ganz auserordentlich. Die Wahrheit in Lenettens Charakter ist überraschend, im kleinsten wie im größten Zug so ganz ein gemeines Weib, unfähig gros zu denken und zu fühlen. Ich bin äuserst begierig auf den dritten Theil.

Bisher las ich auch sehr viel in Herders Ideen zur Philosophie der Geschichte der Menschheit, bei allen meinen Schmerzen ist mir dies Buch ein wahrer Trost, ich vergesse mich, meine Leiden und Freuden in dem Wohl und Wehe der ganzen Menschheit, und ich selbst scheine mir in solchen Augenblikken ein so kleiner unbedeutender Punkt in der Schöpfung, daß mir meine eigne Angelegenheiten keiner Thräne, keiner bangen Minute werth scheinen. Nur schade daß dies Gefühl nicht lange dauert, bald darauf fordert mein eigner Kummer wieder alle die Theilnahme, die ich vorher nur der Menschheit geben konte und wollte. Es ist sehr traurig bemerken zu müssen wie uns der Egoismus allenthalben nachschleigt, und uns oft da am nächsten ist wo wir ihn am fernsten von uns glauben.

d. 18.

Ich habe den größten Theil des heutigen Tags im Bette zugebracht, mein Kopf ist wüst, ich weis Ihnen nichts vernünftiges mehr zu schreiben…

Karoline an Karoline von Barkhaus

Hanau, d. 26. Juli 99

Von Tag zu Tag verschob ich es Ihnen zu schreiben weil ich Ihnen nichts von meiner Entnervung und Muthlosigkeit sagen wollte und hoffte diese Stimmung würde sich verliehren; vergebens erwartete ich einen heitern Tag, ich schreibe Ihnen also wie es mein Gefühl mit sich bringt.

Ihr Brief freute mich lebhaft, was könte mir willkommener sein als von ihm zu hören, auch selbst dann wenn es schmerzlich ist was ich erfahre. Der Antheil welchen ich an seinem Schiksal nehmen kann wenn ich es weis entschädiget mich ein wenig, nicht für verlohrne Hoffnungen, aber doch für seine Entfernung. Ich kann Ihnen nicht sagen wie sich mein ganzes Wesen gegen den Gedanken ihn zu vergessen empört, nein, so viel Kumer mir auch diese Liebe machen mag, ich werde es nie bedauern ihn gesehn zu haben. – ...

Sie haben doch das Kampaner Thal von Jean Paul gelesen? Es gefällt mir noch weit besser als Siebenkäs, ich kann mir nichts liebenswürdigeres denken als Gionnens Charakter, fast fürchte ich er ist nur Ideal, unerreichbar in jeder Laage...

Wenn Sie etwas von S. hören darf ich Sie dann bitten es mir zu schreiben, verargen Sie mir diese Bitte nicht, es ist ja das Einzige was ich von ihm haben kann, der Schatten eines Traumes.

Ich werfe mir selbst indem ich dies schreibe die Frage auf was für ein Recht ich habe Sie in jedem Brief mit meinen Angelegenheiten zu belästigen, ich kann mir sie nicht beantworten, und dennoch frevle ich gegen Ihre Geduld fort. – ...

Karoline an Karoline von Barkhaus

Hanau, d. 16ten August 99

...Wohl würde es besser sein nähme ich an S nur den Antheil einer liebenden Schwester, doch jezt steht der Grad dieses Antheil nicht mehr in meinem Willen. – Ich vergesse schon wieder daß ich nur mündlich mit Ihnen von diesen Dingen sprechen wollte...

Karoline an Gunda Brentano

Hanau, d. 11. August 1801

Wie sonderbar sind doch die ersten Tage des Aufenthalts an einem fremden Orte, die Bande die uns an den vohrigen Aufenthalt knüpften sind aufgelöst für die Gegenwart, sie tretten gleichsam in den Hintergrund der Empfindung, und der Zustand bis man sich wieder an seine neue Umgebung angeknüpft hat ist durchaus unangenehm; er ist eine Leere die man aus sich verdrängen möchte; so ist mirs wenigstens. Jedes interessante Wissen, wen es der andere noch nicht mit mir theilt, Empfindung und Erfahrung ist mir ein Berg der mich von dem, mit dem ich mich vereinigen mögte, trent. Dir gegenüber war es mir oft so; aber ich wuste nicht ob ich den Berg zwischen uns wegzuschaffen versuchen sollte; denn ich dachte oft es könnte nur gleichgültig sein mich zu sehen wie ich bin. Du weist wie schwer es der Eigenliebe wird einem *andern* etwas gemeines an sich selbst zu zeigen.

Ich war Dir schon mehrmals ein (ich schmeichle es mir) treuer Spiegel, in dem Du Dich beschauen kontest; ja ich warf Dir das empfangne Bild mit groser Aufrichtigkeit zurük; niemals aber habe ich mich noch in Dir beschaut, sage wie komt das? ich zeige mich nicht immer gern, (ich habe es schon vorhin gesagt) doch wenn ich mich gezeigt habe, so liebe ich es unmäßig mich wieder in andern zu erblikken; denn ich hoffe der Andere wird mich ein schöneres Gemählde sehen lassen als ich selber erblikke. Oder vielmehr ich habe zuweilen gar keine Meinung von mir, so schwankend sind meine Selbstbeobachtungen. Überhaupt ist mirs ganz unbegreiflich daß wir kein anders Bewustsein haben, als Wahrnehmung von Wirkungen, nirgends von Ursachen. Alles andere Wissen scheint mir (sobald ich dies bedenke) nicht wissenswürdig, solang ich des Wissens Ursache, mein Wissensvermögen, nicht kenne. Diese Unwissenheit ist mir der unerträglichste Mangel, der größte Widerspruch. Und ich meine wenn wir die Gränze eines zweiten Lebens wirklich betretten, so müßte es eine unsrer ersten innern Erscheinungen sein, daß sich unser Bewustsein vergrösere und verdeutlichere; den es wäre unerträglich, diese Schranke in ein zweites Leben zu schleppen.

Viele Fragen hätte ich wohl an Dich zu thun, z. B. ob Klemenz geschrieben? wie Du lebst? ob Klötchen wieder da sei? nur die Vermuthung Du mögtest Fragen für ein Erpressungsmittel Deiner Antworten halten, läst mich sie nicht geradezu thun. Ich ergebe mich hierin auf Gnade und Ungnade Deiner Launen, denn ich weis daß sie schon dadurch das sie Dein sein, liebenswürdige Kinder, mit schönen bunten Fittigen sind.

Wahrscheinlich werde ich Dich viel länger als ich dachte, nicht sehen; meine Schwester Lotte ist sehr übel, lange kann sie nicht mehr leben, und die wehnige Tage kann ich ihr noch durch mein Hiersein Vergnügen machen. Nie habe ich jemand gesehen der dem Tode so reif ist als sie; ihre Laufbahn ist auch ihren intellektuellen Kräften nach geendet; denn ihre Seele ist so geartet daß sie sich nie nach außen glüklich entwiklen wird, nie wird man ihren Blick aus ihrem Innern abziehen könen, und dieses Innere hat geblüth und seine Früchte (nur in, und für sich) getragen. Jetzt kann in ihr nichts mehr wachsen, als der Tod, und die Vernichtung; glüklich daß der phisische Tod ihr zu Hülfe komt. –

Wie findest Du folgende Definition? «Der Zorn ist eine unduldsame Liebe, nicht zu dem Gegenstand über den man zürnt, sondern zu dessen Gegensaz!»

Ich hätte Dir noch mancherlei zu sagen, aber ich kann nicht, ein andermal, wen ich alsdenn noch daran denke, oder es mir noch interessant dünkt.

Karoline

Karoline an Gunda

Hanau, d. 19ten August 1801

Es war mir gestern so traurig, hätte ich Dir geschrieben, Gunda, es hätte einige Seiten voll lauter Jammerns gegeben. Ich fühlte mich so beschränkt im äußern so verstimmt im Innern. Ich habe so gar keine Zeit für mich, kann nicht sagen jezt will ich das thun, dann das; ich muß alle meine Augenblikke erlauschen sie erwuchren; und wenn sie dann da sind so habe ich keinen Genus von ihnen; es freut mich nichts, es schmerzt mich nichts bestimt, ich bin in dem elendesten Zustand, dem des Nichtsfühlens, des dumpfen kalten Dahinschleppens. In diesem Zustand hasse ich mich selbst. Es gehört zu dem Leben meiner Seele daß mich irgend eine Idee begeistre; es ist auch oft der Fall; doch muß es immer etwas neues sein, denn ich trinke so unmäßig an dem Nektarbecher bis ich ihn in mich geschlürft habe; und wenn er denn leer ist, das ist unerträglich.

Meine Schwester liest mir zuweilen einzle Stellen aus Godwi vor, und so gefällt er mir besser als zuvor. Es ist wunderbar daß alle geistige Genüsse fast durch Mittheilung vermehrt werden; da bei Materiellen doch das Gegentheil statt findet. Geben und reicher werden durch geben! es ist höchst wunderbar, ja ich meine es enthält eine Wiederlegung gegen den Materialismus.

d. 22.

Ich verlies Dich den Mitwoch mit sonderbaren Empfindungen. Duldung, Schonung, Unterstützung, muß man sich von Gunden nicht erwarten, dacht ich; und es ist wahr; wer sein Glük Dir anvertraut, der traut der wechselnden See; Du bist nur ein Schauspiel; man muß Gefallen an Dir finden mehr sollte man nicht; denn Du bist wahrlich ein schönes mannigfaches Spiel zum schauen geeignet, wer Dich anders nimt versteht Dich nicht, wer Dich anders will, schadet dem Vergnügen daß er in Deiner Anschauung geniesen könte. Es ist gewis so, ich werde mich Dir gegenüber auch immer mehr ans Betrachten gewöhnen.

d. 23.

Ich habe heute gar keinen Schreibgeist liebe Gunda, ich bitte Dich nur noch mir zu schreiben.

Karoline

Meine Schwestern grüsen Dich, und ich Klötchen

Karoline an Gunda

Hanau, d. 29. August 1801

Gestern Abend habe ich Deinen Brief bekommen. – Aber verzeihe! ich kann mein Urtheil über Dich nicht zurük nehmen; denn ich fand Dich nicht allein so, am Wilhelmsbad, nein! Du bist mir immer so erschienen, nur damals bestimter und deutlicher. Freilich sollte ich die Zeilen die Du mir geschrieben hast mit in Anschlag bringen. Wenn ich Dich beurtheilen sollte, ich würde in groser Verlegenheit sein; denn ein ganz andrer Geist als Gunden wehet darin, ich würde gar nicht glauben daß sie von Dir seien, wen ich nicht wüste daß Du krank seist, dadurch vielleicht Deine Kräfte etwas wehniger brausend, sondern mehr weich und abgespannt wären.

Es ist ein häßlicher Fehler von mir daß ich so leicht in einen Zustand des Nichtempfindens verfallen kann, und ich freue mich über jede Sache die mich aus demselben reist. Gestern las ich Ossians Darthula, und es wirkte so angenehm auf mich; der alte Wunsch einen Heldentod zu sterben ergrif mich mit groser Heftigkeit; unleidlich war es mir noch zu leben, unleidlicher ruhig und gemein zu sterben. Schon oft hatte ich den unweiblichen Wunsch mich in ein wildes Schlachtgetümmel zu werfen, zu sterben. Warum ward ich kein Mann! ich habe keinen Sinn für weibliche Tugenden, für Weiberglükseeligkeit. Nur das Wilde Grose, Glänzende gefällt mir. Es ist ein unseliges aber unverbesserliches Misverhältniss in meiner Seele; und es wird und muß so bleiben, denn ich bin ein Weib, und habe Begierden wie ein Mann, ohne Männerkraft. Darum bin ich so wechselnd, und so uneins mit mir.

d. 30ten

Ich freue mich über Klemenz weil er zu Dir gekommen ist; es war recht gut von ihm.

Als ich Dich das Erstemal sah, gefielst Du mir auf eine sehr imponierente Art; ich hatte es mir nehmlich in den Kopf gesezt auch auf Dich einen guten Eindruk zu machen; ich war stumm, verlegen, und gezwungen in Deiner Gegenwart, aus Furcht Dir zu mißfallen. Als ich aber erfuhr Du seist mir nicht abhold, da war ich einige Tage ganz berauscht in stolzem Vergnügen. –

Lebe wohl, las mich bald erfahren daß du wohl seist.

Karoline

Gunda Du wirst über diesen Brief lachen; er komt mir selbst so unzusammenhängend und verwirrt vor.

Karoline an Gunda

Hanau, d. 4. Sept. 1801

Du versetzest mich dadurch daß Du mir nicht schreiben willst in die Laage eines Menschen der sich in das Echo verliebt hat; oder wenn ich es recht genau nehmen wollte in eine noch viel schlimmere, das Echo ist freilich allen Fragen, allen Bitten taub, aber man kann sich doch einbilden eine Antwort von ihm zu hören; und das kann ich nicht einmal bei Dir. Stelle dies doch Clemenz vor damit er Dich nicht abhält mir zu schreiben. Thust Dus nicht behauptest Du ferner den Stillstand Deiner Feder, so habe ich nichts von Dir als eine Erinnerung, die wahrscheinlich Deinem sogenannten Ich (wenn ich es wiedersehe) gar nicht mehr gleich sieht, denn Du Wandelbare bist doppelt wandelbar, aus natürlichem Hang, und aus Koketterie, die den auch wie Du sagst, Natur ist.

Clemenz sagt Du seist krank, ich glaube im Ernst daß Du es bist. Aber ich weis es, ich kann nie etwas zu Deiner Genesung beitragen; ich kann nur leben und handlen, wie es mir einfällt, und nichts behandlen. Die Menschen, denen ich gut bin, kann ich nicht behandlen, weil ich zu offenherzig zu vertraut mit ihnen bin; und die, die ich nicht leiden kann, weil ich zu wenig aufmerksam, und zu träg, ja auch zu oft zu heftig bin. Und auf Dich zu wirken finde ich schwer. – Du willst auch wie ich glaube nicht genesen.

d. 5ten

Ich habe meine Freude daran daß Du so frei bist; nicht von der Meinung anderer, noch von einer gewissen Ängstlichkeit, die in dem Innern vieler Menschen so gegründet ist, begränzt wirst. Du lässest Dich leben nach der Stimmung des Augenbliks; und so hälst Du es glaub ich auch mit denen die Dich umgeben; es ist mir wehnigstens so wohl bei Dir weil Du mir keine Tugend zumuthest die ich nicht habe; weil Du mich nicht damit ängstigest daß ich diese oder jene Vollkommenheit nicht haben kann. Das ist sehr bequem Deinem System nach auch gut, denn es *muß* so sein; aber das Gut sein davon beruth auch nur auf der Wahrheit Deines Systems; sonst ist es schlimm, denn es schneidet die Flugfedern unsers Geistes auf immer entzwei; darum haßte ich es auch. –

Grüse das gute Klötchen; und sprich ihm nicht soviel von seiner Krankheit vor, sonst wird Deine Unterhaltung eine zweite Krankheit für die gute Seele.

Ich bitte Dich ärgere Dich nicht über mich

Karoline

Karoline an Gunda

Hanau, 20. Okt. 1801

Ich weis nicht Gunda ob ich Dir etwas von mir sagen soll, da ich fast gewis annehmen kann daß Du keinen Antheil an dem nehmen kanst was ich Dir von mir sagen mögte. Die Einseitigkeit unseres Briefwechsels erregt mir auch unangenehme Empfindungen. Ich schlage Töne an und höre nur immer dieselben monotone Klänge, bis zur Ungeduld bringt es mich fast daß nicht neue Töne mit den schon verhallten abwechseln. – Beinahe wirst Du mir zu fremd um Dich in die eigentlichsten Theile meiner innern Welt einzuführen; dennoch bist Du ein Gast den man nicht draußen vor der Thür möchte stehen lassen. Eine grose Verlegenheit. Ich dächte man führe Dich in eine nicht ganz ferne Loge und lasse so die Schauspieler (Gedanken, Phantasien, Gefühle) vor Dir spielen aber hinter die Coulissen lasse man Dich nicht kommen, überhaupt das innerste Getriebe nicht sehen, – Aber ich kann das nicht Gunda, wehnigstens hält es mir zu schwer, ich muß entweder das Schauspielhaus ganz verschließen, oder auch das innerste entschleiern.

d. 21.

Gunda ich bin ungeduldig übler Laune, kurz ganz häßlich und verunstaltet. Ich muß fast den ganzen Tag am Krankenbette sitzen, und bei einem Kranken dessen Geisteskräfte so abgespannt sind daß man keine einzige erfreuliche Äusserung derselben gewahr wird. Nein ich kann Dir nicht sagen wie ungeduldig ich bin, und wie ich doch dabei diese Ungeduld hasse, ohne sie überwinden zu können. Ich erliege mir selber, ich bin ganz elend innerlich. Rathe, hilf mir, und sage nicht Dein Kaltes *es muß so sein,* oder laß uns wehnigstens dies fatale Thema mit Träumen umspinnen.

Vor einiger Zeit gelang es mir mich in eine schöne erhabne Phantasie Welt zu schwingen, in Ossians halbdunkle Zauberwelt; aber die seligen Träume zerfließen; sie kommen mir vor wie Liebestränke, sie betäuben exaltieren und verrauchen dann, das ist das Elend und die Erbärmlichkeit aller unserer Gefühle; mit den Gedanken ists nicht besser, man überdenkt auch leicht eine Sache bis zur Schalheit. –

Minchen grüßt Dich und Klötchen, ich auch.

Karoline an Gunda

Hanau, d. 24. Nov. 1801

Du hast mir viel Freude gemacht durch Dein Hierherkommen, denn Gunda, in allem Ernst, ich dachte mich ganz von Dir vergessen, meine Briefe Dir überlästig. Nur dies leztere war meinem Stolz ein unangenehmer Gedanke; das Andere war mir wohl nichts wehniger als erfreulich, aber ich empfand es mit einer gewissen Resignation, die aus dem Gefühl, wie wenig ich Dir sei, entsprungen sein mochte. Auch weis ich, daß ich schon aus Eigenliebe tolerant sein müßte, denn ich selbst bin wankelmütig, werde leicht kalt gegen lang Abwesende, und, doch es ist ein häßliches Geständnis, ich will es hier nicht vollenden. Es wundert mich Gunda daß Du nicht etwas aufopferst um Dir die Liebe von Clemenz zu erhalten, oder wieder zu erlangen; mir scheint es so süß von ausgezeichneten Menschen geliebt zu sein; es ist mir der schmeichelhafteste Beweis meines eignen Werthes. Ich bin zu schwach gegen diese zu verführerische schmeichel Stimme, sie kann mich mir selbst untreu machen. Oft und vergebens habe ich mich mir selbst wiedersezt. Das Mislingen solcher Vorsätze (eine traurige Erfahrung meines Lebens) ist ein Triumpf Deines Systems, den ich Dir sehr mißgönne. –

Gewis Gunda. Du entbehrst durch Clemenz Entfernung, ich fühle es so bestimmt für Dich; und fürchte daß es Dich in der Folge doppelt schmerzen wird wenn Du dies unangenehme Verhältniß nicht änderst. –

Mein Leben ist so leer, ich habe so viel langweilige und unausgefüllte Stunden. Gunda, ist es nur die Liebe die in diese dumpfe Leerheit Leben und Empfindung giest? oder giebt es noch andere Empfindungen die dies thun? Es ist hier eine Lükke in meiner Seele; umsonst such ich sie zu erfüllen, umsonst sie weg zu raisonniren; die Kunst kann nur durch die Natur, mit der Natur wuchren, ohne sie kann sie nichts. Ich empfand früh, ich fürchte früh hab ich mein Empfindungsvermögen aufgezehrt; nur der Maasstaab des Vohrigen blieb mir, und das Ideal, ich stehe zwieschen beiden, und kann keines erlangen. Und selbst jezt, da ich Dir diesen Zustand beschreibe, fühle ich ihn minder als ich ihn einsehe.

Auch die Freundschaft versagt mir ihre glükliche Täuschungen. Menschen die mir Sinn und Liebe für interessante Gegenstände, und ein gewisses Streben darnach zeigten, wurden oft meine Freunde, weil mir Mittheilung Bedürfniß ist. Bald aber hatte ich das Interesse daß ich mit ihnen theilte erschöpft, und fand daß ich sie selbst erschöpft hatte; sie hatten nur die Kraft das schon Gedachte, schon Empfundene, mit zu denken mit zu empfinden; aber das Eigne, und

Besondere diesem Allgemeinen anzuschließen, die neue Ansicht der Dinge in sich zu erschaffen, diesen immer quellenden Reichthum des Geistes versagte ihnen die Natur. In solchem Falle muß man ermüden, oder dem Andern immer so viel geben, daß man nicht gewahr wird wie wenig man empfängt. Das leztere konte ich nicht; ich wurde oft kalt gegen meine Freunde und weder ihre Liebe, noch ihre sonstigen Vollkommenheiten konten mich diesen Mangel vergessen machen. Und allzu oft vermiste ich auch die Geduld und Kraft an ihnen, mich zu ertragen wie ich bin. So brachten mir freundschaftliche Verhältnisse meistens mehr Schmerz, als Freude. Und fände ich auch den Freund der alles wäre was ich wünschte, so würde ich mich seiner Unwerth finden; und die Seeligkeit selbst hätte Dornen für mich.

Karoline an Gunda

Hanau, d. 30. Dec. 1801

Da habe ich viel zu thun Gundel wenn ich allen Groll gegen Dich aus meinem Herzen verbannen will; Du kannst es mir fast nicht zumuthen. Jetzt will ich mich noch mäßigen, aber mündlich gewis nicht. Meine Vorwürfe sollen wie schwere Gewitterwolken über Dir herziehen, und nicht allein herziehen, sondern auch recht treffen.

Ich war ernstlich krank vor einiger Zeit. Ein groses Glük für Dich daß ich nicht gestorben bin. Wäre mein Schatten unversöhnt mit Dir in die Unterwelt gestiegen er hätte sichs nicht verdrießen lassen Dich jede Mitternacht zu quälen.

Es ist mir ganz recht daß Friedrike Buch Dir nicht gefällt; ihre Mimik, vereint mit ihrer Pantomime sind gar zu imposant. Ich bedauere nichts von Cramers unsterblichen Romanen gelesen zu haben, ich würde es dann beurtheilen könen ob sie gestohlen hat, oder nicht. –

Deine Behauptung daß alles in der Welt *Dreck* sei, ist mir ganz fatal, so lange ich noch Athem habe werde ich mit Dir darüber disputiren. Deine Rezensionen sind mir überhaupt zu boshaft. Du verschonst nicht einmal das Weltall. Mich wirst Du gar nicht verschont haben seit ich hier bin. Du wirst wehnigstens Hochverrath an mir begangen haben. Ich weis es was man von Dir erwarten kann. Ich bin wie ein kühner Schiffer, ich vertraue mich der stürmischen See. – Ich muß mich mit Gewalt zurük halten ich würde zehn Seiten voll Lästerungen gegen Dich aufbringen können.

Meine Schwestern grüsen Dich, sie wollen gern dikker werden; sie meinen ein schwacher Körper und eine starke Seele harmoniren nicht zusammen.

Grüße Klötchen von mir. Klötchen ist gewis viel besser und bräver als Du. Bessere Dich doch im neuen Jahr; um aller Heiligen willen werde busfertig. Stirbst Du in deinem jetzigen Frevel, so bringen Dich zehntausend Seelmessen nicht aus den Schlünden des Fegfeuers. Ach! es wird genug an Dir zu fegen sein.

Karoline an Gunda

Hanau, Juni 1802

Du zwingst mich über mein Verhältniß zu Dir, über meine Gefühle für Dich nachzudenken, nun höre was ich mir selber sagen muß. Du weist daß ich Dir gut bin, daß ich gern bei Dir bin, aber Du weist auch daß ich mich schlechterdings nicht über Deine Fehler täuschen, viel wehniger sie lieben kann. Ich habe Dir schon oft gesagt was ich an Dir tadle, auf was ich bei Dir Verzicht thun muß weil Du entweder die Anlage nicht dazu hast oder weil sie in Dir erstikt wurden. Aber ich beklage mich über Vieles in Dir was Du ändern könntest, wenn nicht eine Trägheit an die ich nicht ohne Ungeduld denken kann, und eine gränzenlose Sucht Dich immer liebenswürdig zu finden Dich davon abhielten. Ich werde immer in meinem Herzen bitter oder kalt gegen Dich wenn ich sehe wie alles Gute, wie alle Reitze zum Bessern die Du jezt hast nicht vermögen dies in Dir zu ändern; ich kann schweigen über diese Dinge, aber ich finde sie verwerflich, und je mehr Ansprüche Du auf mich machst, je lebhafter fühle ich wie Du anders sein solltest, denn ich habe für manche Fehler gar keine Geduld am wehnigsten an Menschen die ich lieben mögte, und ich mögte Dich lieben ob ich gleich sonst nicht die Person sondern nur die Vortreflichkeit liebe; es thut mir imer leid wenn mir jemand meine Liebe raubt, wie Du mir oft meine Empfindung für Dich raubst und meinen Glauben an Deine Zukunft. Sieh so lange es so bleibt kann ich Dich nicht allen Andern vorziehen, es ist unmöglich, ich muß immer das Bessere mehr lieben als Dich.

Ich sage Dir dies noch einmal damit Du Dich nie über mich täuschest. – Ich hoffe aber Du bringst eine bessere Existenz aus den Lebensquellen von Wisbad mit; bis dahin adieu

C.

Zerreise dies Blatt. Wann gehst Du weg?

Karoline und Gunda an Carl von Savigny

Frankfurt, Ende 1802

Lieber Freund, kommen Sie doch bald, das Gundelchen betrübt sich mehr über Ihr Ausbleiben, als es Ihnen gestehet, es ist heute besonders traurig und weint sehr, kommen Sie doch bald.

Caroline

[Gundas Schrift:]
Sie will es durchaus haben daß ich Dirs schicken soll, aber sey nicht unruhig darüber, und laß Dich nicht stören. Ich bin dein, und Du darfst mit mir machen was du willst. Sey nicht traurig ich bitte dich, ich werde gewiß schon an deinem Blick genesen wenn er froh und muthig ist, wenn du aber dein Mädchen ängstlich ansiehst, dann wird mir's nicht so leicht wohl werden, ich werde weinen müssen wie jezt.

Karoline an Gunda

Gießen, kurz vor dem 19. März 1803

Mit Schmerz und Jammer bitte ich Minchen die Feder zu ergreifen, um Dich zu bitten, daß Du Savigny schreibst, ich arme unglükliche vom Schiksal sehr verfolgte Person, könne gar nicht mit ihm reisen weil ich wohl noch vier bis sechs Wochen hier bleiben muß.

Ich kann mich nicht entbrechen eine große Ähnlichkeit zwischen der improvisatorischen Person des Clemensischen Schauspiels, und Friz Leonhardi zu finden, ich bin sehr gerührt über diese Ähnlichkeit. Ja, die Rührung läßt mich zu gar keinem ordentlichen Briefgedenken kommen.

Caroline

Du hast uns, in der That, für Dein langes Stillschweigen belohnt, und die überschikte Comödie ist mir lieber als mir Deine Klagen über die schlechte Welt gewesen wären, ich kenne ihre Schlechtigkeit ganz auswendig beßer noch als das ein mal eins, wir sind auch gar elend und freuen uns recht daß Du uns was lustiges geschikt hast, das uns auf andere Gedanken bringt, und wenn Dir's noch so schlecht geht so geht Dir's noch nicht halb so schlecht als uns, wir sind auch ganz melancholisch. Aber von Claudia hast Du uns nur ein Exemplar geschikt und das will ich behalten und wenn Lina nach F* kömmt kannst Du ihr auch Eines geben.

Was macht Clemens und Bettine? Grüße beide!

Mimi

Wenn Du Savigny siehst so grüße ihn auch von uns. Sprich doch auch mit Clötchen von uns, und schreibe uns fein bald wir wollen Dich auch recht lieb haben

amen

* Frankfurt am Main

Karoline an Gunda

Gießen, den 15ten Mai 1803

Obgleich ich Dir wegen sehr böser Augen heute nicht selbst schreibe, so nehmen doch meine Gedanken eine freundliche Richtung zu Dir.

Was Du mir von Savig: sagst ist mir zu unklar und verworren als daß ich etwas bestimmtes darüber sagen könnte, ich meine nur Du sollst nicht so schnell zu dem Entschluß schreiten den Glauben an ihn aufzugeben, dies kann nur der Wille einer Verzweiflung sein der der eines Schiffbrüchigen gleicht der all sein Hab und Guth in das falsche Wasser wirft und sich selber nachstürzt um ein fernes Gestade zu erreichen; ja wüßte ich Dir noch ein solches Ufer worauf Du zuschwimmen und Anker werfen könntest, so würde ich Dir noch rathen einen kühnen Sprung zu wagen – aber wo ist ein solches Gestade? Winkelmann ist eine Sandbank leichtlich unter Wasser zu sezen, wie Du selbst weist, von den Andern mag ich gar nichts hören, darum ist meine Meinung, Savg: ist besser als alle, und es ist unmöglich ihn aufzugeben wenn man ihm einmal vertraut hat wie man ihm sollte. Besonders kann ich's nicht leiden, wenn Du ihn wie Du Dich ausdrückst aus Sorge um Deine Ruhe und Seelenheil nicht mehr lieben willst, so soll man nicht überlegen, ein solches Sistem von politischer Ökonomie soll man nicht in seine Empfindungen mischen.

Ach, besuche uns doch einmal wieder, ich trage nach Dir verlangen, thue es doch ja! Die Barkhaus hat mir geschrieben Cloetchen hätte mein Taschentuch fertig gestickt, danke ihr recht herzlich in meiner Seele dafür und wenn du kannst so schicke mir es doch.

Karoline

Savigny an Karoline

Marburg, Juni 1803

Der liebe Gott, mein Fräulein, hat es nicht haben wollen, daß ich Ihnen einen Brief in Gießen übergeben sollte, der mir für

Sie eingehändigt worden war. Ich betrachte dieses als ein Zeichen daß Sie jenen Brief überhaupt gar nicht lesen sollten, und enthalte mich Ihnen denselben zu schicken. Warum aber jenes Zeichen gerade so eingerichtet werden muste, daß ich verhindert wurde Sie zu sehen? Ich bin sehr geneigt, etwas darüber zu murren, um so mehr als ich mir auf dem ganzen Wege nicht wenig auf meinen Auftrag eingebildet hatte. Das gute Miechen war betrübt, daß Sie weg waren, ich war es, wie gesagt, gleichfalls, und die Fr. von Rabenau wird es wohl auch gewesen sein, worüber ich aber freylich keine sichere Nachricht geben kann, da ich sie eben jezt zum erstenmal sah.

Ich glaube sogar, ich habe Sie in Gießen auch nach allerley Dingen fragen wollen, die ich jezt nicht mehr weis oder doch nicht sage. Wollen Sie daß Ihnen in Zukunft keine Briefe unterschlagen werden, so reisen Sie jedesmal einen Tag später ab als Sie Anfangs Willens sind: ich werde dann nicht mehr in Verlegenheit seyn, Sie blos schriftlich meiner Verehrung versichern zu können.

Savigny

Karoline an Savigny

Frankfurt, Ende Juni 1803

Ich nehme es in allem Ernst dem Himmel sehr übel daß er sich so häßlich in meine Angelegenheiten mischt, und mich verreisen, und Sie zu sehn versäumen läßt; solche Fügungen erregen mir recht ketzerische und unchristliche Gedanken, welche denn das frömmste Gemüth Mühe zu bekämpfen hat. Daß Sie aber den Brief an mich behalten wollen das muß Ihrem Gewissen (welches ich mir erstaunlich fein und zart vorstelle) sehr beschwehrlich fallen, ich als eine Freundin der Gerechtigkeit sehe mich genöthigt die Parthie dieses Unterdrükten gegen Sie zu nehmen; nun ist leicht vorauszusehen daß Sie gegen zwei Feinde nicht bestehen können, daher rathe ich Ihnen selber dem Übel durch Herausgabe des Briefs vorzubeugen.

Von Gunda muß ich Ihnen etwas erzählen; seit einiger Zeit ließen sich allerlei sonderbare Symptomen an ihr bemerken, sie studierte mit Ernst fremde Sprachen (ich meine das Englische) las den Shakespear, und den Priester von Wakefield mit vieler Aufmerksamkeit in der Ursprache, und redete mit einiger Würde von guten Prinzipien; wenn ich ihre Geschichte schreiben wollte, würde ich einige Beispiele als Beweise anführen, doch ich hoffe Sie glauben mir auf mein Wort, ich hielt diesen Zustand gleich für unnatürlich, und krankhaft, und rieth irgend einen *großen* Arzt zu befragen, doch das wollte sie nicht, sie schien mir vielmehr ein groses Zutrauen in gewisse lange Rezepte zu haben, die sie, ich glaube gar wöchentlich von der hessischen Post bekömt. Doch sie wird Ihnen dies alles selbst besser beschreiben können.

Karoline Günderrode

Gunda an Karoline

Schaffhausen, den 5. Juli 1803

Günderrödchen sei nicht böse daß ich Dir noch nicht geschrieben habe, und daß ich Dir auch heute nur ein paar Worte schreiben kann. Ich bin traurig sehr traurig, und mögte gerne bey Dir sein. Ich habe einen Brief von Clemens bekommen, der mich recht unglücklich macht. Und habe noch nicht ein Wort von Savigny gehört seitdem ich fort bin.

Es hat mir so leid gethan, daß ich Dich nicht mehr vor meiner Abreise gesehen habe, ich hatte Dir noch so viel zu sagen. Ich bekam denselben Tag noch einen so schönen Brief von Savigny, der nun mein einziger Trost ist. Ich habe keine Freude an dieser Reise. Obschon Marie ein gutes Weib, wirklich gut und auch gescheid, mehr Sinn hat als George, und George recht freundlich gegen mich ist, so fehlt mir doch alles wodurch eine Reise mir angenehm werden könnte. Ich wäre lieber allein als Menschen um mich zu haben die jeden Enthusiasmus töden; ihre Ansicht ist ganz verschieden von der meinigen, sie gehen von einem ganz andern Standpunkt aus. Das stört mich, und verwirrt mich, so daß ich keine

Empfindung rein haben kann. George ist geplagt mit der Wißbegierde nicht um es zu begreifen, sondern um damit zu glänzen, davon sprechen zu können, Marie verhällt sich leidend, und unbedeutend, und ich arme Seele, bin immer durch eine heimliche Sehnsucht gequält mit *ihm* das alles zu sehen. Ich schreib ihm oft, das ist mein einziger Trost.

Günderchen wenn er Dir schreibt mußt Du mir seine Briefe schiecken, ich schiecke sie Dir gleich zurück oder bringe sie mit, wie Du willst; schiecke Deine Briefe in unser Haus, grüße das Mienchen. Von der Reise erzähl ich Euch erst wenn ich wiederkomme. Ich küße Dich. *Mein* Günderödchen.

Savigny an Karoline

Marburg, 10. Juli 1803

Ich habe von jeher eine so heilige Scheu vor allen geistlichen Anstalten zu Bewahrung weiblicher Sittsamkeit empfunden, daß ich mich herzlich freue, zwey Gründe auf einmal zu besitzen die mich kühn genug machen, geradezu in das Kronstädtische Fräuleinstift mit einem Briefe einzubrechen.

Der erste Grund ist recht christlich: es ist die Pflicht der Dankbarkeit, die gar übel von mir vernachlässigt würde, wenn ich Ihnen nicht sagte, wie viele Freude mir Ihr Brief gemacht hat.

Der zweite ist nicht weniger christlich. Georg Brentano hat plötzlich geheurathet, und ich wünschte sehr zu wissen, wie das arme, gute, treue Klödchen diese Begebenheit ertragen hat und noch erträgt. Einige Details hierüber würden mich zu neuer Dankbarkeit auffordern, ja, ich kann sagen, daß ich zu dieser Frage außer mir selbst auch noch von Jemand anders aufgefordert worden bin.

In Gießen wurde mir gesagt, daß Sie noch diesen Sommer wieder dahin kommen und dann Marburg in Augenschein nehmen würden, wohin nämlich Ihre Frau Tante eine Lustreise zu machen entschlossen wäre. Ich habe seitdem dieser Sache weiter nachgedacht, und gefunden, daß es für Sie durchaus nothwendig ist, die Dinge zu sehen, die sich hier befinden, ja daß ich kaum begreife, wie Sie das alles bis jetzt haben entbehren können. Es sind der interessanten Gegenstände so viele, daß ein so kleines Papier sie unmöglich fassen kann: noch viel weniger aber würde es eine getreue Darstellung der Verehrung und Ergebenheit zu fassen vermögen, womit ich mich unterzeichne.

Karoline an Gunda

Frankfurt oder Hanau, 12. Juli 1803

Freilig ist das Brieflein klein, das Du mir geschrieben hast, besonderst im Verhältniß der langen Pause die es unterbrach. Ich dachte wunder was für Abentheuer du erleben, was für schöne Gegenden du sehen und beschreiben würdest, aber kein Wort von diesem allem, du hast gar nichts von der Manier der Reisenden an dir, und es wird nichts Vernünftiges aus dir, wenn man dich auch durch die ganze Welt schikt.

Von Savigny habe ich endlich gestern einen Brief bekommen, du willst haben ich soll dir ihn schikken, welch ein Einfall! den hat Dir sicher der böse neidische Geist der Eifersucht eingegeben und weil ich augenscheinlich den kleinen Teufel sehe der ihn Dir einbläst, so kann ich es unmöglich thun, es geht mir ganz gegen die Natur; ja ich müßte alle meine Vernunft gefangen nehmen, wenn ich dein eignes Wohl so sehr auser Augen sezen, und Deiner heßlichen Leidenschaft dadurch Narung geben wollte, dennoch will ich Dir seinen Inhalt hier, ohngefähr mittheilen. Er besteht in einem artigen Eingang und Danksagung für meinen Brief hauptsächlich aber, in einer Erkundigung nach Clötchens Gemüthsstimmung nach den lezten Begebenheiten und endlich in einer Anfrage ob ich nicht diesen Sommer wieder nach Gießen kommen und von dort aus auch Marburg gehn würde. Kleide diesen Stoff in Savigny's Manier und du hast den ganzen Brief.

Ich habe Clötchen und die Deinigen wenig gesehn. Bettine brachte mir deinen Brief. Diese wird mir immer unangenehmer. Die Geschichte mit Gerning ist mir ganz unleidlich denn so was Dummes ist mir noch gar nicht vorgekommen.

Lebe wohl! schreibe bald und ordentlich. Meine Augen thun mir weh d'rum diktire ich dieses Minchen.

Karoline

Grüße Dich Gott liebe Gundel!

Die Hände zittern mir d'rum schreibe ich so schlecht.

Mini

Karoline an Savigny

Frankfurt, Mitte Juli 1803

Schon seit einigen Wochen hatte ich Klötchen nicht gesehen, und als ich sie vor einigen Tagen sprach, fand ich sie ruhiger als ich mir vorgestellt hatte; zwar hat sie die ganze Begebenheit sehr geschmerzt, aber sie ist froh daß George mit seiner Frau auf einige Zeit verreist ist, sie will sich unterdes einen Lebensplan entwerfen und wenn er wiederkommt will sie dann bei ihm wohnen, und mit diesem Gedanken, an welchen sie die Hoffnung künftig auch zu seinem Glück beitragen zu können, knüpft, hält sie sich jezt hin.

Von Gunda habe ich ein kleines sehr kleines Briefchen bekommen, sie spricht so viel von Ihnen darinnen daß ich es fast passender fände, wenn es an Sie addressirt wäre. Ich schikke es Ihnen wohl gar am Ende noch! Thue ichs? oder thu ichs nicht? Ist es Hochverrath oder nicht? Zwei Personen in mir streiten sich mit lauter Stimme darüber, ich stehe dabei wie Herkules am Scheideweg, und schikke es Ihnen noch aus lauter Gutmüthigkeit.

So gern ich auch diesen Sommer nach Giesen und Marburg gegangen wäre, so werde ich es doch nicht thun können; unter den Merkwürdigkeiten von Marburg die ich vorzüglich gern gesehen hätte waren einige Gelehrte, oder Einer, (ich kann nicht recht gut zählen), doch nun muß ich mir das Alles aus dem Sinne schlagen.

Ehe ich ende, muß ich Ihnen noch versichern, daß Ihr

Brief in dem Cronstettischen Fräuleinstift eine sehr freundliche Aufnahme gefunden hat.

Karoline Günderrode

Karoline an Savigny

Frankfurt, etwa 20. Juli 1803

Gunda behauptet ich habe eine kleine Leidenschaft für Sie, sie schreibt es Ihnen auch, aber es ist nicht, gewis nicht; wenn Sie mich kennten würden Sie wissen daß es nicht sein kann, aber Sie kennen mich nicht, es ist Ihnen vielleicht gleichgültig, wie ich bin, was ich sein kann, und was nicht, und doch habe ich den Muth zu hoffen, ja ich weis es gewis ich werde Ihnen einst angehören wie ein Freund, oder wie eine Schwester; ich kann es mir deutlich denken, und mein Leben um vieles reicher; doch erst dann, – Sie wissen wohl wann ich meine. – Schreiben Sie mir nicht, Ihre Briefe haben mir nicht viel Freude gemacht, es war immer etwas Erzwungenes darin so als hätten Sie ein paarmal vorher gesagt, «ich will heute dem Günderrödchen schreiben», und so war es auch mit meinen Briefen, ich mußte mich immer darüber besinnen.

C.

Savigny an Karoline

Marburg, 23. Juli 1803

Es könnte mir fast leid thun, daß ich schon längst weis, wie gut Sie sind, da ich jezt eben die schönste Gelegenheit gehabt hätte es zu lernen. Sie begnügen sich nicht, mir die Nachricht um welche ich gebeten hatte recht ausführlich zu geben, sondern Sie schikken mir noch obendrein ein Briefchen um das ich nicht gebeten hatte, und für das ich also doppelt danken muß.

Dieses Briefchen wäre mir, alles andere abgerechnet, schon deswegen ausserordentlich lieb gewesen, weil ich daraus gelernt habe, wie Sie eigentlich heißen: ich habe immer geglaubt, Sie hießen Fräulein, aber jezt weis ich, daß Sie Günderrödchen heißen. Was andere Menschen davon denken, kann ich freylich nicht sagen, aber mir scheint es weit angenehmer und nöthiger sogar, dieses zu wissen, als welchen Titel vor 1500 Jahren ein Römischer Kaiser geführt haben mag.

Aber, Günderrödchen, ich muß Ihnen auch eine kleine Schlechtigkeit gestehen. In dem Briefchen hatten Sie eine Stelle ausgestrichen: nun ist es von jeher meine Leidenschaft gewesen, solche Stellen zu lesen die man mir ausgestrichen hatte, und so ist es mir denn auch hier endlich gelungen. In der That, die Stelle selbst hat mir eben nicht so geschienen, daß man sie hätte ausstreichen müssen, aber daß Sie sie ausgestrichen haben, das hat mir Gedanken gemacht. Ich werde den ganzen Fall der hiesigen philosophischen Facultät vorlegen und Ihnen das Gutachten derselben mittheilen.

Sie wollen nicht hierher kommen? wollen diese Freude – Ihrer Tante versagen, die so gerne diese kleine Reise mit Ihnen gemacht hätte? wie häßlich! wenn Sie mir es mündlich gesagt hätten, so würde ich wahrscheinlich die Unverschämtheit gehabt haben nach der Ursache zu fragen, aber in einer solchen Entfernung fühle ich mir nicht den Muth dazu. Und nicht einmal nach Giesen wollen Sie mehr kommen? Doch, ich denke, sie gehen in sich, und wenn Sie dann ohnehin einmal auf guten Wegen sind, treiben Sie vielleicht gar die Güte so weit, daß Sie mir Nachricht davon geben. Wenn Sie es aber nicht thun, so gehe ich nächstens nach Giesen, und verläumde Sie so, daß Niemand mehr mit Ihnen etwas wird zu thun haben wollen: ich lasse mir dann von der Fr. v. Rabenau zum Neveu und von dem süßen Mienchen zum Bruder annehmen, und Sie werden ganz aus der Verwandtschaft ausgestrichen. Sollte ich dann dennoch einmal an Sie schreiben müssen, so werde ich mit unterzeichnen als

Ihr gänzlich abgeneigter Savigny

N. S.

Länger kann ich es denn doch nicht verschweigen, daß ich die ausgestrichene Stelle in dem kleinen Briefchen würklich nicht habe lesen können, ja daß ich mich nicht wenig darüber geärgert habe. Ich habe also nicht einmal die Satisfaction zu wissen, daß es Ihnen unangenehm gewesen wäre das Gegentheil einstweilen zu glauben. – Noch etwas kann ich schlieslich nicht unterdrücken. Sie schrieben neulich über Gunda und sagten unter andern, Gunda «redete mit einiger Würde von guten Prinzipien». Nun sagen Sie mir um Gotteswillen, Günderrödchen, was das heist. Es läßt sich auf vielerley Art verstehen, und ich wollte zwey Commentare darüber schreiben, die sich gar nicht ähnlich sehen sollten. So etwas kann einen ehrlichen Menschen um seinen Verstand bringen, und ich bin weit entfernt zu glauben, daß der meinige der Mühe werth sei verloren zu werden.

Savigny an Karoline

Marburg, Ende Juli 1803

Günderrödchen, es hat schon viele dumme Leute gegeben, die gesagt haben: tout change. Ich sage es auch, aber ganz anders, recht fromm und voll Zutrauen. Jezt zum Beispiel hat es sich auch so gefunden: noch vor wenig Tagen wollte ich Ihnen gar vieles schreiben, in keiner andern Absicht als damit es eine äuserliche Befestigung hätte, indem es Jemand wüste, dem ich vertraue, denn ich habe viel Vertrauen gegen Sie. Jezt ist es anders, nicht das Vertrauen, aber das Bedürfniß, obgleich es mich noch freuen wird, wenn Sie vieles wissen. Darum schreibe ich Ihnen – gar nichts, sondern überlasse es dem Himmel, wie viel Ihnen gute Leute erzählen wollen.

Das ist aber nicht alles, denn ich muß Sie nun noch schelten, und sehr ernstlich. Sie haben mich verkannt, Sie haben mir Unrecht gethan, verführt durch ein bischen äuserlichen Schein. Es ist mir so deutlich, daß Sie mir Unrecht gethan haben, daß ich gar nichts dazu thun kann, Sie noch besonders davon zu überzeugen, ja, ich zweifle gar nicht, daß Sie es einsehen werden, daß es Ihnen leid seyn wird, daß Sie es bereuen werden, aber obgleich ich ganz und gar nicht daran zweifle, wird es mich dennoch freuen, ein sinnliches Zeugniß davon in Händen zu haben.

Adieu.

Karoline an Savigny

Hanau, Ende Juli 1803

Ich soll Ihnen Unrecht gethan haben? ich soll bereuen? ehe ich zu diesem Äußersten schreite muß ich Ihnen erst erzählen, wie sehr natürlich und menschlich ich geurtheilt habe. In jedem Leben giebt es Augenblicke in welchen die Gegenwart mächtiger wirkt als die Vergangenheit und die Zukunft, so dachte ich, und dachte noch weiter. Sie hätten sich so ein wenig von der Gegenwart verschlingen lassen, und ich fände es gar nicht so Übel wenn es möglich wäre sich von diesem Ungeheuer auf eine kurze Zeit so ganz verschlingen zu lassen daß einem hören, und sehen und manche Gedanken ganz vergingen, aber wie gesagt, es müßte nicht zu lange dauern, denn es giebt so viele Dinge die doch gerne gehört und gesehen sein mögten. Aber o Himmel! wie habe ich mich durch Vergleiche, welche besser auf den Prophet Jonas als auf Sie passen von Ihnen, und unserm Gegenstand entfernt, ich sehe auch nicht wie ich mit Ordnung und Zusammenhang wieder dahin komme.

Rathen Sie mir, oder vielmehr sagen Sie mir, muß ein Brief nothwendig mit Ordnung und im Zusammenhang geschrieben sein? im Fall das wäre müßte ich das Schreiben ganz unterlassen, denn es fehlen meinem Kopf ein paar Organe und ich habe Ursache zu vermuthen daß es die der Ordnung sind. Ich bitte Sie, thun Sie ein Auge zu über diesen Naturfehler.

Das muß ich Ihnen noch sagen daß ich jezt glaube Ihnen Unrecht gethan zu haben; denn ich habe eine große Neigung Ihnen zu glauben, und ich bleibe auch gerne dabei stehen, denn ich sehe wohl, es entsteht kein gleichendes Konterfei von Ihnen in meinem Urtheil, ich finde immer Irrthum und Ungewisheit; überdem ist ja oft Glauben schöner als Schauen. – Ich glaube also

Caroline

Gunda fordert auch glauben von mir. Was soll ich thun? den ersten Tag hab ich noch gezweifelt, weil ich es mir vorgenommen hatte, den Zweiten hab ich gehofft, aber sie ist schon drei Tage hier mit mir, muß ich nun nicht glauben, um so mehr da ich an Sie glaube, heute also will ich wehnigstens sehr geneigt sein zu glauben, Gunda ist doch gut, und muß es immer mehr werden, gewis sie muß und will auch.

Karoline an Savigny

Hanau,d. 1ten August 1803

Zwei Dinge haben mir immer unglaublich geschienen, erstlich, daß jemand Prinzipien haben, und zweitens, daß ein gelehrter Proffessor neugierig sein könne. Was die guten Prinzipien betrifft so habe ich Gunda auch nur davon sprechen hören, aber das war schon auffallend genug, und ich schrieb es Ihnen in der ersten Verwunderung, bald nachher merkte ich daß der Engländer deren haben solle, und daß es nur Redensarten seien die Gunda ihm abgelernt habe, die ganze Sache beweist also nichts, als daß der Engländer nicht ohne Liebenswürdigkeit ist. Fragen Sie doch auch Ihre philosophische Fakultät, ob ein solcher Schlus, aus solchen Vodersätzen gezogen richtig sein könne?

Ich stelle mir recht lebhaft vor wie Sie die ausgestrichnen Stellen in Gundas Brief betrachtet, und allerlei Gedanken dabei gehabt haben; weil Sie aber doch am Ende Ihre Ohnmacht, (es nicht entziffern zu können) ehrlich gestehen, will ich Ihre Aufrichtigkeit belohnen, und Ihnen sagen, daß es eine Stelle Ihres Briefs an Gunda war, wo Sie von Winkelmann reden. Ich weis nicht warum mich Etwas in mir zwang diese Zeilen auszustreichen, aber es wäre mir damals sehr wiedrig gewesen es Ihnen lesen zu lassen, heute wäre es mir schon gleichgültig, Sie wissen wohl auch wie der Mensch allerlei sonderbare Launen und Einfälle hat.

Es gefällt mir recht gut daß Sie mich Gunderrödchen nennen, aber daß gefällt mir schlecht daß Sie mich ganz ausstreichen, und sich an meine Stelle setzen wollen, denken Sie ich werde mir das gefallen lassen? oder sind Sie so erschreklich stolz zu glauben man werde mich Ihnen zu lieb gleich für null, nichtig und subnummerär erklären, und Sie so lieb haben als mich? o weit gefehlt! Sie sind so gelehrt und haben nicht mehr von der Liebe gelernt! Sie wissen so viel und sind noch so stolz, und voll Irrthum! –

Noch eins kann ich Ihnen nicht verschweigen, daß ich sehr böse auf Gunda bin, ich sage Ihnen nicht worüber, aber ich habe ihr geschrieben, und sie sehr ermahnt es Ihnen selbst zu schreiben, ich will nun sehn wie ehrlich sie ist.

Caroline

Minchen grüßt Sie, sie ist hier.

Karoline an Gunda

Hanau, 1. August 1803

Gunda ich bin Dir böse, und in allem Ernst. Ich finde es sehr wiedrig, daß Du dem Engländer geschrieben hast, noch mehr aber die Art Deines Briefs, du bist gar zu wohlfeil mit Deinen Briefen; ich weis gar nicht wie ich das nennen soll, es fehlt Dir überall am rechten Stolze, wie an der rechten Demuth. Deine vielfache Verhältnisse sind mir schon unleidlich, aber Dir sind sie imer noch nicht genug, du suchst immer mehrere, und keines kann daher Werth haben, und Du selbst hast für keines ordentliche Achtung, auch nicht für das mit *Ihm*, sonst köntest Du nicht so freigiebig gegen Andere sein. Ich habe *Ihm* geschrieben, ich sei Dir böse, ich köne Ihm aber nicht schreiben warum, ich wolle Du selbst solltest Ihm die Ursache sagen. Thue es also, blos aus Schonung unsers Verhältnisses thue ich es nicht selber, denn Deine Person verdient nicht daß man ehrliche Leute den Staar über Dich lasse.

Karoline

Gunda an Karoline

Lausanne, ce 11 d'aout 1803

Günderödchen Du hast mir weh gethan, und hast mir sehr unrecht gethan. Von Dir schmerzt es mich mehr als von jemand anders; denn *Du* weist wie ich *ihn* liebe. Böse bin ich Dir nicht, denn ich habe Dich lieb, davon lege ich gegen mich selbst täglich Beweise ab.

adieu, thu mir nicht mehr weh.

Wenn ich Dich wiedersehe kann ich Dir vieles erzählen, vergeß mich nicht ganz, auch ein wenig um meiner selbst willen nicht allein weil Du ihn auch liebst.

Grüße und küße das englische Mienchen, das gewiß nicht so hart hätte seyn können. Ich hänge von *Savigny* ab. Wenn er mir unrecht giebt, so will ich Dir recht geben.

Lebe wohl.

Gunda

Karoline an Savigny

Frankfurt, Spätherbst 1803

Ich habe Ihnen diese Zeit über nicht schreiben wollen, weil ich dachte Sie hätten zu viel zu thun, aber heute trage ich ein großes Verlangen Ihnen zu sagen wie es mich freut, daß Sie meiner immer in Ihren Briefen gedenken; es ist sehr brav von Ihnen, und sollte ich einst Ihr Biograf werden, so werde ich dieser Sache mit gebührendem Lob gedenken.

Das Gundelchen will mich über allerlei bei Ihnen verklagen, wenn Sie hierher kommen, eigentliche Fehler kann sie zwar nicht finden, meine Vortreflichkeiten sind ihr nur hier und da zu grell, und strahlend; ich könte mich nur vor Ihrem Richterspruch fürchten, denn ich habe viel Ursache Sie partheiisch für das Gundelchen zu glauben, aber ich verlasse mich auf Gott und meine sehr gerechte Sache.

Kommen Sie doch bald, Ihr Freund freut sich sehr Sie zu sehen.

Caroline

Savigny an Karoline

Marburg, 14. Dezember 1803

Gewisse Dinge, wie billig, abgerechnet, hat mich seit langer Zeit nichts so herzlich erfreut als Ihre freundlichen Worte, lieb Günderrödchen. Unter uns gesagt, seit einiger Zeit glaubte ich, Sie wären mir nicht recht gut mehr, und das nahm ich mir so zu Herzen, daß alle meine Studenten behaupteten, Sie würden mirs unfehlbar ansehen, wenn es nicht gerade jezt aus gewissen Ursachen ganz unmöglich wäre, daß ich betrübt aussähe. Sogar mein periodischer Schmerz an der rechten Hand ist dadurch wieder aufgeregt worden.

Nun spreche ich Ihnen da von einem Schmerzen an der Hand und Sie wissen davon kein Wort. Was will ich machen? Das beste ist, ich thue als könnte Sie die Sache interessiren, was doch gar nicht wahr ist, und erzähle Ihnen die ganze Geschichte.

Vor einigen Jahren stand ich einmal an einem Kutschenschlag, als gerade jemand einsteigen wollte. Ich (wie ich denn von Natur gutmüthig bin) will helfen: eine besondere Belohnung hatte ich für den kleinen Dienst eben nicht erwartet, aber noch viel weniger, daß er mir mit solchem Undank vergolten werden würde. Denn eh ich mirs versehe, werde ich so entsetzlich gedrückt, daß ich (ich lüge nicht, Günderrödchen) viele Wochen lang nichts gefühlt habe als diesen Druck. Nachher habe ich ihn immer wieder gefühlt, so oft sich das Wetter veränderte. Ich bin bald nach jener Geschichte nach Sachsen gereist und habe sehr berühmte Aerzte um Rath gefragt: die meinten, ich müsse mich wohl verbrannt haben, helfen könnten sie mir nicht.

Da bin ich nun ganz abgekommen von dem, was ich Ihnen eigentlich sagen wollte. Ich wollte Ihnen sagen, daß es entsetzlich unnatürlich zugehen müste, wenn wir beide nicht sehr genaue Freunde werden sollten. Sie glauben nicht, mit welcher Klarheit und Gewißheit ich einsehe, daß die Natur diesen Plan mit uns hat, ja sie interessirt sich so sehr dafür, daß sie selbst das Schicksal gebeten hat, alles so recht wunderlich und vortrefflich dazu einzurichten: ich wollte darüber eine Abhandlung schreiben, die gewiß recht närrisch zu lesen seyn sollte. Nur etwas ist schlimm: ich stehe Ihnen gar nicht dafür, daß ich mich nicht zu Zeiten etwas in Sie verliebe, und das soll der Freundschaft Abbruch thun. Zum Beyspiel es wäre nicht ohne Gefahr, wenn Sie eine kleine goldne Uhr an einer goldnen Kette um den Hals trügen: vor einem weißen Schürzchen, das Sie ehemals gehabt haben, fürchte ich mich gar nicht, denn das ist wohl schon längst zerrissen; aber ich werde mich wohl hüthen, Ihnen den Clavigo oder Hermann und Dorothea vorzulesen. Durch Schaden wird man klug, Erfahrung ist die beste Lehrmeisterin, und ein gebrenntes Kind scheut das Feuer: man spricht viel von den Leiden des jungen Werther, aber andere Leute haben auch ihre Leiden gehabt sie sind nur nicht gedruckt worden.

Eins bitte ich Sie: legen Sie die übertriebene Bescheidenheit ab. Warum taxiren Sie sich nur halb so hoch als Gunda? daß Sie das gethan haben, will ich Ihnen beweisen.

Ich wiege an Vortrefflichkeit	100
Gunda	20
	120
Also jedes von uns beiden	60

Aber im Ernst, lieb Günderrödchen, ich habe ein sehr lebendiges Gefühl davon, daß ich Ihre Freundschaft und Ihr Vertrauen haben werde, und daß ich es auch verdiene. Zugleich fühle ich, daß wir uns vielerley werden zu sagen haben, ich meine jezt nicht z. B., wie Antheil ich zu allen Zeiten an Ihnen genommen habe p. sondern eigentlich Sachen, Dinge die außer uns selbst liegen. Ich weiß nicht, warum ich es glaube, aber ich glaube es.

Nun habe ich Ihnen fröhlich geschrieben, und dann ernsthaft, und am Ende habe ich eine Empfindung, in welcher beides wunderlich aufgelöst ist. In den Veillées du chateau steht eine (wahrscheinlich schlechte) Erzählung Daphnis et Pandrose, diese Erzählung hat mich als ich ein Kind war zu Thränen gerührt, und nun fallen mir auf einmal die lezten Worte ein (brisons l'autel), und sie freuen mich wieder und rühren mich wieder und es kommt mir doch auch wieder sehr leicht und lustig vor. Ist das nicht seltsam? und müssen Sie mirs nicht all noch erklären?

Ihr Savigny

Karoline an Savigny

Frankfurt, den 15ten Dec. 1803

Recht, so recht innig hat mich Ihr Brief gefreut, und das Begegnen unsrer Gedanken; daß die Natur uns zu Freunden bestimmt hat, es muß wohl wahr sein, es ist mir vor einigen Tagen recht klar geworden, und ich dachte eben so davon wie Sie; es hat mich überrascht daß es gerade eben so war. Mit so ruhiger Freude als jezt, da ich weis was wir uns sein sollen, habe ich noch nie an Sie gedacht; der Gedanke an Sie hatte mir vor einiger Zeit etwas sonderbar unangenehmes. Sie waren mir so verlohren, und ich fühlte dabei eine unbestimte, aber doch schmerzhafte Bitterkeit, es war ein häßliches todkaltes Gefühl, mein Vertrauen war getrübt, ich hatte nicht den Muth, und wuste auch nicht was ich Ihnen sein könnte; Ihre Briefe freuten mich nur halb, nicht als das was sie waren, nur weil Sie von Ihnen kamen, und einen leisen Nachklang vergangener Zeiten in mir berührten. Ihr heutiger Brief, wie anders! er gehört meiner Zukunft an, er ist mir wie eine Prophezeiung, ich glaube ihm, in meiner Seele hat es gesprochen wie er spricht. Ich werde Ihnen angehören wie ein Freund. Sie sagen es auch? werde ich nicht sehr stolz werden? aber auch demüthig zugleich, weil ich nur 30 Pfund Vortreflichkeit habe, und Sie immer 100, Sie mögen auch theilen wie Sie wollen, man sagt ja daß es Dinge giebt die immer größer werden, je mehr man davon mittheilt.

Die Geschichte mit Ihrer kranken Hand ist sehr schön, mir ist als hätte ich die Hand lieber als wenn Sie immer gesund geblieben wäre. Aber wissen Sie auch daß die Geschichte gar nicht vollständig, nur halb ist? ich weis die andere Hälfte, und werde sie Ihnen einmal erzählen, sie ist auch mehr traurig als lustig.

Montags, 19. Dezember

Eben kommt Gunda und sagt mir wir sollten Sie den Donnerstag in Trages besuchen, ich komme gewis mit dahin, ich freue mich sehr darauf. Es ist mir doch lieb daß ich Ihnen schon so viel geschrieben habe, denn wer weis ob ich es gut hätte sagen können. Vergessen Sie nur nicht, lieber Savigny! daß ich nun Ihr Freund bin, denn es macht mich gar zu froh.

Caroline

Karoline an Savigny

Frankfurt, d. 25. Dec. 1803

Es waren zwei so schöne Tage, lieber Savigny! so hell und still und traulich, wann wird mir etwas Ähnliches wieder komen? ich bin heimlich imer etwas mißtrauisch gegen das Schiksal, und denke leicht es mögte Ökonomisch werden, und einsehen daß es eine Weile her etwas freigibiger als sonst gegen mich gewesen; ich kann mich ordentlich fürchten das Schiksal möge zuhorchen, wenn ich es lobe, und sich anders besinnen. Was soll ich nur thun um es mir recht geneigt zu erhalten? *Ihr Beide* gehört nun zu meinem Schiksal, Ihr seid also in einem Rath, und Sie können mir leicht verrathen wie man sich mit ihm verhalten muß. – Es ist so schön, und so recht gut und noch viel mehr als gut von Euch beiden daß Ihr noch an das Günderrödchen denken könt, das Ihr nicht sagt: gehe hinaus suche Dir ein Obdach, wir haben keinen Plaz für Dich. Wie traurig müßte da das Günderrödchen werden, wie müßte es sich behelfen in der schlechten Welt, es würde wohl hinaus gehn und suchen, und auch hier und da einkehren bei den Menschen, aber es würde ihm doch nicht gefallen in ihren Häusern es würde ihm eng und beklommen werden, denn ich glaube imer es wird bei Euch nur recht gern zu Hause sein.

den 26ten

Es sind so vielerlei Gedanken verworren in meinem Kopf die sich alle zu Ihnen wenden wollen; ich will nur erst versuchen ob Sie sie auch aufnehmen werden. Ich habe es Ihnen schon gesagt, lieber Savigny, wie es mir fast zu sehr Bedürfniß ist mich auszusprechen, wenn ich sehr lustig bin, oder traurig oder sonst von etwas ungewöhnlich ergriffen; ich bin auch so im Streit und Zweifel mit mir selbst und suche ein fremdes Urtheil, eines Andern Billigung um wieder froh in mir selbst zu sein, in solchen Fällen lasse ich mich denn leicht hinreisen, jemand zu vertrauen der mir das Fehlende nicht geben kann, mich mißversteht, oder mir ungeschikt begegnet; der Zustand der nach einer solchen Begebenheit in mir folgt ist der Wiedrigste für mich, ich mögte das gerne ändern, mögte immer mit Ihnen sprechen über solche Dinge, und Ihnen darüber schreiben, kann ich das? Sind Sie nicht zu sehr beschäftigt? Es wird mir bange Sie mögten mich anhören und antworten aus einer Art von Grosmuth die ich nicht gerne habe, thun Sie das ja nicht, antworten Sie Ihrem Freund ohne alle Rücksicht, so recht wie ein Freund.

Caroline

Savigny an Karoline

Marburg, 28. Dez. 1803

Lieb Günderrödchen, es wär doch sehr schön, daß Sie mit nach Trages gekommen sind. Vor allem deswegen, weil Sie jezt gewiß nicht mehr blos mein Freund, sondern auch unser Freund sind. Nicht wahr so ist es? Sie haben angefangen zu fühlen, was Sie sonst nur für meinen Irrthum hielten, daß zwey unter uns dreyen eins sind. Das hätten Sie nun freylich auch in Zukunft gewiß empfunden, aber so ist es viel schöner. Erstens weil es freyer ist, und zweitens weil Sie jezt mehr und anders als vorher mit meinem Gundelchen zusammen seyn werden. Seine jezige Umgebung ist so unheimlich, und ich kann nichts dazu thun, sie heimlicher zu machen, aber Sie können es. Ist es nicht schön, lieber Freund, daß Sie sich schon jezt so verdient um mich machen? Sie werden uns nicht nur angehören, Sie werden auch Rechte auf uns haben.

Adieu lieber Freund.

S.

Auf den heutigen Brief antworte ich ein andermal, denn in 5 Minuten geht die Post ab. Adieu.

Karoline und Gunda an Savigny

Frankfurt, d. 1. Jän. 1804

Ja lieber Savigny! ich glaube an Gundelchens Vortreflichkeit, und will mir gerne ein Recht auf Euch erwerben. Ich finde unser neues Verhältniß sehr schön und frei, aber ich wollte daß irgend ein sichtbares Band mich an Euch bände, wenn ich doch Ihr Bruder wäre, oder Gundelchens Schwester; ich würde es nicht schöner finden, aber sichrer. Die Verhältnisse der Verwandschaft sind so unzerstörbar, und kein Schiksal kann sie auflößen, das gefällt mir so, und könnte mich noch viel ruhiger und glüklicher machen als ich es jezt bin.

Ich kann nicht fortschreiben, ohne Ihnen vorher etwas zu gestehen. Ich habe das Gundelchen gestern Abend sehr betrübt. Es sagte, – doch nein, es soll Ihnen die ganze Sache selber schreiben, das Gefühl aus dem ich sprach ist für mich auf immer gestorben, es gehört auch gar nicht zu mir, es war ein Fremdling der mir einen unwillkommnen Besuch abstattete, er wird mich nimmermehr finden. Das Gundelchen ist gar nicht mehr traurig darüber, und gar nicht böse auf mich, Sie dürfen es also auch nicht sein, gewis nicht?

[Gunda fährt fort:]

Lieb Savigny sieh ich war nie böse über das Günderödchen etwas wohl betrübt hat es mich jenen Abend, wir haben uns aber am Ende so schön verstanden, daß ich das Schlimme von der Geschichte beynah ganz vergessen habe: Das Eigentliche davon ist dieses: das G: hat es auf einmal sehr drükkend gefunden, daß ich doch zum Theil das Verhältniß zwischen Dir und ihr beherrsche. Und da es eigentlich sein Gefühl empört, von irgend etwas in der Welt abzuhängen, nicht frei und einzig die Erste in jedem Verhältniß zu seyn, denk Dir nur da wollte es mit Kraft und Muth (Du mußt es recht schmählen) sich von Dir und mir losreisen und glaubte es hätte da etwas sehr vortreffliches gethan. Aber sieh ich hab ihm so deutlich bewiesen, daß ich blos Mittler zwischen Euch beiden geweßen sey, daß ich Euch gelehrt habe euch anzunähern und genießen, und daß es nun so frei und einfach seinen Gang fortgehen könnte daß ich selbst mitgenießen würde. Ich kann ja nichts dafür daß Ihr alle Beide so ein bischen dumm waret, und nicht das Herz gehabt habt es Euch zu sagen daß Ihr Beide so gut seyd, Freund seyn könntet. Das kommt allein von dem Mangel an einfacher natürlicher Unbefangenheit.

Du weißt nun genug von der bösen Geschichte, ich glaube beynah das Günderrödchen hat mich etwas lieber seitdem.

[Karoline schließt:]

den 3ten

Das Gundelchen ist doch sehr gut gegen mich. – Ich mahle mir die Zukunft ganz genau aus, und flüchte mich schon jetzt zu ihr wenn es mir in der Welt nicht wohl ist. Ich trage meistens ein stilles Kämerlein in meinem Gemüthe herum in diesem lebe ich ein eignes, abgesondertes, glükliches Leben in dem Interesse und der Liebe zu irgend einem Menschen, einer Idee, einer Wissenschaft, oder einer Kunst und weil ich mich dann gar zu viel in diesem traulichen Winkelchen aufhalte, bin ich blöd und fremd mit der Welt und den Menschen, und bleibe immer zu ungeschikt sie zu behandlen wie man sollte; und wenn sich mir das Kämmerlein einige Zeit verschließt, wenn ich es gar nicht finden und darin wohnen kann, dann bin ich sehr unglüklich; und wenn ich jemand hineinführen mögte, und es will sich nicht da gefallen, so kann mir das auch recht schmerzlich sein; es war mir immer als könte ich das Gundelchen nicht dahin führen, oder es würde ihm und mir nicht wohl dabei werden. Ist das Irrthum? oder ist es wahr? und was ist die Ursache davon? sagen Sie es mir doch

Caroline

Savigny an Karoline

Marburg, 8. Jan. 1804

Ey, ey, lieber Freund, Sie haben da einmal wunderliche Empfindungen und Vorsätze gehabt. Sie haben ja ordentlich republikanische Gesinnungen, ist das vielleicht ein kleiner Rest von der französischen Revolution? nun, es soll Ihnen verziehen seyn, wenn Sie versprechen wollen, sich noch manchmal darüber auslachen zu lassen. Ohnehin habe ich eine nicht geringe Freude dabey, Sie haben hier anschauen gelernt, was ich schon lange weiß, wie das Gundelchen durch seine einfache Unbefangenheit viel besser ist als Sie und ich. Sagen Sie selbst, haben wir uns nicht von jeher gegen einander geziert? hätten wir uns nicht schon vor Jahren allerley sagen und schreiben können, wobey es uns etwa wohl geworden wäre, z. B. daß wir etwas auf einander halten?

Ich will Ihnen etwas sagen, lieber Freund; in aller geistigen Herrschaft, in allem geistigen Besitz gilt das Recht des Stärkern, jeder Mensch hat von jedem Andern gerade so viel in einem ausschließenden Besitz als er von ihm haben und fassen kann, ein Dritter kann ihn gar nicht daran hindern. Wenn sich also so was findet, was von Natur Ihnen und mir gemein ist und nicht zugleich dem Gundelchen, so wird es wohl bleiben lassen darüber zu herrschen, es wird von selbst vor der Thüre stehen bleiben, nur daß es dann meine Sorge seyn würde es herein zu führen zu uns.

Von Ihrem Bedürfniß sich auszusprechen, habe ich eine sehr deutliche Vorstellung, es ist etwas logisches darin, wodurch wir noch ganz besonders verwandt werden. Noch kenne ich die Richtung nicht, die Ihr ganzes Denken und Empfinden genommen hat, aber ich werde sie kennen lernen, ich freue mich darauf, rechnen Sie immer auf sehr herzlichen Antheil in allem was Sie mir mitzutheilen den Wunsch haben können. Führen Sie mich nur erst selbst in Ihrem Kämmerlein ein, damit ich dann selbst nach Belieben anklopfen kann. Ich glaube gewiss, Sie müssen und können auf einem sehr bestimmten Wege von Lesen, Denken und Schreiben gesetzmäßig sich ausbildend sehr froh und glücklich werden. Haben Sie nicht darin bisher etwas vagirt, und auch in der Freundschaft? das taugt nichts, lieber Freund.

Sie wundern sich, daß Sie das Gundelchen nicht in Ihr Kämmerchen führen konnten? ich finde das sehr natürlich, Ihr beide habt wenig individuelle Berührung, die individuellste vielleicht ist die, daß Ihr beide an mir habt Geschmack finden können, so daß ich von Natur zum Mittler zwischen Euch bestimmt bin. So kann ich denn der Gundelchen bezahlen. Jezt fehlt nur noch, daß auch Sie zwischen mir und dem Gundelchen ein Mittler zu seyn unternehmen, der Entschluß wäre etwas heroisch aber einen Republikaner wie Sie muß das gerade am meisten ansprechen. Adieu.

Ihr Freund

Karoline an Savigny

Frankfurt, etwa 10. Januar 1804

Sie wissen und begreifen nicht wie das Gundelchen anfängt mich zu plagen, es ist ein rechter Tirann, und noch dazu ein ironischer spizfindiger, und Räthsel aufgebender Tirann; Sie der Sie viel zu einfach und vortreflich sind um recht zu wissen was eigentlich Ironie ist. Sie können gar nicht fühlen, was ich Endesunterzeichnete ausstehe. Stellen wie die («das das Gundelchen durch seine Unbefangenheit besser ist als Sie und ich» –) in Ihrem Brief an mich scheinen das Übel noch zu vermehren, sollten Sie mir je wieder etwas Ähnliches zu schreiben haben, so bedienen Sie sich doch der sympathetischen Dinte dazu, ich halte den Brief dann über Kohlen und lese alles was zum Lob des Gundelchen kann gesagt werden, und das Gundelchen erfährt nicht daß Sie es vor vortreflich halten, so werden wir beide in einer gewissen Demuth erhalten.

Es fällt mir eben eine kleine Geschichte ein, die ich Ihnen erzählen muß. Vor einigen Jahren stand ich mit einem gewissen jungen Menschen in dem Leonhardischen Garten auf dem Balkon, wir waren allein, und ich hätte gerne mit ihm gesprochen aber eine gewisse Beklemmung vielleicht gar Herzklopfen hielt mich zurük, der junge Mensch war auch eine Weile still, endlich mogte er wohl das lange Schweigen für unschiklich halten, er fragte mich: «Wie geht es Ihrem Bruder? ist er noch in Hanau?» – Diese Frage machte mir einen äuserst unangenehmen Eindruck, ich hatte allerlei Empfindungen dabei die ich nicht leiden kann. Sagen Sie selber hätte der junge Mensch nicht etwas viel ordentlicheres fragen können? ich bin ihm immer ein wenig böse darüber gewesen, fast so böse als ich Ihnen sein könte, weil Sie mich auffodern ein Mittler zwieschen Ihnen und dem Gundelchen zu werden. Wie boshaft! wie ironisch! wie abscheulich! Ich werde Ihnen noch sehr viel über mich schreiben, und sprechen, denn ich bedarf es, ich kann nur heute keinen ordentlichen Gedanken fassen, vermuthlich einer höchst unglüklichen Leidenschaft wegen die mich zu nichts Ernsthaftem kommen läßt. Ich finde diesen Brief eigentlich keiner Antwort von Ihnen würdig, da ich es selbst finde dürfen Sie es auch, ich will Ihnen nächstens wenn es mir recht gemüthlich ist wieder schreiben.

Caroline

Savigny an Karoline

Marburg, den 8. Febr. 1804

Ich habe die lezten Wochen dazu angewendet, Ihnen, lieber Freund, einen Beweis meiner Sympathie zu geben, indem ich Ihnen – nicht schrieb. Ich habe Ihnen nämlich in jedem Augenblick, worin Sie geküßt haben oder geküßt worden sind, nicht geschrieben, und so ist denn dieses seit langer Zeit der erste Moment, in welchem ich Ihnen sagen kann, daß ich noch ganz wie sonst der Ihrige bin, obgleich Ihr Herz sich sehr beträchtlich von mir gewendet haben soll.

Aber im Ernst, lieber Freund, haben Sie es denn rein vergessen, daß ich auch einigen Theil an Ihnen habe und daß Sie ganz unser seyn wollten, erb- und eigenthümlich? und daß das eigentlich Ihrem ganzen Wesen, allem was vortrefflich und strebend in Ihnen ist, viel angemessener ist, als – ich habe mich da in einer Periode festgerennt, und halte es für das beste, die Periode stecken zu lassen, abzusteigen und zu Fuse fortzugehen: ich meine nämlich, daß eine gewisse hingebende Weichheit und das berühmte Helldunkel gar nicht zu Ihrem eigentlich eigentlichen Wesen gehören, wenn schon viele Menschen nichts anderes von Ihnen wissen mögen als eben dieses. Ey, Günderrödchen, wo bleibt denn die berühmte Seelenverwandtschaft zwischen uns beiden? und wer soll denn um Gottes willen in Ihr Stübchen in Trages ziehen, wenn Sie vor wehmüthiger Einsamkeit vergehen wollen (den Mund ausgenommen, ohne den man freylich nicht küssen kann)? Ich erinnere mich, daß mir sonst viele Leute gesagt haben: «das Günd. ist sehr gut aber gar schwach», damals hab ich Ihre Arme angesehen und den Kopf geschüttelt, jezt fang ich an zu begreifen.

Aber nicht so lieber Freund, nicht die Leute vergessen, die so viel Antheil an uns nehmen nicht blos mit dem Herzen, sondern mit ihrem ganzen Wesen – nicht zu weich seyn und zu wehmüthig und zu sehnsüchtig – klar werden und fest und doch voll Wärme und Freude des Lebens.

Was sagt der Freund dazu?

Karoline an Savigny

Frankfurt, vor dem 26. Februar 1804

Mein Herz hat sich nicht von Ihnen abgewendet, viel wehniger einem andern Sterblichen zugewendet, nein, ich denke immer mit groser Freude daran daß ich Ihnen und Gunda in Zukunft angehören werde, aber es ist mir doch seit einigen Wochen anders als vor ein paar Monaten. Gunda tadelt mich, sagt ich sei hochmüthig, liebe niemand, und nähme keinen Antheil, aber sie irrt, wehnigstens übertreibt sie sehr; hochmüthig bin ich nun gar nicht denn es fehlt mir die Überzeugung, ich sei vortreflich, ich kann es nur vorübergehend meinen, und dann wieder gar nicht, aber wissen Sie was es eigentlich ist? ich kann es Ihnen nur mit großer Blödigkeit sagen, ich schreibe ein Drama, meine ganze Seele ist damit beschäftigt, ja ich denke mich so lebhaft hinein, werde so einheimisch darin, daß mir mein eignes Leben fremd wird; ich habe sehr viel Anlage zu einer solchen Abstraktion, zu einem solchen Eintauchen in einen Strom innerer Betrachtungen und Erzeugungen. Gunda sagt es sei dumm sich von einer so kleinen Kunst als meine sei, sich auf diesen Grad beherrschen zu lassen; aber ich liebe diesen Fehler, wenn es einer ist, er hält mich oft schadlos für die ganze Welt.

Ich soll fest und klar und warm sein, es wäre wohl schön wenn ich es wäre, aber kann ich es auch? Glauben Sie nicht an die Nothwendigkeit aller Dinge? Ich glaube mein Wesen ist ungewis, voll flüchtiger Erscheinungen, die wechselnd komen und gehen, und ohne dauernde, innige Wärme. Dennoch bitte ich Sie, verzeihen Sie mir meine angebohrne Schlechtigkeit.

Caroline

Savigny an Karoline

Marburg, den 26. Februar 1804

Ihr Brief, lieber Freund, hat mir viel Freude gemacht, aber ich finde dabey bestätigt, was ich schon vorher fühlte, daß ich Sie noch unverantwortlich wenig kenne. Wie freue ich mich darauf, mit Ihrem Talent Bekanntschaft zu machen! Vorläufig erfreut mich Ihr Enthusiasmus an sich, und es ist gar nicht unwahrscheinlich, daß ich in der berühmten Streitsache dieses Enthusiasmus mit dem Gundelchen die Partey des ersten ergreifen werde, wozu denn auch freylich das mit beytragen mag, daß ich gegen das lezte (ich meine das Gundelchen) im allgemeinen sehr eingenommen bin.

Ich habe heute einen Pack Bücher, nach Trages bestimmt, auf die Post gegeben; gebe der Himmel, daß ich Ihren Geschmack getroffen haben möge! wenn Sie etwa bestimmte Bücher zu haben wünschen, so schreiben Sie mir das doch gleich, damit ich sie nachschicken kann.

Wie freue ich mich, Sie lieber Freund, bald zu sehen! Leben Sie wohl.

Karoline an Savigny

Der Kuß im Traume

Es hat ein Kuß mir Leben eingehaucht,
Gestillet meines Busens tiefstes Schmachten.
Komm Dunkelheit! mich traulich zu umnachten,
Daß neue Wonne meine Lippe saugt.

In Träumen war solch Leben eingetaucht.
Drum leb ich ewig Träume zu betrachten,
Kann aller andern Freuden Glanz verachten
Weil nur die Nacht so süsen Balsam haucht.

Der Tag ist karg an Liebe süsen Wonnen
Es schmerzt mich seiner Sonne eitles Prangen
Und mich verzehren seines Lichtes Gluthen.

Drum birg' Dich Aug' dem Glanze irdischer Sonnen
Taug Dich in Nacht, sie stillet Dein Verlangen
Und heilt den Schmerz, wie Lethes kühle Fluthen.

S:-g: ist wahr. Solche Dinge träumt das Günderrödchen, und von wem? von jemand der sehr lieb ist, und immer geliebt wird. April 1804

Karoline an Savigny

Frankfurt, d. lezten Mai 1804

Ich kann Ihnen nicht sagen wie unangenehm fremd mir alles den ersten Tag hier auffiel, ich gab meinem armen Gemüthe zwar immer im stillen den Trost, ich wollte es Ihnen nächstens klagen, aber während 24 Stunden wollte mir das nichts helfen; ich ging endlich zu der Heiden, und diese war so vergnügt mich zu sehen, sprach mir von so viel erfreulichen Dingen, daß ich sie sehr lieb gewann; ich wurde heiter und ruhig und bin es noch, und werde es bleiben, wenn nicht erschreckliche Dinge vorfallen.

Man ist hier ganz fest überzeugt ich sei Tian, und alles läugnen will nichts helfen. Im Freimüthigen steht eine Rezension die ich Euch hier, der Schlechtigkeit wegen, mitschikke, ein gewisser Herr Engelmann, Hofmeister allhier ist deren Verfasser. Daß der gute Mann Hofmeister ist habe ich gleich gemerkt, seine Amtsmine sieht sehr durch das grobe Gewebe hindurch.

Schon zweimal hätte ich fast *Du*, statt Sie geschrieben, weil ich es aber doch nicht that, so war mir's die ganze Zeit über als sei mein Brief gar nicht an Dich, sieh so genirt mich Deine lezte *Fanschheit* bist Du denn noch immer fansch? Sag mir doch ob die simpathetische Chiffer die ich in den Flanel genäht habe wirkt oder nicht?

Adieu Gundelchen, adieu lieber Savigny, wer bin ich?

Dein Günderrödchen

den 1ten Juni

Die Lulu* hat alles mögliche wegen dem Wagen gethan, George aber scheint etwas lässig zu sein.

Ich muß die erste Seite meines Briefs lügen strafen, es ist mir heute trübsinnig. Ihr Bild steht mit Nebel umzogen vor meiner Seele, auch das, daß Sie es mir ausdrüklich verboten Sie Du zu nennen war bedeutungsvoll, sehr bedeutungsvoll,

* Ludovica Brentano, Schwester von Gunda.

es fehlte noch etwas. Dadurch aber ist es ein Ganzes geworden. Doch was beklage ich mich? Wer sich irrt hat das größere Unrecht.

Fast mögte ich das Geschriebene ausstreichen, doch nein, das wäre unwahr.

Savigny an Karoline

Trages, Mittwoch 6t. Juni 1804

Günderrödchen Du bist ein dumm Günderrödchen und das wollen wir Dir noch ganz anders deutlich machen und zu diesem Behuf Freitag oder Samstag nach Frankfurt kommen; bis dahin vergeß nicht oder vielmehr erinnere Dich daran daß wir Dich gar lieb haben, daß Du unser Hämmelchen bist, unser dumm Günderrödchen, und sey mir nicht mehr betrübt wenn Du mich siehst, vielmehr mußt Du mir, Savigny, an den Hals springen und mich küssen. Hast's gehört. Da schieken wir Dir auch einigen Vorrath von Lectüre, worunter leicht etwas Verderbliches und Schädliches seyn könnte; wir hoffen aber daß Du durch die gesunde frische Luft in der Du vor kurzem gelebt haben sollst, hinlänglich mit Muth und Kraft versehen bist um über alle Verführung und alles Hingehnlassen hinaus stehen zu können. Adieu bis wir Dich küssen, Dein Savigny

und Dein Gundelchen

Lieb Günderrödchen, du merkst wohl, daß das dadrüben nur ein nachgemachter Savigny war und daß jezt erst der wahre auf Dich los geht, um dich herzlich zu küssen und zu drücken. Aber ein dumm abscheulich Günderrödchen bist Du denn doch am Schluß Deines Briefs, ein Günderrödchen das gar nicht sagt was es will, weil es das selbst nicht recht weiß. Das dummste ist, daß ich mich selbst beynahe hätte von Deiner Betrübniß anstecken lassen. Sey gut, lieb Hämmelchen, und erzähle mir, wenn ich dich sehe, daß du dumm warst. Nächstens schreibe ich dir eine Abhandlung über das Studium der Geschichte. Vor der Hand vergiß nur nicht, daß die Leute, die die Geschichte der Schweizer und Franzosen geschrieben haben, Müller und Froissard heißen. Adieu.

Karoline an Savigny

Frankfurt, Mitte Juni 1804

Ich habe so viel Gutes zu thun daß ich fast zum Besten, Ihnen zu schreiben, nicht kommen kann; ich lasse mir Müllers Geschichte der Schweitz vorlesen, ich studiere den Schelling mit großem Fleiß, und arbeite an einem neuen Drama. Mein Leben ist jezt durch diese Dinge erfült, und ich bin zufrieden.

Ich habe eine große Bitte an Sie oder an das Gundelchen. Es wünscht jemand von hier nach Massenhausen* auf das schöne Gut wo ihre alte Liebhaberin wohnt, auf einige Wochen zu ziehen; wenn einige Hoffnung wäre zwei bis drei Zimmer zu bekommen so wollten die Leute selber hingehen und darüber Unterhandlen. Sagen Sie mir recht bald ein Wort hierüber.

Schreiben Sie mir doch mit umgehender Post wie man Ihre Liebe erwerben kann. Ich mögte eine Parodie auf das bekannte Sprichwort: zum Laufen hilft nicht schnell sein, machen; und sagen Ihre Gunst zu verdienen hilft nicht vortreflich sein, den sonst lieber Savingni, müsten Sie ja entsezlich verliebt in mich sein, welches ich nicht glaube; es kömmt mir vielmehr so vor: Ich lege Ihnen alle meine Vollkommenheiten demuthsvoll zu Füßen. Sie aber tretten darauf als wären es Pflaster Steine weil Sie es aber mit vielem Anstandt, und mit sehr zierlichen Füßen thun, so läßt man sich dergleichen noch gefallen.

Den Brief von Nees kann ich Ihnen doch nicht schikken, der arme Mahomed** dauert mich zu sehr, er kömt dem Nees wie eine Herme vor, eine Muse will den unorganischen Fus mit Gewändern bedekken, aber ein Satyr zieht das Tuch

* Gemeint ist Hofgut Maisenhausen, südwestlich von Trages.

** ein Stück der Günderrode

schalkhaft hinweg und zeigt dem Publikum die unvollendete Gestalt. Er will diese Idee in einer Vorrede ausdrükken, weil er es sehr politisch findet seine eigne Fehler selbst auszusprechen. Zum Trost muß ich Ihnen noch sagen daß die schlechtesten Stellen ausgestriechen werden, und daß das Ganze unter dem Titel Fragment erscheint.

Das Gundelchen grüse ich freundlichst. Schreiben Sie mir bald, aber ordentlich, Sie wissen wohl was ich unter ordentlich verstehe.

Ade
Dein Günderrödchen

Savigny an Karoline

Trages, Donnerstag 28. Juni 1804

Ich habe Dir nicht geantwortet, Du lieb Günderrödchen, weil ich auf Nachricht wegen Meißenhausen wartete, und ich antworte auch jezt nicht, weil ich dir etwas vorschlagen will, das alle Antwort entbehrlich macht. Du sollst nämlich Samstag morgens nach Hanau kommen, um dich im rothen Löwen hierher abhohlen zu lassen. Wenn Du das willst, so rede ich sogleich mit der Betine ab, an welche auch geschrieben wird, und schreibe mir auf der Stelle, damit ich den Brief unfehlbar noch Morgen Abend bekomme. Versäume ja nichts, lieb Günderrödchen, denn sonst findet ihr keine Pferde zu Hanau. Sey übrigens ein gut Hämmelchen und mein Günderrödchen und hab mich lieb.

Dein Freund Savigny

Karoline an Savigny

Frankfurt, 29. Juni 1804

Es ist mir ganz und gar unmöglich, lieber Savigny zu Ihnen nach Trages zu kommen, ich will aber mit der Bettine nach Hanau kommen, ich hoffe aber Ihre Freundschaft zu mir, wird sie bewegen mich mit ihrer Gegenwart zu erfreuen, ich meine nehmlich in Hanau, da mich meine Verhältniße an einem *Bendel* haben welcher leider nur bis dorthin reicht. Die paar Stunden Zeit können Sie noch an mich hängen, thun Sie es doch lieber Savigny, bitte, bitte. Caroline

Savigny an Karoline

Trages, den 13. Juli 1804

Es ist nicht meine Schuld, lieb Günderrödchen, daß ich dir weder früher noch befriedigendere Antwort auf deine Anfrage wegen Meißenhausen geben konnte. Ich wurde immer auf einen Amtsverwalter von Seeligenstadt vertröstet, der von Einer Woche zur andern zu kommen versprach, und heute endlich, als ich ihn spreche, sagt mir der fatale Mann, man müsse sich an die Rentkammer zu Darmstadt wenden. Wenn es also noch geschehen soll, so bleibt nichts übrig, als die Sache durch den Herrn Schwager zu betreiben.

Ich sollte Dir neulich schreiben, wie man meine Liebe erwerben könne. Die Bescheidenheit verbietet mir, diese als Erwerb zu betrachten, ich muß also allgemein reden, um nur antworten zu können. Was außer der Vortrefflichkeit nöthig ist um so etwas zu *erzwingen*, ist das rechte Verhältniß der Selbständigkeit zur Hingebung. Ich habe Dir oft über Mangel an Vertrauen, d. h. über outrirte Selbstständigkeit geklagt; daß sie aber jemals so weit gehen könnte, wie jezt, da Du auf mein herzliches Bitten Dich nicht entschließen kannst, hierher zu kommen – das hätte ich nie gedacht. Ich könnte noch viel darüber sagen, wenn es nicht bald 11 Uhr wäre: aber die Bemerkung kann ich doch nicht unterdrükken, daß du mir auch nicht ein einzigesmal so geschrieben hast, wie es bey Deinem Weggehen heilig versprochen wurde, daß Du mir bald schreiben sollst, und daß du dem S. sein Gunderrödchen bist, sobald Du selbst willst. Gunda grüßt Dich. Leb wohl.

Dein Freund
Savigny

Karoline an Savigny

Frankfurt, Anfang August 1804

Ich sage Ihnen ein recht herzliches und freundliches Lebewohl, lieber Savigny; wenn es der Himmel nicht ganz besonders glüklich fügt, so werde ich Sie vor Ihrer Reise nicht mehr sehen, denn ich gehe in einigen Tagen von hier weg; in Heidelberg werde ich nur einen oder zwei Tage sein, ich darf also kaum hoffen Sie da anzutreffen. Umarmen Sie also Ihr Günderrödchen in Gedanken und stellen Sie sich den Abschied recht leibhaftig vor, man kann es Ihnen gar nicht übel nehmen wenn Sie dabei ein wenig in Thränen ausbrechen, im Gegenteil es macht Ihrem Herzen große Ehre. Meinem Herzen aber ist es glaub ich, sehr heilsam daß ich Sie nicht noch einmal gesehen habe, denn die Wirkungen Ihrer zauberischen Gegenwart, sind nur allzu gefährlich für zarte Gemüther, um so mehr da Sie gleich klugen Koketten nach allen Richtungen freundliche Blikke senden; man weis nicht wer damit gemeint ist, jede schmeichelt sich ins geheime damit, und keine mag fürchten daß es allgemeine Huld und Güte ist.

Clemenz ist nach Heidelberg gegangen, ich hab ihn lieb gehabt, doch ordentlich vernünftig und angenehm, wie Ihr mir glauben könnt.

Ich grüße das Gundelchen, ich grüße – doch mein Papier hat nicht den Raum für alle die geprießnen Namen der liebenswürdigen Personen die *Trages* mit holdseligem Wesen erfüllen. Wie geht es der Bettine? sie soll mich lieb behalten.

Adieu lieber Savigny.

Karoline

Karoline an Savigny

Frankfurt, den 6. Nov. 1804

Lieber Savigny!

Ich habe eben Ihren Brief bekommen, und ich will ihn gewis recht aufrichtig beantworten, und ganz unbekümmert wie ich dadurch erscheinen mag.

Ich war die lezte Tage in Heidelberg vertraulicher und freundlicher gegen Creuzer als zuvor; ich weis nicht wie es kam, aber ich hatte ihm imer etwas zu sagen, daß die Andern nicht hören sollten, und ihm ging es eben so, die Daub aber wollte nie aus der Stube gehn wenn er zu mir kamm, und erschwerte überhaupt meine Gespräche mit ihm auf alle Art, ich glaube daß dies schuld war daß ich emsiger suchte ihn allein zu sehn, und daß ich die Augenblikke wo ich es ungestört konte mit einer gewissen Leidenschaftlichkeit benuzte um ihm etwas freundliches und erfreuliches zu sagen. So ging ich weg. Ich schrieb ihm oft, und wie ich es noch fast keinem Menschen gethan habe, denn ich sprach ihm mein ganzes Gemüth aus, und ganz rüksichtlos die Empfindung jedes Augenbliks; ich sagte ihm daß ich ihm mehr angehörte als allen andern Menschen. Er kam hierauf zu mir und beklagte sich über sein Unglük, er versicherte mich sehr leidenschaftlich daß er wie bisher nicht mehr leben könne, daß er seine Frau bewegen wolle sich von ihm zu trennen, daß auch Schwarz dies billige und dazu mitwirken wolle, daß er sich aber alsdenn von mir erwartete daß ich *sein* werden würde. Es wurde mir ganz fürchterlich zu Muth als ich dies hörte, denn auser der klaren Einsicht meines thörigten Handlens, daß Creuzer auf diese Gedanken gebracht hatte, war es mir unerträglich daß ich an so vielem Unglük schuld sein sollte; es war mir wohl als müßte ich mit mir selbst diese Schuld bezahlen, aber Creuzer zu heurathen dazu fand ich in meinem Gemüth keine Möglichkeit, ich war verwirrt und uneins mit mir selber; als er mir aber schrieb, seine Frau sei von selbst auf den Gedanken gekomen sich von ihm zu trennen, faßte ich den Entschlus wenn er Heidelberg verlassen wollte mit ihm zu gehen, aber heurathen wollte ich ihn nicht. Creuzer vereinigte sich aber sehr bald wieder mit seiner Frau, und noch ehe er etwas von meinem Entschlus erfuhr. Ich bin ihm herzlich gut, ich schreibe ihm oft, und unser Verhältniß ist so daß es imer bestehn kann, auch er scheint ruhig, und zufrieden mit seinem Schiksal; wie es seiner Frau sein mag, was sie darüber denkt weis ich nicht, aber wenn sie wüste wie es jezt steht könte auch sie zufrieden sein. – Schreibe mir bald, und bleibe mir gut, und sei nicht böse.

Savigny und Gunda an Karoline

Paris, 17. Febr. 1805

Liebes Gunderrödchen, ich sehe ganz ein, wie schlecht es ist, daß ich erst nach mehr als 3 Monaten auf Ihren Brief antworte, und auf einen Brief, der mir so ehrlich, so wahr, so aufrichtig alles sagte, was ich zu wissen gewünscht hatte. Aber sie wissen wohl schon, und Betine mag es Ihnen noch mehr erzählen, wie es mir bis jezt in Paris gegangen ist. Darum sey christlich, lieb Gunderrödchen, sey großmüthig und verzeih mir, sag mir daß Du mir verzeihst, und erzähl mir wie es Dir bisher gegangen ist, und glaube gewiß, daß ich artiger seyn werde.

Als ich meinen lezten Brief schrieb – ich gesteh's – da war ich etwas irre an Ihnen (so sehr hatte mich die Verwirrung in Creuzers Gemüth, die ihn alles falsch sehen liess, angesteckt) und sehr bange über Ihre und Creuzers Zukunft. Ihr Brief that mir außerordentlich wohl, indem er mich mit seiner einfachen Wahrheit über alles beruhigte, und ich nahm mir gleich vor, Ihnen abzubitten, was sich nun so schmählich verzögert hat. Lass mich's nicht entgelten.

Gunda und Meline grüßen Dich gar freundlich. Es wird nun nicht lange mehr dauern, so wird noch jemand von der Gesellschaft seyn, und darüber sollst Du Dich auch ein bischen mit freuen helfen. Adieu Gunderrödchen.

Savigny

Lieb Gunderrödchen ich muß Dir doch auch geschwind noch dran hängen, daß ich Dich wieder gar gewaltig lieb gewonnen habe, und das durch zwey Sachen:

erstens, durch Deinen Brief an Savigny, der mich gänzlich mit Dir versöhnt hat; Du hast so ehrlich alles gesagt, daß man auch nicht einen Augenblick mehr zweifeln kann daß es all wahr sey, aber dies war auch das erste wahre Wort das ich in der ganzen Geschichte gehört hatte, und doch hatte ich in Heidelberg nicht wenig gehört, und nichts das mich nicht auf Dich böse machte; Savigny und ich thaten Dir unrecht, aber wahrhaftig ohne es zu wollen. Das zweite warum ich

Dich wieder so lieb habe, ist Deine Freundschaft für Betina: Du lernst mit ihr, das hat sie uns geschrieben, und auch daß Du sie gepflegt hast als sie krank war, das alles lohne Dir Gott, und pflege sie immer denn sie ist wohl immer krank. – Schreib uns doch etwas über Deine literarische Arbeiten, versäume uns nicht aber hauptsächlich vergesse uns nicht, behalte den Savigny lieb, davon bekomme ich ja immer etwas mit.

Gunda

Karoline an Savigny in Paris

Frankfurt, Mitte Juli 1805

Fast fürchtete ich mich von Ihnen vergessen, lieber Savigny! Daß es nicht ist, daß Sie mich durch Bettine so freundlich grüßen lassen, freut das Günderrödchen herzlich. Denn es ist Ihnen von Herzen gut.

Den Mahomed habe ich Ihnen nicht schicken wollen, weil ich zugleich eine vorteilhafte Rezension mitanbinden lassen möchte, wie sonst *große,* berühmte Gelehrte pflegen, allein auf eine solche Rezension warte ich immer vergebens. Sie müssen also noch warten, lieber Savigny,

Adieu! Caroline

Karoline an Savigny

Frankfurt, ein letzter Septembertag 1805

Lieber Savingny, ich wollte Ihnen schon nach Paris schreiben, aber der Gedanke, daß ich Sie schriftlich doch nicht von allem so unterrichten könnte, wie ich wollte, hielt mich ab. Jezt will ich Ihnen alles was mein Verhältniß zu Creuzer betrift recht aufrichtig sagen. Ich habe ihm die ganze Zeit sehr oft geschrieben, ich habe ihn auch etlichemal gesehen, und ihn immer lieber gewonnen, und jezt habe ich ihn so lieb, daß ich gar nicht mehr leben mag ohne ihn, er liebt mich auch recht sehr, und seine Frau sieht endlich ein daß sie nicht glüklich mit ihm sein kann, und daß er selbst, wenn es so bleibt unglücklich ist, sie will sich daher von ihm scheiden lassen, sie hat es ihm versprochen und auch mir davon geschrieben. Nun sein Sie mir nicht böse lieber Savingny, ich wäre recht traurig wenn Sie mich verkennen könten.

Sie kennen Creuzers Frau, und haben Einfluß auf ihre Entschließungen, wenn Sie ihm jemals gut waren, oder mir, so bitte ich Sie herzlich, wenn Sie können thun Sie etwas für unsere Wünsche; so wie es ist kann es nicht bleiben, und aufhören zu lieben kann ich nicht, und er kann es nicht, auch in ein entfernteres Verhältniß zu einander könen wir nicht tretten, es ist unmöglich; so ist es geworden lieber Savingny, und Sie können vielleicht viel, sehr viel zu meinem Glük beitragen, versagen Sie mir Ihre Hülfe nicht, versprechen Sie mir wehnigstens daß Sie mir nicht wollen entgegen sein.

Ich habe noch eine Bitte an Sie und Kunigunde, sie besteht darin daß Ihr beide mir die heiligste Verschwiegenheit über diese Sache versichert, es könte mir unendlichen Verdrus machen wenn man zu früh etwas davon erführe; nicht wahr Ihr thut mir den Gefallen und sagt *Niemand* davon?

Schon vor einigen Wochen schrieb ich diesen Brief, seitdem hat sich alles verändert, Creuzer darf der Kriegsunruhen wegen jezt keinen Schritt in dieser Sache thun, es wird also für die nächste Zeit alles bleiben wie es ist, doch wie es auch gehn mag ich kann nicht anders, ich mußte ganz wahr und aufrichtig gegen Sie sein. Sie müssen mir aber auch nicht böse sein lieber Savingny

Karoline an Savigny

Frankfurt, d. 10ten Okt. 1805

Ich habe an Daub geschrieben wie Sie mir gerathen haben; wenn nun seine Antwort wie ich oft fürchte, schlimm ausfällt, was soll ich dann thun, lieber Savingny? Entsagen? ich will gar nicht davon reden was dadurch aus mir wird, aber ich weis gewis weil Du mir gut bist, wirst Du nachher wünschen ich mögte es nicht gethan haben. Oder kannst Du glauben *Er* würde dadurch ruhig werden und zufrieden? Wenn man einmal so geliebt wurde wie C. sich geliebt weis, wenn man ein Wesen so zum Eigenthum hatte wie er mich, das läßt sich nicht vergessen, dafür giebt es kein Trost und kein Ersatz. Das seine Frau nachher wieder glüklich mit ihm leben würde, bezweifle ich, wenigstens wenn er fühlt wie ich wird er Die unmöglich lieben können für welche er das Geliebteste aufopfern mußte, ich könnte es niemals und alle Tugenden würden mir das Verlohrne nicht ersetzen, und wie kann sie sich denn wohl fühlen im Bewustsein, daß ihm das Band, mit welchem sie ihn an sich gebunden erhält, zuwieder sei? so thörigt ist doch niemand daß ihn das beglükken könnte. – Ich schreibe Ihnen dies alles lieber Savingny, wie ich es denke und fühle, wenn Du denkst ich irre so sage es mir, aber ich meine nun, es wäre keine gute Handlung wenn ich entsagte, doch traue ich mir selbst nicht recht, weil meine Meinung sich immer sehr nach meinen Wünschen richtet.

Ich komme den Sonntag nicht, es ist mir jezt zu traurig.

Gunda und das Kind küße ich.

adieu. Caroline

Karoline an Savigny

Frankfurt, gegen den 18. November 1805

Noch zwei Tage nachdem Du weg warst lieber Savingny war mir so traurig und fürchterlich zu Muth daß ich gar nicht begreifen konnte, wie ich leben könne, und welches Verhältniß zu Creuzer mir möglich wäre, es ward mir ganz dunkel vor der Seele wenn ich an die Zukunft dachte, die Heiden wurde endlich auch sehr traurig über mich; da wurde mir plözlich durch ein einziges Wort alles klar, in diesem Augenblik schwand aller Trübsinn, der Friede hat mich seitdem nicht wieder verlassen; ich habe jede andre Hoffnung aufgegeben, nur die nicht daß mich Creuzer immer lieben wird, mit solcher Ruhe habe ich ihm auch geschrieben, und ruhig wird er es gewis aufnehmen. – Schreibe mir doch bald was Du mir noch sagen wolltest. Grüße Gundelchen und Butin herzlich adieu Caroline

Savigny an Karoline

Marburg, 29. November 1805

Ich habe Dir versprochen, über einen Irrtum zu schreiben, in welchem Du, wie ich glaube, sehr tief mit Dir selbst befangen bist. Ich muß aber dazu etwas weit ausholen.

Sobald in einem Menschen das Bewußtsein seiner Kräfte erwacht, entscheidet sich die Richtung, die er nach der Eigenheit seiner Natur notwendig nehmen muß. Den passiven Naturen ist dann das Höchste, ja das einzig Wichtige die Tiefe und Eigentümlichkeit ihrer Empfindung, und das ist an sich so wenig zu tadeln als die Verschiedenheit der Gestalten oder der Anlagen. Aber die meisten Menschen dieser Natur sind in Gefahr, das Tiefe und Bedeutende mit dem Außerordentlichen zu verwechseln, und bei vielen bleibt und wächst dieser Irrtum immer fort. Flache Menschen werden dann ganz geschmacklos, und selbst der Pöbel thut ihnen nicht unrecht, indem er sie überspannt und romanhaft nennt. Bei bedeutenderen Menschen ist derselbe Irrtum fast noch gefährlicher, indem er sich bei ihnen mit der wahren Empfindung, die sie haben, vermengt und so unergründlicher wird. So bist Du, und daß Du so bist und bleibst, kommt von einer Gottlosigkeit her, die Deine gute, wahrhafte Natur gewiß schon ausgestoßen hätte, wenn es die sinnliche Schwäche Deines Gemüths zuließe. Alles nämlich, was Deine Seele augenblicklich reizt, unterhält und erregt, hat einen solchen absoluten Wert für Dich, daß Du ihm auch die schlechteste Herkunft leicht verzeihst.

Etwas recht von Herzen lieben, ist göttlich, und jede Gestalt, in der sich uns dieses Göttliche offenbart, ist heilig. Aber daran künsteln, diese Empfindung durch Phantasie höher spannen, als ihre natürliche Kraft reicht, ist sehr unheilig. Du weißt, welche Aeußerungen mir dabei vorschweben.

Ich verwerfe sie nicht an sich, denn jede Aeußerung, wie jede Handlung kann in irgend einem Charakter in irgend einer Umgebung notwendig und vortrefflich sein. Aber hier war es anders, davon habe ich die deutlichste Anschauung.

Ich wiederhole es, Dein Geschmack an Schriftstellern, zum Beispiel an Schiller, hängt damit zusammen. Denn was ist das charakteristische an diesem, als der Effekt durch eine deklamatorische Sprache, welcher keine korrespondirende Tiefe der Empfindung zum Grund liegt? und ist nicht jene Manier des Lebens wie diese des Dichters einem Manne zu vergleichen, der sich und die Seinigen zu Grund richtet, weil er einen Aufwand treibt, den er nach seinem Vermögen nicht bestreiten kann?

Ich schreibe Dir das alles, weil ich Dir herzlich gut bin. Du bist wahrhaft, so weit es auf Dein Bewußtsein und Deinen Willen ankommt, Du bist ohne Koketterie und voll Sinn für das Vortreffliche. Deiner Redlichkeit traue ich so sehr, daß ganz neuerlich der bestimmte Widerspruch wahrheitsliebender Menschen, die ihrer Sache sehr gewiß sein wollten, mich nicht irre machen konnte. Laß mich noch etwas sagen, das mich betrifft. Ich könnte mir sehr wohl denken, daß Du über gewisse Grenzen hinaus kein Vertrauen zu mir hättest, weil Du etwa glaubtest, ich könnte Naturen wie die Deinige nicht verstehen. Das würde mich weder unbillig noch gleichgiltiger gegen Dich machen. Aber das verdiente ich doch wohl in einem solchen Falle, daß Du mir das sagtest, daß Du mich nicht durch den Schein eines Vertrauens täuschtest, welches ich nicht besäße, daß Du mich nicht stillschweigend belögest. Wie meinst Du?

Adieu, Günderrödchen. Schreibe mir.

Dein Freund
Savigny

Nachschrift.

Ueber meinem Eifer habe ich versäumt, Dir etwas auf Deinen Brief zu sagen, was ich nun noch nachholen muß. Ich kann Dir nicht sagen, wie mich diese Stimmung erfreut hat, und um so mehr, je weniger ich sie erwartet hatte. Gott gebe dieser Ruhe Dauer! und wenn sie auch nicht ganz unterbrochen sollte fortwähren können, so ist es schon sehr glücklich, daß Du sie schon jetzt hast haben können. Daß Creuzer diese Deine Gesinnung mit ähnlicher Ruhe aufnehmen wird, daran habe ich sehr Ursache zu zweifeln, aber, selbst um deiner Liebe willen! sei Du ihm Führer und Beispiel! Du mußt fühlen, daß für ihn wie für Dich nur in dieser Stimmung Glück und Heil liegen kann, und wer wollte nicht über alles wünschen, dem Heil zu bringen, den er über alles liebt? Vor allem aber sei gegen Dich selbst auf Deiner Hut, daß nicht falsche Götter Dich abwendig machen vom wahren Gottesdienst.

Karoline an Savigny

Frankfurt, Dezember 1805

Lieber Savingny, um Dir ganz wahr zu sein muß ich sagen, daß ich zu verschiedenen Zeiten ein sehr verschiedenes Vertrauen zu dir gehabt habe, oft hätte ich Dir beinahe alles sagen können, dann wieder viel wehniger; im Ganzen bin ich eigentlich geneigt in dir eine gewisse Ungerechtigkeit gegen meine innerste Natur vorauszusetzen, und in so fern habe ich eine deutliche Gränze in meinem Vertrauen; wenn ich dich aber sehe und du bist so gut und theilnehmend gegen mich, dann rührt mich das so sehr daß ich mich der vorigen Gränze nur noch sehr undeutlich bewußt bin.

Ich habe noch immer sehr ruhig, ja beinahe heiter an Creuzer geschrieben; auch bin ich nicht unruhig, aber gar nicht froh mehr; daß ich ihm so vieles verschweigen muß, das raubt mir ihn noch viel mehr als seine Verhältnisse; ich kann Dir nicht sagen wie bitter ich das empfinde; aber ich verspreche Dir ich will ihm meine Sehnsucht und meinen Schmerz immer verbergen, ich sehe selber wohl wie es nothwendig ist, und ich kann es auch.

Adieu lieber Savingny, sage Bettine ich würde ihr sobald möglich schreiben

Caroline

Ich habe an Creuzers Frau geschrieben, sie hat mir freundlich geantwortet.

Karoline an Savigny

Frankfurt, Anfang März 1806

Du hast mir gar nicht geantwortet, lieber Savingny, ich habe die Bettine nach Dir gefragt, und auch diese sagt nie ein Wort von Dir, Du bist mir doch nicht böse? Sieh! ich muß es Dir nur sagen, daß Dein Schweigen mich noch recht in dem Gedanken bestärkt, Du könntest jemand wie ich bin, nicht ernstlich gut sein. Darf ich es Dir sagen? mir ist Du hättest etwas, daß Dir Unrecht schien nur auf die freundlichste Art zernichten wollen, ich aber sei Dir dabei persönlich gleichgültig. Sehr oft scheint mir dies so gewis, daß ich es für eine Art von Indiskretion ansehe Dir zu schreiben.

Durch Sofie wirst Du wohl wissen wie es mit C. stehet; ich denke er ist ziemlich ruhig, und obgleich ich es nicht immer so sein konnte wie in meinen ersten Briefen, so habe ich mich doch im Allgemeinen bemüht, mein Versprechen zu erfüllen und ich hoffe Sofie ist wenigstens nicht mehr unzufrieden mit mir.

Grüße Gundelchen von mir. Wirst Du bald wieder hierher kommen? adieu Savingny

Caroline

Savingny! wenn Du mir böse bist, ist es sehr Unrecht, denn ich war doch eigentlich ziemlich brav die Zeit über.

Savigny an Karoline

Marburg, 19. März 1806

Liebes Günderrödchen!

Wie unbegründet der Vorwurf ist, daß ich ohne persönlichen Antheil an Dir und Deinem Schicksal in jener Sache gehandelt und gesprochen hätte, davon könnte ich sehr entscheidende Beweise geben, wenn Du mir es nicht auf mein Wort glauben wolltest.

Ich will es Dir ehrlich sagen, warum ich Dir nicht wieder schrieb. Dein voriger Brief kam mir nach der herzlichen Aufrichtigkeit des meinigen außerordentlich kalt und zutrauungslos vor. Zu gleicher Zeit erfuhr ich, daß Du in jener Sache mancherley Dinge sehr sorgfältig vor mir zu verbergen gesucht hattest. Aus dem allen schloß ich, ich sey Dir mit meiner Einmischung in jene Sache beschwerlich gewesen, und ich erschien mir, Dir gegenüber, wie ein ungebetener Gast. Das war die Ursache, warum ich Dir nicht mehr schrieb. Wenn ich in dieser Ursache irrte, so will ich mich mit Freuden der schöneren Wahrheit ergeben. Du irrst gewiß, wenn Du glaubst, ich könne an Dir keinen warmen, herzlichen, persönlichen Antheil nehmen. Zu Ende April gehen wir weg. Lebe wohl und schreibe mir.

Dein Freund Savigny

Karoline an Savigny

Frankfurt, Anfang April 1806

Bettine war eben bei mir, sie sagte: Creuzer habe so kalt Abschied von Dir genommen, und ihr habe geschienen, Du seist betrübt darüber. Ich kann Dich heilig versichren, daß Creuzer mit herzlicher Freude zu Dir nach Marburg ging, er schrieb und sagte mir ausdrüklich, daß Dich zu sehen ihm das Liebste seines dortigen Aufenthaltes sei; auch kamm er so froh von Dir zurük, u. sagte Du seist ihm sehr freundlich gewesen, und er liebe Dich herzlich. Wenn ich Dich wieder sehe lieber Savingny, will ich Dir noch individuelle Umstände darüber erzählen. Bei dieser festen Überzeugung von Creuzers Liebe für Dich, thut es mir so schmerzlich leid, daß Du ihn so leicht nicht verstehst, und durch eine äußere Ungeschiklichkeit kanst irre an ihm werden; aber es thut mir fast ebenso leid, daß er sich von jeder freundlichen Äußerung von Dir kann täuschen lassen, und nie einsieht wenn Du unzufrieden über ihn bist, sondern sich immer schmeichlet es sei alles gut. Ja um der Wahrheit willen muß ich es Dir eingestehen, ich habe ihn schon etlichemale über ein zu blindes und thörichtes Vertrauen auf Deinen Beistand getadelt, weil ich wohl wuste wie vielen Antheil zu nehmen Deine eigne Ansicht Dir erlaube, er konte es stets nur durch den Erfolg einsehen, so tief gegründet ist in ihm das Vertrauen auf Deine Liebe, es konte wohl auf Augenblikke erschüttert werden, aber es ist doch seine herrschende Gesinnung gegen Dich, besonders seit Du zulezt in Heidelberg warst. – Ich wünsche er möge nie erfahren daß Du auch jezt unzufrieden mit ihm bist, gewis es würde ihm ein bittrer Schmerz sein, denn auch nicht die leiseste Ahndung davon ist in seiner Seele.

Vergieb lieber Savingny! daß ich mich in Deine Verhältnisse einmische, aber dies thut mir gar zu leid als daß ich es bösen Misverständnissen ruhig überlassen sollte. Denn bei allem was mir heilig ist, Du bist in Gefahr Deinem Freund großes Unrecht zu thun.

adieu lieber Savingny

Caroline

Karoline von Günderrode an Clemens Brentano

d. 19. Mai 1803

Es war mir ganz wunderlich zu Mut, als ich Ihren Brief gelesen hatte; doch war ich mehr denkend als empfindend dabei; denn es war mir und ist mir noch so, als ob dieser Brief gar nicht an mich geschrieben sei. So bestehle ich mich selbst. Aber es ist keine künstliche Anstalt, dass ich so denke; es ist ganz von selbst so gekommen.

Ja, ich verstehe den Augenblick, in dem Sie mir geschrieben haben; ich bin überhaupt nie weiter gekommen, als Ihre Augenblicke ein wenig zu verstehen. Von ihrem Zusammenhang und Grundton weiss ich gar nichts. Es kommt mir oft vor, als hätten Sie viele Seelen; wenn ich nun anfange einer dieser Seelen gut zu sein, so geht sie fort und eine andere tritt an ihre Stelle, die ich nicht kenne und die ich nur überrascht anstarre. Aber ich mag nicht einmal an alle Ihre Seelen denken, denn eine davon hat mein Zutrauen, das nur ein furchtsames Kind ist, auf die Straße gestoßen; das Kind ist nun noch viel blöder geworden und wird nicht wieder umkehren. Darum kann ich Ihnen auch nicht eigentlich von mir schreiben.

Ihren Brief an Bettine über Wahrheit habe ich gelesen und er hat mir viel Freude gemacht und zugleich um einige Ansichten reicher, die mir vorher nur dunkel und schwankend waren.

Bettine wird diesen Brief einschliessen. Ich habe sie sehr lange nicht gesehen, sie hat mir auch nicht geschrieben, wie sie mir versprochen hatte.

Ich bin fleissiger und zeichne auch wieder, kurz, ich folge allen Ihren vernünftigen Ratschlägen.

Karoline

Karoline an Clemens Brentano

[1803?]

Ich weiss nicht, ob ich so reden würde, wie Sie meinen Brief in dem Ihrigen reden lassen; aber es kommt mir sonderbar vor, dass ich zuhöre wie ich spreche und meine eignen Worte kommen mir fast fremder vor als fremde. Auch die wahrsten Briefe sind meiner Ansicht nach nur Leichen, sie bezeichnen ein ihnen einwohnend gewesenes Leben und ob sie gleich dem Lebendigen ähnlich sehen, so ist doch der Moment ihres Lebens schon dahin: deswegen kömmt es mir aber vor (wenn ich lese, was ich vor einiger Zeit geschrieben habe), als sähe ich mich im Sarg liegen und meine beiden Ichs starren sich ganz verwundert an.

Mein Vertrauen war freilich kein liebenswürdiges Kind, es wusste nichts Schönes zu erzählen, dabei flüsterten ihm die Umstehenden immer zu: Kind! sei klug! gehe nicht weiter vorwärts. Da wurde das Kind verwirrt und ungeschickt, es wusste nicht recht, wie man klug sei und schwankte hin und her. Darf man ihm das übel nehmen? Aber eigensinnig ist das Kind nicht, wenn es im Hause freundlich und gut aufgenommen wird, kehrt es sicher lieber um, als dass es länger auf der Strasse verweile.

Sagen Sie mir nichts mehr von Ratschlägen, ich muss mich bei dieser Stelle Ihres Briefes immer auslachen; ich werde das Wort gar nicht mehr gebrauchen können; überdem erinnert es mich noch an Burzelbäume; ich habe niemals recht verstanden, was Sie damit sagen wollten, es war mir nur lächerlich, ohne dass ich wusste warum.

Ich kenne wenig Menschen und vielleicht niemand ganz genau, denn ich bin sehr ungeschickt, andere zu beobachten. Wenn ich Sie daher in einem Moment verstehe, so kann ich von diesem nicht auf alle übrigen schliessen. Es mag wohl sehr wenige Menschen geben, die dies können, und ich wohl mit am wenigsten. Jetzt denke ich von Ihnen, es sei gut, Sie zu betrachten und erfreulich; aber man solle sie nur betrachten wollen. Ist diese Ansicht wahr oder falsch?

Karoline

Clemens Brentano an Karoline von Günderrode

Marburg, 1. Mai 1804

Liebe Caroline!

Ich habe gehört die Lieder und Erzählungen, welche unter dem Namen Tian erschienen sind, seyen von Ihnen, Betine wollte es als gewiß wissen, und zwar durch das Gedicht «Der Franke in Egypten», das Sie ihr schon einmal als ein Kind Ihrer ersten kindschen Seele eingestanden hätten, und durch die vortreffliche Romanze «Don Juan», die Sie ihr auch eingestanden, ich habe in dieser Idee mir diese Lieder verschrieben, ich habe sie mit Entzücken gelesen, es scheint mir möglich, daß sie von Ihnen seyen, aber ich kann es dann wieder nicht begreifen, daß ich eine solche Vollendung in Ihrem Gemüth nicht sollte verstanden haben, liebe Karoline, zwei Stunden sind es kaum daß ich Ihre Lieder gelesen, die Idee, daß sie von Ihnen seyn könnten, hat mich durch Berg und Thal gejagt, ich habe weinen müssen über das wunderbare Geschick meiner Empfindungen, und nun weiß ich doch nicht mehr, als vorher, ob die Lieder von Ihnen sind, weiß ich nicht, aber daß das, was ich in diesem Augenblick fühle, Ihnen gehört, das weiß ich. Wie Sie über mich denken, ist mir nicht bekannt geworden, seit Sie meine Nähe vermieden, seit Sie jenseits des Bösen Dämons getreten sind, der zwischen mir und meiner Schwester steht, aber daß Sie einstens für mich etwas empfanden, das weiß ich, daß Sie Ihre eigne Empfindung opfern müssen, das weiß ich, liebe Caroline, Sie haben ein vortreffliches Herz, Sie können verzeihen, und mir ist es, als sey Ihre Verzeihung mir zu einer Ruhe nöthig, die ich bedarf, die ich vielleicht nie mehr erlange, und zu der ich doch vor jeder Thüre ein Allmosen betteln möchte, als ich Sie wenige Minuten in Frankfurth wieder sah, schienen Sie mir ernsthaft und gütig, aber die drückende Nähe anderer, lähmte meine Zunge, ich hatte ihnen vieles zu sagen, Sie selbst schienen kein Bedürfnis zu haben, mich zu hören, das betrübte mich; denn meine Empfindung, mein Betragen zu Ihnen hat mich nie gereut, mein Leben, mein unglückliches zerrissenes Herz, und sein trauriges Verhältniß zum Leben hat mich gereut, wenn Sie mich hassen, so thuen Sie mir unrecht, Ihren Haß verdiene ich nicht, Ihre Liebe verdiente ich, aber ich verstand Sie nicht, mit Fantasie berauscht hatt ich ein schuldloses süßes Herz gefaßt, wie einen Pokal, und dies Herz war Ihres, liebe Caroline. Wenn diese Lieder und prosaischen Aufsätze von Ihnen sind, wie mich ihr Inhalt und manche Anklänge aus meiner Empfindung, die ich in denselben befestigt in schöner Gestalt finde, und so erst gebohren lieben kann, mich beynahe überzeugen, so haben Sie mir Unrecht gethan, mich so ganz unwissend zu lassen, ich konnte damals Ihr Herz nicht errathen, Ihr großes schönes Herz, ich erkannte es nur als krank, die Qual des unausgesprochnen Gedichts empfand ich selbst zu oft in mir blos als Krankheit, als daß ich in Ihnen verstehen sollte, was in mir selbst ein unauflößlicher Schmerz ist, weit tiefer, fester, ernster, reiner, frommer, begeisterter als ich, hätten Sie nicht die bloße Gewandtheit in mir als Etwas höheres anerkennen sollen, mir hätten Sie entgegenkommen sollen, wo Sie sich durch mich kränken ließen. Ueber jene Kränkung kann keine Schrift mich entschuldigen, ach vielleicht selbst keine Rede, die die Sache unmittelbar berührt, aber die Geschichte meines Gemüthes, wenn Sie mir einstens erlauben, sie Ihnen vorzulegen, wird Sie gewiß wieder mit mir versöhnen. Es hat vielleicht kein Herz die Stürme erlitten, die das meinige erlitt, laut und stum, es wird sich zum Felsen weinen. Ich bitte Sie um Gerechtigkeit, um Ruhe, um Freundschaft für mich, ich bitte Sie um Verschwiegenheit gegen Savigny und sein Weib über diesen Brief. Ich stehe auf einem ruhigen denkenden Punkt ohne Freund, ohne Glück, meine größten Hoffnungen sind so in ihrer Möglichkeit getödet, daß selbst die Begeisterung, der Reiz des Sehnens vorüber ist, die Welt steht kalt, klar und lieblos vor mir, ich wache ewig, kein Traum mehr, keine Fremde, keine Heimath, ich glaubte Wein zu trinken, und trank mein Blut. Liebe Caroline sehen Sie mich als ein Wesen an, das Sie versteht, das Ihnen vertraut, das Sie ehrt, dem Sie wohlthun können, sein Sie ein Weib, sein Sie weich, verzeihen Sie mir, sein Sie meine Freundin. Jezt meine Freundinn zu sein, da Sie neben Menschen stehen, die mich nicht lieben, ist groß, ist ihrer würdig. Das Herz des Menschen ist ja so arm, nehmen Sie dem Ihrigen die Wollust nicht, das Meinige zu erheben, das ärmer ist, als arm, denn selbst nach Armuth fühlt es ein Bedürfniß. Werden Sie mir auf diesen Brief nicht antworten, ruhig und freundlich, so sei er im Frühling gestorben, so sei mir der Frühling in diesen Worten gestorben, o schauen Sie die Blumen an, und lassen Sie diese Kinder für mich bitten, und die Nachtigall rühre ihr Herz, und spreche von Versöhnung. Wenige Worte nur sagen Sie mir wieder, lassen Sie den Staab wieder grünen und blühen, den Sie über mich vielleicht gebrochen haben, dann will ich Ihnen mein Herz vertrauen, will auf Sie bauen, will mich an Ihrer Freundschaft erhalten, und vielleicht, ach vielleicht emporarbeiten, ist mein Herz nicht auch einen Himmels werth? Soll ich keine Aussicht ersteigen können? Gesunken bin ich nicht, liebe Freundin, aber Berge sind rings um mich gewachsen. Ich bitte Sie nochmals um eine Antwort, zugleich um die Erklärung, ob Sie mit Savigny reissen, um diese Erklärung bitte ich Sie blos deswegen, damit ich alsdann die Verfügung treffe, Sie vor dieser Reise noch einmal zu sprechen. Sie in der Ferne zu wissen, ohne vor Ihnen gerechtfertiget zu sein, würde meine Ruhe ganz zerstören, ich will, ich muß mich allen Menschen nähern, an denen mein Leben Etwas verschuldet hat, sonst kann ich mein Leben nicht zur Rechenschaft ziehen. Wenn Sie die Reise mit thun sollten, und ich habe Sie vorher gesehen, so kann ich Ihnen auch sagen, wo Sie mich wiedersehen, und wie. Nochmals bitte ich Sie um Verschwiegenheit, weil man Glücklichen von mir nicht reden kann, ohne daß sie ungerecht gegen mich seien, um Antwort, weil man Büßenden nicht hart sein soll. Wenn Sie mir vertrauen wollen, daß Sie Tian sind, will ich Ihnen vertrauen, wer ich bin, und wer ich durch Tian, und für Tian sein will. Dann will ich auch wagen meine Achtung, meine gränzenlose Achtung – Liebe darf ich Ihnen nicht mehr sagen – gegen Tian und mein Urtheil über seine Lieder aussprechen, ja ich will dann wieder singen, was ich lange nicht gekonnt, für Tian, von Tian will ich singen. Sind Sie nicht die begeisterte Sängerin jener Lieder, wollen

Sie sie nicht sein, so danke ich es meinem Irrthum, daß ich mich hier deutlich zu Ihnen wende, wornach ich mich schon lange gesehnt, und wovon mich die *Intrigue* gewaltsam und schmerzlich zurückhielt, antworte mir bald, du liebe Seele, antworte dem wunderlichen, fantastischen, furchtbaren Menschen, der sich vor sich selbsten fürchtete, den du zu einem Kinde machen kannst, daß in den Spiegel schaut und sich selbsten küßte, der blind war, als er dich küßte.

Clemens

den 1. Mai

Süßer Maie Blüthenjunge
bring ihr blühnde Friedenszweige,
Bitte sie mit süßer Zunge,
daß sie dir die Blume zeige
der sie gerne mag vertrauen
In den Busen ihr zu blicken.
Und dann will ich auf den Auen
Einen lieben Kranz ihr pflücken,
will die Blumen sprechen lehren
«Wolle Huld der Schuld gewähren,
die schon harte Straf erlitten.»

Karoline an Clemens Brentano

Hof Trages, Mai 1804

Wie ein böser Traum sind mir manche bittere und trübe Erinnerungen von Ihnen vorübergegangen, aber von dieser ganzen Vergangenheit ist mir nur ein lebhafter Antheil an Ihnen geblieben, und in diesem Sinne hat mich Ihr Brief betrübt, weil er mir die verworrnen Schmerzen Ihres Gemüthes deutlich und doch wieder dunkel darstellt; auch wenn ich Sie nie gesehen hätte, würde mich dieser kalte Lebensüberdruß tief und schmerzlich bewegen. Lassen Sie es anders sein, stehen Sie nicht so am Rande der Jugend, rufen Sie der vergangenen

Zeit, und leben Sie, wie Sie könnten, ewig frisch, jung und träumerisch; es wird und muß wieder so mit Ihnen werden, ich kann und mag Sie mich nicht anders denken.

Die Gedichte von Tian sind von mir, ich wollte es allen Menschen verbergen, ein Zufall hat es vereitelt, aber noch hat mich kein Beifall so erfreut wie der Ihrige, und mehr wird es keiner. Ich werde nicht mit Savigny reißen, wenigstens war noch nicht die Red davon, aber was auch geschehen könnte, so bitte ich Sie, kommen Sie nicht hierher, ich habe viele Gründe, warum ich Ihnen dies sage.

Leben sie *recht* wohl, ich schreibe dies heute wahrlich nicht der Form wegen.

Caroline

Savigny und Gunda sollen nichts von Ihrem Brief erfahren.

Clemens Brentano an Karoline

2. Juni 1804

Gestern, liebe Freundin, habe ich Ihnen einen kleinen Brief nach Trages gesendet, ich wußte nicht, daß Sie schon nach Frankfurt zurück seien. Gleich darauf erhielt ich einen Brief von Bettinen, aus dem ich Ihre Rückreise erfahre, und es thut mir leid, daß Sie jenen Brief nun vielleicht später erhalten; ich sende Ihnen daher hier einige Worte, die Sie für die Versäumnis entschädigen mögen, wenn ich wirklich so glücklich bin, daß Ihnen meine Worte Freude machen. Bettine versichert mich das letzte, und ich will ihr gern so lange glauben, als Sie selbst gütig genug sind, ihr nicht zu widersprechen. Ich bin gestern Ihretwegen etwas erschrocken, da mir in der Buchhandlung Kotzebues «Freimütiger» in die Hand fiel, und ich im zehnten Maistück in einem Aufsatz aus Ffrt* Ihren Namen als Verfasserin des Tians mit breitem läppischem Lobe und eben so gemeiner, sanfter Rüge ausgeplaudert sehe. Ich kenne Sie zu gut, als daß diese Anzeige etwas ande-

* Frankfurt am Main

res als Ekel in Ihnen hervorbringen könnte, denn der Schreiber des Aufsatzes muß ein undelikater Mensch sein, daß er Ihre Namensverschweigung ohne Erlaubnis entweihte, und zwar in einem Blatte, welches jeder Ladenbursche liest, besonders, da er ein Mensch ohne Autorität ist, welches er sein muß, da er ein Schmierer ist, und Ihre Lieder lobt, welche eigentlich nur ein Mensch loben kann, der Sie selbst liebt und Ihre Geschichte kennt, aber er sagt, er kenne Sie nicht. Ueberhaupt bin ich sehr begierig, von Ihnen selbst zu hören, warum Sie sich entschlossen haben, Ihre Lieder drucken zu lassen, und wie Sie die Berührung mit dem Buchhändler vermittelt haben. Das ganze muß eine Epoche in Ihrem Leben sein, Sie können nicht gut zurücktreten. Sie haben die Welt zu Forderungen an Sie berechtigt, und Sie müssen verstummen oder beweisen, daß Sie selbst über der Welt stehen, weil Sie sich erkühnt haben, ihr das Ihrige anzuvertrauen. Traurig werde ich oft, wenn ich einen neuen Schriftsteller auftreten sehe, denn es ist ein Beweis, daß die Menschen keine Freunde mehr haben, und jeder sich an das Publikum wenden muß. Liebe Karoline, wenn ich Ihnen wieder näher komme, sollen Sie mich um eines willen lieb gewinnen; ich werde Ihnen beweisen, daß ich weiß, wie man schreiben soll und muß, um es mit Ruhe zu können und sich selbst von dem Leser und dem Kritiker rein zu erhalten. Eben deshalb schreibe ich jetzt beinahe gar nicht, weil ich eingesehen habe, wie ich es muß, und noch nicht kann. Ich habe mein Gemüt und meine Seele dahin gebracht, daß ich mich würdig fühle, neben dem Schreibtische und in der Werkstätte jedes großen Künstlers als eine reine verstehende, lehrbegierige Natur zu stehen, und meine Werke sollen, so Gott will, auch auf dem Tische, in der Werkstätte solcher Menschen ruhen dürfen – so ist mein Wille. Sie sollen mir wieder vertrauen lernen, ich will Sie, wenn ich Sie wiedersehe, von der Milde, der Billigkeit, der Bescheidenheit und Würde meiner Gesinnungen überzeugen, daß ist mir ein süßer Wunsch, und soll Ihnen ein Gewinn werden, wenn es Ihnen vielleicht gleich jetzt noch keine feste Hoffnung ist. Mit einer herzlichen Freude wollte ich es unternehmen, Ihrer Muße manche würdige Vorschläge zu thun, und Ihnen einen Teil des unendlichen Stoffes abzutreten, der mir täglich zuwächst, ohne daß ich es selbst wagen darf, ihn zu bearbeiten. Ich kann immer noch nicht verstehen, wie Sie Ihr ernsthaftes, poetisches Talent vor mir verbergen konnten; thaten Sie es aus Scheu oder aus geheimer Liebschaft zu diesem Talent? Doch glaube ich, Sie müssen einen eigentümlichen Weg einschlagen, um nicht auf dem Punkte stehen zu bleiben, Sie müssen sich bemühen, von der grauen Reflexion zur bunten, lebendigen Darstellung überzugehen, um sich Ihrer Anlage zu entreißen und zur eigentlichen Macht zu gelangen. Zu dieser Darstellung haben Sie sich am schönsten in Wandel und Treue gewendet, es ist dies Ihr edelstes, leichtestes, bestes Lied. Die Geschichte des Herzogs von Medina ist an vielen Orten sehr schön versifiziert, besonders verraten die Abteilungen und das Ende wirklichen Künstlersinn. Das einzige, was man der ganzen Sammlung Böses vorwerfen könnte, wäre, daß sie zwischen dem Männlichen und Weiblichen schwebt, und hier und da nicht genug Gedichten, sondern sehr gelungen aufgegebenen Exerzitien oder Ausarbeitungen gleicht; dieses erscheint besonders durch einen hie und da hervorblickenden kleinen gelehrten Anstrich, der oft nicht im Gleichgewicht mit dem Ganzen steht, zum Beispiel Worte wie Adept, Apokalyptisch und soweiter als Titel.

Es ist nicht gerade, als hätte jemand eine Perrücke auf, der noch jung ist und eigenes schönes Haar hat, es ist auch nicht, als trage Amor als Perrückenmacherjunge eine solche in der Hand, denn Ihre Gedichte sind nicht jung mit langen Lokken, und nicht Liebesgötter, aber es ist als hätte ein moderner Weiser ein paar antike weissagende Tauben gefunden, ihnen die Augen ausgestochen und sie in seine Perrücke gesetzt, denn Ihre Lieder sind lauter tiefsinnige, weissagende Turteltauben. Einige Lieder gleichen Uebersetzungen aus dem Französischen, zum Beispiel Ariadne auf Naxos. Doch Sie werden böse, aber ich weiß auch nichts Böses mehr; schön, vor allem schön leuchtet Ihr großes Talent zur Versifikation hervor, Sie haben einigemal die passendsten Silbenmaße getroffen, und ich wiederhole es Ihnen: vor allem leuchtet Wandel und Treue hervor, es ist ein Gedicht, das des größten Künstlers würdig ist. Ihre Prosa ist klar, gedrängt und bescheiden, und Sie werden in ihr dazu gelangen, daß man einstens fühlen wird, Sie hätten nur sich selbst, und nichts anderes gelesen. Timur ist unter diesen prosaischen Aufsätzen der schönste. – Nun wende ich mich von Ihren Kindern und rede die liebenswürdige Mutter selbst an. Liebe Karoline, hätten keine anderen Menschen zwischen uns gestanden, hätten Sie sich mir ganz erklärt, es würde nie eine tote Epoche in unserer Bekanntschaft gewesen sein! ich habe um unserhalben selbst die Gundel mir verhaßt werden sehen, denn ihre Kuppelei und Gelegenheitsmacherei hat für mich unsere erste damalige Berührung verunadelt, und ihr Jesuitenwesen hat sie nachher erstickt. Aber das letztere danke ich ihr, sie hat etwas sehr Gutes gethan, ohne es zu wollen, denn nun kann ich mich wieder neu und schöner, würdiger mit Ihnen verbinden. Daß dieses mein aufrichtiger, herzlicher Wunsch ist, sollen Sie sehen, wenn wir wieder zusammen kommen; wir wollen dann von der Kunst, unserem Mut und Bemühen zu ihr, unseren Irrtümern und Fortschritten reden, wir wollen uns jene höhere, eigene Welt, in welche wir getreten sind, bevölkern und keiner soll dem andern ein vertrautes Wort, einen ernsten oder scherzhaften Gedanken erlassen. Und können Sie wohl hiezu Mut haben, oder sich gar darauf freuen, wenn ich Ihnen sage, daß ich mich auch nicht um ein Haar verändert habe, daß ich mir alles bewiesen sehe, was ich dunkel fürchtete, oder worauf ich hoffte, und daß an die Stelle aller meiner Ahndungen, Erfahrungen, und neben diesen wieder eine neue Summe von Ahndungen getreten sind, die ich wieder erfahren werde. Unter diesen Ahndungen nun, die mir oft als heftige Wünsche erscheinen, ist auch die, Ihre Freundschaft und Mitteilung auf längere Zeit und in ungestörterer Weise als einst zu besitzen.

Sophie freut sich nicht weniger, als ich, Sie zu sehen, und ich glaube, Sie werden sie lieben. Sie ist die gesundeste, kräftigste Natur, die ich kenne, und würde manches Stuben- und Stadtwetter von Ihrer Seele ableiten. Eine rechte Freude ist es, zu sehen, wie diese Frau vierzehn Tage nach einer sehr gefährlichen Niederkunft vier Stunden lang die beschwerlichsten Berge mit mir beklettert und mich immer zurückläßt. Meine Frau ist ein tüchtiges Weib, an Leib und Seele gesund, und mehr noch rüstig, gewandt, und bis zur Kunst an beiden gelangt durch Anlage, Luft und Uebung; wenn man sie auf den Kopf stellt, fällt sie immer wieder auf die Füße. Es macht mir oft einen großen Spaß, daß sie bei mir ist, sie ist ein allerliebster Kamerad, wenn sie vergnügt ist. Mein Kind gefällt mir im ganzen sehr wohl; wenn ich es in den Händen habe, habe ich eine große, geschwätzige Freude an ihm; es recht mit allen Apparat zu lieben, wage ich nicht, denn es wäre im stande und packte diese Liebe ein und ginge mit ihr in die andere Welt. Heute nacht noch hat mir geträumt, Goethe sei gestorben und ich habe mich im Schlaf beinahe blind geweint, und ich habe Goethen doch nicht so lieb, als diesen Eulenspiegel. Vorzüglich freue ich mich darauf, mein Kind von anderen Leuten herzlich geliebt zu sehen; wenn Sie, oder Bettine, oder die Jung eine rechte Liebe zu ihm gewinnen könnten, das könnte mich im Hintergrunde rühren und entzücken. Ich bin nun so, unmittelbar kann ich mich nicht erfreuen, nicht betrüben, ich muß mich gleich mitteilen, oder ich muß mich mitgeteilt sehen. – Dies wäre ein Punkt, von dem sich ein Wörtchen sprechen ließe, aber ich will mich kurz fassen, und nur sagen, daß ich fühle, mit meinem Herzen, meiner Ansicht, und sogar mit allen meinen Manieren zufrieden und glücklich sein, ja alle meine Umgebung erfreuen zu können, wenn diese Umgebung mich herzlich liebt und teilt, wenn sie absichtslos, unverschlossen, und nicht selbstisch ist. Jeden Menschen, der sich durch Andere und Umstände von mir gewendet, werde ich wiederfinden; ich werde Sie wiederfinden, liebe Freundin, meine Frau habe ich wiedergefunden, das sind mir teure und beruhigende Bürgen für die Wahrheit meiner Neigung; alle Menschen, die ich durch sich selbst und durch einander verloren habe, mögen mir verloren bleiben, S. und seine Frau können mir nie wieder nahe kommen; S. hat mich unwillkürlich seit langem mißhandelt, es ist Schicksal, ich ehre unsere Trennung, Gundel aber ist mir durch ihre Natur zuwider, das ist Natur, und unsere Trennung ist mir durch diese heilig.

Bis jetzt weiß ich noch nicht, wo ich meine Heimat finden werde. Ich möchte gerne meinem Vaterlande nah oder auch in meinem Vaterlande wohnen, aber die Teuerung! Alles andere ist in Frankfurt für mich beinahe besser als sonst wo, und auch für Sophien, welche Gesellschaft und Vergnügungen bedarf, denn ihr Element ist Freude, und in der Freude ist sie auch wie ein Kind, und oft wie ein Engel. Wenn ich nach Frankfurt komme, wollen wir alles das überlegen, und Sie sollen ein Ratgeber sein; doch sprechen Sie nichts davon gegen die Meinigen, die ich mehr lieben muß, als es ihnen selbst begreiflich ist, denn diese Leute sind bloß deswegen ruhig, weil sie nicht wissen, wie liebenswürdig sie mit einander sind. Antworten Sie mir doch bald, und grüßen Sie Ihre Schwester von mir, wenn Sie ihr schreiben.

Ihr Clemens

Karoline an Clemens Brentano

am 10. Juni 1804

Ehe ich zur ernstlichen Beantwortung Ihrer ernstlichen Fragen komme, muß ich Sie recht dringend bitten, mir die fatale Perücke abzunehmen, die Sie mir aufgezwängt haben, die ich eigentlich nicht trage, weil sie mich sehr beengen würde; also gleich am Eingang meines Briefes, hinweg mit ihr, dass ich mich frei bewegen kann.

Wie ich auf den Gedanken gekommen bin, meine Gedichte drucken zu lassen, wollen Sie wissen? Ich habe stets eine dunkle Neigung dazu gehabt, warum? und wozu? frage ich mich selten; ich freute mich sehr, als sich jemand fand, der es übernahm, mich bei dem Buchhändler zu vertreten; leicht und unwissend, was ich tat, habe ich so die Schranke zerbrochen, die mein innerstes Gemüt von der Welt schied;

und noch hab ich es nicht bereut, denn immer neu und lebendig ist die Sehnsucht in mir, mein Leben in einer bleibenden Form auszusprechen, in einer Gestalt, die würdig sei, zu den Vortrefflichsten hinzutreten, sie zu grüssen und Gemeinschaft mit ihnen zu haben.

Ja, nach dieser Gemeinschaft hat mich stets gelüstet, dies ist die Kirche, nach der mein Geist stets wallfahrtet auf Erden.

Da ich heut sehr aufrichtig gegen Sie sein will, so muss ich Ihnen das noch sagen, dass in mir noch kein eigentliches Verhältnis zu Ihnen ist; wenn es werden kann, so soll michs freuen, es wird von Ihnen ausgehen müssen; doch wenn es nicht sein könnte, so würde mich das kaum betrüben. Meine Beziehung zu Ihnen ist nicht Freundschaft, nicht Liebe, meine Empfindung bedarf daher keines Verhältnisses, sie gleicht vielmehr dem Interesse, das man an einem Kunstwerk haben kann, aber verworrene, missverstandene Verhältnisse könnten mir dies Interesse trüben.

Sagen Sie nicht ferner, mein Wesen sei Reflexion oder gar, ich sei misstrauisch; das Misstrauen ist eine Harpye, die sich gierig über das Göttermahl der Begeisterung wirft und es besudelt mit unreiner Erfahrung und gemeiner Klugheit, die ich stets jedem Würdigen gegenüber verschmäht habe.

Grüssen Sie Ihre Frau freundlichst von mir; auch ich freue mich, Sie zu sehen und Ihr Kind, das ich mir gar lieblich vorstelle.

Mit dem Ponce de Leon haben Sie mir viel Freude gemacht.

Karoline von Günderrode an Bettina Brentano

(1802–1806)

Ausgewählte Stellen aus Bettina von Arnims Briefroman «Die Günderode», die aller Wahrscheinlichkeit nach Karoline von Günderrode zuzuschreiben sind. Wenn ihre Autorschaft durch Brieforiginale belegt ist, wurde kursiv gedruckt.

[...] Halte doch noch eine Weile aus mit Deinem Geschichtslehrer; dass er Dir möglichst kurz die Physiognomien der Völkerschaften umschreibt, ist ganz wesentlich. Du weisst jetzt, daß Ägypten mit Babylonien, Medien und Assyrien im Wechselkrieg war, fortan wird dieses Volk kein stehender Sumpf mehr in Deiner Einbildung sein. Regsam und zu jeder Aufgabe kräftig – waren ihre Unternehmungen für unsre Fassungsgabe beinah zu gewaltig; sie zagten nicht, bei dem Beginn das Ende nicht zu erreichen, ihr Leben verarbeitete sich als Tagwerk in die Bauten ihrer Städte, ihrer Tempel, ihre Herrscher waren sinnvoll und umfassend heroisch in ihren Plänen, das wenige, was wir von ihnen wissen, gibt uns den Vergleich von der Gewalt ihrer Willenskraft, die stärker war, als die jetzige Zeit zugibt, und leitet zu dem Begriff hin, was die menschliche Seele sein könnte, wenn sie fort und fort wüchse, im einfachen Dienst ihrer selbst. Es ist mit der Seelennatur wohl wie mit der irdischen, ein Rebgarten auf einen öden Berg gepflanzt, wird die Kraft des Bodens bald durch den Wein auf Deine Sinne wirken lassen; so auch wird die Seele auf Deine Sinne wirken, die vom Geist durchdrungen, den Wein Dir spendet der Kunst oder der Dichtung oder auch höherer Offenbarung. Die Seele ist gleich einem steinigten Acker, der dem Reben vielleicht grade das eigentümliche Feuer gibt, verborgne Kräfte zu wecken; und zu erreichen, zu was wir vielleicht uns kein Genie zutrauen dürften. Du stehst aber wie ein lässiger Knabe vor Deinem Tagwerk, Du entmutigst Dich selbst, indem Du Dir den steinigten Boden, über den Dorn und Distel ihren Flügelsamen hin und her jagen, nicht urbar zu machen getraust. Unterdes hat der Wind manch edlen Keim in diese verwilderte

Steppe gebettet, der aufgeht, um tausendfältig zu prangen. [...]

Darum schien mir die Geschichte wesentlich, um das träge Pflanzenleben Deiner Gedanken aufzufrischen, in ihr liegt die starke Gewalt aller Bildung, – die Vergangenheit treibt vorwärts, alle Keime der Entwicklung in uns sind von ihrer Hand gesäet. Sie ist die eine der beiden Welten der Ewigkeit, die in dem Menschengeist wogt, die andere ist die Zukunft, daher kömmt jede Gedankenwelle, und dorthin eilt sie! Wär der Gedanke bloss der Moment, in uns geboren? – Dies ist nicht. Dein Genius ist von Ewigkeit zwar, doch schreitet er zu Dir heran durch die Vergangenheit, die eilt in die Zukunft hinüber, sie zu befruchten; das ist Gegenwart, das eigentliche Leben; jeder Moment, der nicht von ihr durchdrungen, in die Zukunft hineinwächst, ist verlorne Zeit, von der wir Rechenschaft zu geben haben. Rechenschaft ist nichts anders als Zurückholen des Vergangenen, ein Mittel das Verlorne wieder einzubringen, denn mit dem Erkennen des Versäumten fällt der Tau auf den vernachlässigten Acker der Vergangenheit, und belebt die Keime noch in die Zukunft zu wachsen. [...]

Sei mir ein bischen standhaft, trau mir, dass der Geschichtsboden für Deine Phantasie, Deine Begriffe ganz geeignet, ja notwendig ist. – Wo willst Du Dich selber fassen, wenn Du keinen Boden unter Dir hast? – Kannst Du Dich nicht sammeln, ihre Einwirkung in Dich aufzunehmen? – Vielleicht weil, was Du zu fassen hast, gewaltig ist wie Du nicht bist. – Vielleicht weil der in den Abgrund springt freudigen Herzens für sein Volk, so sehr hatte ihn Vergangenheit für Zukunft begeistert, während Du keinen Respekt für Vaterlandsliebe hast, – vielleicht weil der die Hand ins Feuer legt für die Wahrheit, während Du Deine phantastischen Abweichungen zu unterstützen, nicht genug Lügen aufbringen kannst, denen Du allein die Ehre gibst, und nicht den vollen süssen Trauben der Offenbarung, die über Deinen Lippen reifen. [...]

Dem Clemens will ich gern von Deinen Briefen an mich

nichts sagen, weil Du es nicht willst, und ich fühl auch, dass es nicht sein kann, es wär Störung ohne Gewinn, er sieht Dich so ganz anders, ohne dass er Dich falsch beurteilt, nur sieht er in jedem Farbenstrahl Deines Wesens wie Diamanten, die er meint fassen zu müssen und doch nicht erfassen kann, weil es eben nur Strahlenbrecher Deiner Phantasie ist, die ihn und jeden verwirrt. Glaubst Du denn, dass ich ruhig bin, wenn Du so mit mir sprichst, von einem zum andern springst, dass ich Dich aus dem Auge verliere. Du hebst mich aus den Angeln mit Deinen Wunderlichkeiten! ...

Clemens schreibt, Du müsstest fortwährend dichten und nichts dürfe Dich berühren als nur was Deine Kräfte weckt, es ist mir ordentlich rührend, dass während er selber sorglos leichtsinnig, ja vernichtend über sich und alles hinausgeht, was ihm in den Weg kommt, er mit solcher Andacht vor Dir verweilt, es ist als ob Du die einzige Seele wärst, die ihm unantastbar ist, Du bist ihm ein Heiligtum. Wenn er manchmal von Offenbach herüberkam, da war er ganz still in sich vertieft, wo sonst seine Koketterie fortwährend gespannt war, kleine Kritzeleien von Dir hat er oft sorgfältig aufgehoben, es wäre traurig, wenn Du keinen liebenden Willen zu ihm hättest; schreib doch nicht mehr ‹*passiert*›, das Wort ist nicht deutsch, hat einen gemeinen Charakter und ist ohne Klang, kannst Du nicht lieber in reichen deutschen Ausdrücken wählen, wie es der reine Ausdruck fordert. Vorgehet, ereignet, begibt, geschieht, wird, kömmt; das alles kannst Du anwenden, aber nicht: passiert. Ich muss Dir aber doch antworten, weiter passiert nichts ... Dann auch bitt ich, dass Du nicht mehr fluchst, Deine Briefe sind mir so lieb, und Deine Extravaganzen alle sind mir verständlich und lieb, aber Worte, die Du bloss um zu prahlen hinzufügst, wie Schwerenot, und die keine Bedeutung haben in Deinem Mund, die kannst Du ungesagt lassen, denn sonst glaub ich nicht, dass der Wohllautenheit und des Tanzes Genius Deine innern Erlebnisse begleiten [...]

Der Naturschmelz, der Deinen Briefen und Wesen eingehaucht ist, der meint Clemens, solle in Gedichten oder Märchen aufgefasst werden können von Dir; – ich glaubs nicht. In Dich hinein bist Du nicht selbstätig, sondern vielmehr ganz hingegeben bewusstlos, aus Dir heraus zerfliesst alle Wirklichkeit wie Nebel, menschlich Tun, menschlich Fühlen, in das bist Du nicht hineingeboren, und doch bist Du immer bereit, unbekümmert alles zu beherrschen, Dich allem anzueignen. Da war der Icarus ein vorsichtiger, überlegter, prüfender Knabe gegen Dich, er versuchte doch das Durchschiffen des Sonnenoceans mit Flügeln, aber Du brauchst nicht Deine Füsse zum Schreiten, Deinen Begriff nicht zum Fassen, Dein Gedächtnis nicht zur Erfahrung, und diese nicht zum Folgern... Du kannst nicht dichten, weil Du das bist, was die Dichter poetisch nennen, der Stoff bildet sich nicht selber, er wird gebildet, Du deuchst mir der Lehm zu sein, den ein Gott bildend mit Füssen tritt, und was ich in Dir gewahr werde, ist das gärende Feuer, was seine übersinnliche Berührung stark in Dich einknetet. Lassen wir Dich also jenem über, der Dich bereitet, wird Dich auch bilden. – Ich muss mich selber bilden und machen so gut ich's kann. [...]

Oder am besten können wir sagen: *Denken* ist Beten, damit ist gleich was gutes ausgerichtet, wir gewinnen Zeit, das Denken mit dem Beten, und das Beten mit dem Denken. Du willst ungereimtes Zeug vorbringen, Du bist ungeheuer listig, und meinst, ich soll es reimen. Deine Projekte sind immer ungemein waghalsig, wie eines Seiltänzers, der sich darauf verlässt, dass er balancieren kann, oder einer der Flügel hat, und weiss, er kann sie ausbreiten, wenn der Windsturm ihn von der Höhe mit fortnimmt. Übrigens hab ich Dich wohl verstanden, trotz der vielen süssen Lobe, die Du einstreust wie Opfergras, dass ich das Opfer bin, was Du geschächtet hast, um mit dem Jud zu reden. Ich fühls, dass Du recht hast, und weiss, dass ich zu furchtsam bin, und kann nicht, was ich innerlich für recht halte, äusserlich gegen die aus der Lüge hergeholten Gründe verteidigen, ich verstumme und bin beschämt, grade wo andere sich schämen müssten, und das geht so weiter in mir, dass ich die Leute um Verzeihung bitte, die mir Unrecht getan haben, aus Furcht sie möchtens merken. So kann ich durchaus nicht ertragen, dass einer glaube, ich könne Zweifel in ihn setzen, ich lache lieber kindisch zu allem, was man mir entgegnet, ich mag nicht dulden, dass die, welche ich doch nicht eines bessern überzeugen kann, noch den Wahn von mir hegen, ich sei gescheuter als sie. Wenn sich zwei verstehen sollen, dazu gehört lebensvolles Wirken von einem dritten Göttlichen. So nehm ich auch unser Sein an, als ein Geschenk von den Göttern, in dem sie selber die vergnüglichste Rolle spielen; aber meine inneren Fühlungen folgelosen Behauptungen ausstellen, dazu leiht mir weder die blauäugige Minerva noch *Areus der Streitbare* (dem die Jungfrauen einen Widder opferten, wenn sie öffentlich einen Wettlauf hielten) Beistand. Ich gebe Dir aber recht, es wäre besser, ich könnte mich mannhafter betragen, und dürfte diesen *grossmächtigen Weltsinn* in dem Sittenleben mit andern nicht mir untergehen lassen. Aber was willst Du mit einer so Zaghaften aufstellen, die sich immer noch fürchtet, im Stift das Tischgebet laut genug herzusagen. [...]

Die Zukunft leuchtet mir nicht helle, und ich hab so grosse Lust nicht mehr am Lebendigen, an der Märchenwelt, die unsre Einbildung uns damals so üppig aufgehen liess, dass sie die Wirklichkeit verschlang, doch wird sichs ändern, gewiss, wenn wir wieder zusammen sind, diesen Winter denk ich ernstlich mich zu überwinden, ich hab mir einen Plan gemacht zu einer Tragödie, die hohen spartanischen Frauen studiere ich jetzt. Wenn ich nicht heldenmütig sein kann, und immer krank bin an Zagen und Zaudern, so will ich zum wenigsten meine Seele ganz mit jenem Heroismus erfüllen, und meinen Geist mit jener Lebenskraft nähren, die jetzt mir so schmerzhaft oft mangelt, und woher sich alles Melancholische doch wohl in mir erzeugt... Gedichte sind Balsam auf Unerfüllbares im Leben; nach und nach verharrscht es, und aus der Wunde, deren Blut den Seelenboden tränkte, hat der Geist schöne rote Blumen gezogen, die wieder einen Tag blühen, an dem es süss ist, der Erinnerung Duft aus ihnen zu saugen. [...]

Gewiss jedes Gefühl, so einach oder auch einfältig es geachtet werden könnte, so ist der Trieb, es sittlich zu verklären nicht zu verwerfen, und manchen Gedichten, die keinen Ruf haben, habe ich doch zuweilen die Empfindung einer unzweifelhaften höheren Wahrheit oder Streben dahin angemerkt – und es ist auch gewiss so. Die Künstler oder Dichter lernen und suchen wohl mühsam ihren Weg, aber wie man sie begreifen und nachempfinden soll, das lernt keiner, – nehme es doch nur so, dass alles Streben ob es stocke ob es fliesse, den Vorrang habe vor dem Nichtstreben. [...]

Denn: wie auch das Allebendige sich berühre, es entsteigt Wahrheit aus ihm, aus dem chaotischen Wogen und Schwanken entstieg die Welt als Melodie. [...]

So wär der Menschengeist durch sein Fassen, Begreifen befähigt Geistesallheit, Philosophie zu werden; also die Gottheit selbst? – denn, wär Gott unendlich, wenn er nicht in jeder Lebensknospe ganz und die Allheit wär? – so wär jeder Geistesmoment die Allheit Gottes in sich tragend, aussprechend? [...]

Du meinst, wenn Du taumelst und ein bischen trunken bist, das wär unaussprechlicher Geist? – und Du besäufst Dich aber auch gar zu leicht – weil Du den Wein nicht verträgst, Du meinst, es müssten neue Sprachquellen sich öffnen, um Deine Begriffe zu erhellen. Werd da ein bischen stärker, oder trinke nicht so viel auf einmal, wolltest Du Dich fester ins Auge fassen, die Sprache würde Dich nicht stecken lassen.

Von der Sprache glaub ich, dass wohl ein Menschenleben dazu gehört, um sie ganz fassen zu lernen und dass ihre noch unentdeckten Quellen, nach denen Du forschest, wohl nur aus ihrer Vereinfachung entspringen. *Den* Rat möchte ich Dir geben, dass Du bei Deinem Aussprechen von Gedanken das Beweisen aufgibst, dies wird Dir's sehr erleichtern. Der einfache Gedankengang ergiesst sich wohl von selbst in den Beweis. Oder was das Nämliche ist: die Wahrheit selbst ist Beweis, Beweislos Denken ist Freidenken. Du führst die Beweise zu deiner eignen Aushilfe. Ein solches freies Denken vereinfacht die Sprache, wodurch ihr Geist mächtiger wird. Man muss sich nicht scheuen, das, was sich aussprechen will, auch in der unscheinbarsten Form zu geben, umso tiefer und unwidersprechlicher ist's. Man muss nicht beteuern, weil das Misstrauen gegen die eigene Eingebung wär. – Nicht begründen: weil es eingreift in die freie Geisteswendung, die nach Sokrates, vielleicht Gegenwendung wird, und nicht bezeugen oder beweisen wollen in der Sprache, weil der Beweis so lang hinderlich ist, dem Geist im Wege ist, bis wir über ihn hinaus sind; und weil diese drei Dinge unedel sind, sowohl im Leben wie im Handeln, wie im Geist. Es sind die Spuren des Philistertums im Geist.

Freier Geist verhält sich leidend zur Sprache und so verhält sich auch die Sprache leidend zu dem Geist, beide sind einander hingegeben ohne Rückhalt, so wird auch keins das andre aufheben, sondern sie werden sich einander aussprechen ganz und tief. – Je vertrauensvoller, umso inniger. – Wie es in der Liebe auch ist. – Was sollte also die Sprache am Geist zu kurz kommen? – Liebe gleicht alles aus. Trete nicht zwischen ihre Liebkosungen, sie werden einander so beseligen, dass nur ewige Begeisterung aus beiden strömt. – Und hiermit wär Deine Ahnung von der Gewalt des Rhythmus wohl auch berührt, beweisen wollen wir ja nicht... Haben nicht die geistschmiedenden Cyklopen mit dem einen erhabenen Aug auf der Stirne die Welt angeschielt, statt dass sie mit beiden Augen sie gesund würden angeschaut haben? – das frag ich in Deinem Sinne die Philosophen, um somit hier alle weitere Untersuchung aufzuheben, und erinnere mich zu rechter Zeit an Deine leichte Reizbarkeit. [...]

Alles was das Gemüt anregt, erfrischt und erfüllt, ist mir heilig, sollte auch im Gedächtnis kein Monument davon zurückbleiben... Ich hab immer Biographien mit eigner Freude gelesen, es ist mir dabei stets vorgekommen, als könne man keinen vollständigen Menschen erdichten, man findet immer nur eine Seite, die Kompliziertheit des menschlichen Daseins bleibt unerreicht und also unwahr, denn alle Momente müssen immer den einen bestimmen oder begreiflich machen. [...]

Du hast bei Deiner Abreise Ostertags schlechte Übersetzung des Suetonius in meine Behausung geschickt, vermutlich soll sie auf die Bibliothek zurück, noch in keinem Buch fand ich so viel Spuren Deines fleissigen Studiums als in diesem; vier bis fünf Blätter mit Auszügen, wo Du alle Missetaten der zwölf Kaiser auf eine Rechnung gebracht hast. Was bewegt Dich zu solchen Dir sonst ganz fremden Forschungen? Ich such mirs zu erläutern, denkst Du in Ansehung jener, die als grosse Männer nicht frei ausgingen von der Tyrannei Sünde, Deinen grossen Mann zu absolvieren? – Ich scherze, aber ich möchte doch dabei in Dein Gesicht sehen, ob Du ganz frei von jener Begeistrung bist, die aus aufgeregtem Gefühl entsteht bei dem ewigen Gelingen aller Schicksalslösungen, und die ich lieber Schwindel nennen möchte, und den andre Weltpatriotismus nennen und sich leicht verführen lassen, eine Rolle zu spielen, wenn sie ihnen geboten würde, weil es heisst Er hat einen Glücksstern, und da fühlt man sich gedrungen, dem zu fröhnen, aus astralischem Emanationsgefühl, und da tritt man bald von der reinen Einfalt zum Götzendienst über... Von Clemens hab ich Dir auch noch viel zu sagen, Gutes und Vergnügliches, heisse Anhänglichkeit an Dein Wohl; – es ist sein tiefer Ernst, wenn er sagt, Du gehest durch Deinen Leichtsinn der Zukunft verloren, und dieser Ernst gehet so weit, dass er im Eifer meint, ich sei mit dran schuld. Einen Brief hast Du ihm geschrieben, wo Du meine Ansicht über Dich als Zeugnis zitierst, dass es nicht in Deinem Charakter liege, zu dichten oder vielmehr etwas hervorzubringen. Dies hab ich büssen müssen, denn er zeigte mir Deinen Brief und meinte, wer so schreibe, der dichte auch, ich hab schweigsam und bejahend alles über mich ergehn lassen; tue wie Du kannst. Dort in Marburg hast Du wahrscheinlich wenig Zerstreuung, wer weiss was Dir gelingt oder vielmehr einfällt, denn fiel es Dir ein, so fiel es Dir auch vom Himmel, aber dies schon so lang erharrte Phänomen will immer nicht sich ereignen. [...]

Mir scheinen die grossen Erscheinungen der Menschheit alle denselben Zweck zu haben, mit diesen möcht ich mich berühren, in Gemeinschaft mit ihnen treten und in ihrer

Mitte unter ihrem Einfluss dieselbe Bahn wandeln, stets vorwärts schreiten mit dem Gefühl der Selbsterhebung, mit dem Zweck der Vereinfachung und des tieferen Erkennens und Eingehens auf die Übung dieser Kunst, so dass, wie äusserlich vielleicht die hohen Kunstwerke der Griechen als vollkommene göttliche Eingebung galten und auf die Menge als solche zurückstrahlten und von den Meistern auch in diesem Sinn mit dieser Konzentration aller geistigen Kräfte gebildet wurden, so sammelt sich meine Tätigkeit in meiner Seele; sie fühlt ihren Ursprung, ihr Ideal, sie will sich selbst nicht verlassen, die will sich da hinüber bilden...

Der grösste Meister in der Poesie ist gewiss der, der die einfachsten äusseren Formen bedarf, um das innerlich Empfangne zu gebären, ja dem die Formen sich zugleich miterzeugen im Gefühl innerer Übereinstimmung.

Wie gesagt, wende nichts auf mich an von dem, was ich hier sage, Du könntest in einen Irrtum verfallen. Ob zwar ich grad durch mein Inneres dies so habe verstehen lernen. Ich mußte selbst oft die Kargheit der Bilder, in die ich meine poetischen Stimmungen auffasste, anerkennen, ich dachte mir manchmal, dass ja dicht nebenan üppigere Formen, schönere Gewande bereit liegen, auch dass ich leicht einen bedeutenderen Stoff zur Hand habe, nur war er nicht als erste Stimmung in der Seele entstanden, und so habe ich es immer zurückgewiesen, und hab mich an das gehalten, was am wenigsten abschweift von dem, was in mir wirklich Regung war; daher kam es auch, dass ich wagte, sie drucken zu lassen, sie hatten jenen Wert für mich, jenen heiligen der geprägten Wahrheit, alle kleinen Fragmente sind mir in diesem Sinn Gedicht. Du wirst wohl auch dies einfache Phänomen in Dir erfahren haben, dass tragische Momente Dir durch die Seele gehen, die sich ein Bild in der Geschichte auffangen, und dass sich in diesem Bild die Umstände so ketten, dass Du ein tief Schmerzendes oder hoch Erhabenes miterlebst; Du kämpfst gegen das Unrecht an, Du siegst, Du wirst glücklich, es neigt sich Dir alles, Du wirst mächtig, grosse Kräfte zu entwickeln, es gelingt Dir, Deinen Geist über alles auszudehnen; oder auch: ein hartes Geschick steht Dir gegenüber, Du duldest, es wird bitterer, es greift in die geweihte Stätte Deines Busens ein, in die Treue, in die Liebe; da führt Dich der Genius bei der Hand hinaus aus dem Land, wo Deine höhere sittliche Würde gefährdet war, und Du schwingst Dich auf, seinen Ruf, unter seinem Schutz, wohin Du dem Leid zu entrinnen hoffst, wohin ein innerer Geist des Opfers dich fordert. – Solche Erscheinung erlebt der Geist durch die Phantasie als Schicksal, er probt sich in ihnen und gewiss ist es, dass er dadurch oft Erfahrungen eines Helden innerlich macht, er fühlt sich von dem Erhabenen durchdrungen, dass er sinnlich vielleicht zu schwach sein würde zu bestehen, aber die Phantasie ist doch die Stätte, in der der Keim dazu gelegt und Wurzel fasst, und wer weiss wie oder wann als mächtige und reine Kraft in ihm aufblüht. – Wie sollte sonst der Held in uns zustande kommen? – Umsonst ist keine solche Werkstätte im Geist und wie auch eine Kraft sich nach aussen betätigt, gewiss nach innen ist ihr Beruf der wesentlichste. – So fühl ich denn eine Art Beruhigung bei dem Unscheinbaren und Geringfügigen meiner Gedichte, weil es die Fusstapfen sind meines Geistes, die ich nicht verleugne, und wenn man mir auch einwerfen könnte, ich hätte warten dürfen bis reifere und schmackhaftere Früchte gesammelt waren, so ist es doch mein Gewissen, was mich hierzu bewog, nämlich nichts zu leugnen, denn wenn je eine reine selbstgefühlige Gestalt hieraus sich entwickelt, so gehört auch dies hinzu und was ich bis jetzt auf diese Weise an mir erlebte, ist ja, was mich bis hierher führte, zu diesem Standpunkt meines festen Willens. [...]

Warum ich Dich mahnte, an den Clemens zu schreiben, das will ich Dir hier offenbaren. *Du sagst du liebst den Clemens, der Idee nach kann ich ihm auch herzlich gut sein, allein sein wirkliches Leben scheint mir so entfernt von demjenigen, das ich ihm dieser Idee nach zumute, dass es mir immer ein wahres Ärgernis ist, deswegen kann ich auch nie eine feste Ansicht über ihn haben,* – aber in Deiner Liebe zu ihm, fasse ich auch wieder Glauben zu ihm und habe eine Art Zutrauen zu einem inneren Kern in ihm, der nur durch allerlei

Unarten verborgen und zurückgehalten ist, wie wenn ein gesunder und reiner Born sich teilweise in Schlamm und Sand versickert; nun mein ich, Dein Schreiben an ihn räumt diese trübenden und schmälernden Hindernisse wohl hinweg, da Du grade an sein Herz gehest, wo ich vielleicht zu ungeschickt bin durchzufinden. Es ist nur der Wille, mich selbst besser zu ihm zu stellen, und alles was sich immer durch seine Briefe aufs neue zwischen uns drängte, zu überwinden, warum ich wünsche, dass Du ihn nicht versäumst; dann ist es auch mein Gewissen, was mich auffordert, dass Dich ihm nichts entfremde, denn wenn ich ihn je als treu und aufrichtig fassen kann, so ist's Dir gegenüber; umsomehr muss ihm dies erhalten bleiben, es ist die Quelle, aus der er verklärt aus dem Bad steigt. Hier hast Du seinen Brief an mich; was er von Dir sagt, ist so aufrichtig natürlich innig; aber das andre ist umso wunderlicher, dass es mir ganz seltsam vorkam. Ich bestrebe mich immer, wenn ich an ihn schreibe, sehr fasslich zu sein, und ganz wahr, allein es ist als müsse grade dies dazu dienen, die verkehrtesten Ansichten bei ihm über mich hervorzubringen, *es war mir, als ich den Brief gelesen hatte, und ist mir noch so, als ob er gar nicht für mich geschrieben sei.* – Aber wenn ich ihm das schreibe, so muss ich schon gewärtigen, dass er es für eine künstliche Anstalt halte, obschon ich ihm versichere, dass es ganz von selbst so gekommen, denn er kann sich wohl unmöglich denken, dass sein tieferes Eingehen auf meine Natur, wo er mich lobt und wo er mich tadelt, mir ganz fremd erscheine. – *Ich verstehe nur den Augenblick, in dem er mir geschrieben hat; – ich bin überhaupt nie weiter gekommen, als seine Augenblicke ein wenig zu verstehen, von dieser Augenblicke Zusammenhang und Grundton weiss ich gar nichts. Es kömmt mir oft vor als hätte er viele Seelen; wenn ich nun anfange einer dieser Seelen gut zu sein, so geht sie fort, und eine andre tritt an ihre Stelle, die ich nicht kenne und die ich überrascht anstarre,* und die statt jener befreundeten mich nicht zum besten behandelt; ich möchte wohl diese Seelen zu zergliedern und zu ordnen suchen. *Aber ich mag nicht einmal an alle seine Seelen denken, denn eine davon hat mein Zutrauen, das nur ein furchtsames Kind ist, auf die Strasse gestossen; das Kind ist nun noch viel blöder geworden, und wird nicht wieder umkehren, darum kann ich ihm auch nicht eigentlich von mir schreiben; sein Brief an Dich, über Wahrheit, hat mir viel Freude gemacht, und zugleich seh ich hell, was mir vorher nur dunkel und schwankend war. [...]*

Deine *Briefe haben mir viel Freude gemacht, zweifle nicht daran, liebe Bettine, weil ich Dir selbst so sparsam geschrieben habe, aber Du weisst, viel Denken und oft Schreiben ist bei mir gar sehr zweierlei; auch hab ich die Zeit schrecklich viel Kopfweh gehabt.*

Du schreibst mir gar nichts von Gundel und Savigny, tue es doch.

Ich stelle mir Eure Lebensart recht still, vertraulich und heimlich vor. Aber ich fürchte nur Du kommst wieder zu gar nichts.

Du hast Wissenstrieb ohne Beständigkeit, Du willst aber alles zu gleicher Zeit wissen und so weisst Du keinem Dich ganz hinzugeben und *setzest nichts recht durch, das hat mir immer leid an Dir getan. Dein Eifer und Deine Lust sind keine perenierenden Pflanzen, sondern leicht verwelkliche Blüten. Ist es nicht so? – Sieh, darum ist es mir gleich fatal gewesen, dass Dein Lehrmeister in der Geschichte Dich verlassen hat, die Begebenheiten unterstützen ordentlich Deinen natürlichen Hang. [...]*

Denke nicht, ich vernachlässige Dich, liebe Bettine, aber die Unmöglichkeiten, dem nachzukommen, was ich in Gedanken möchte, häufen sich, ich weiss sie nicht zu überwinden und muss mich dahin treiben lassen, wie der Zufall es will, Widerstand wäre nur Zeitaufwand und kein Resultat; Du hast eine viel energischere Natur wie ich, ja fast wie alle Menschen, die ich zu beurteilen fähig bin, *mir sind nicht allein durch meine Verhältnisse, sondern auch durch meine Natur engere Grenzen in meiner Handlungsweise gezogen, es könnte also leicht kommen, dass Dir etwas möglich wäre, was es darum mir noch nicht sein könnte. Du musst dies bei Dei-*

nem Blicken in die Zukunft auch bedenken. Willst Du eine Lebensbahn mit mir wandeln, so wärst Du vielleicht veranlasst, alles Bedürfnis Deiner Seele und Deines Geistes, meiner Zaghaftigkeit oder vielmehr meinem Unvermögen aufzuopfern, denn ich wüsste nicht, wie ichs anstellen sollte, Dir nachzukommen, die Flügel sind mir nicht dazu gewachsen. Ich bitte Dich, fasse es bei Zeiten ins Aug, und denke meiner als eines Wesens, was manches unversucht muss lassen, zu was Du Dich getrieben fühlst. Wenn Du auch wolltest manches Recht, was Du ans Leben hast, aufgeben, um mit mir zusammenzuhalten, oder besser gesagt, Du wolltest von dem Element, das in Dir sich regt, nicht Dich durchgären lassen, bloss um Dich meiner nicht zu entwöhnen, das wär ja doch vergeblich. Es gibt Gesetze in der Seele, sie machen sich geltend oder der ganze Mensch verdirbt, das kann in Dir nicht so kommen, es wird immer wieder in Dir aufsteigen, denn in Dir wohnt das Recht der Eroberung, und Dich weckt zum raschen selbstwilligen Leben, was mich vielleicht in den Schlaf singen würde, denn wenn Du mit des Himmels Sternen Dich beredest und sie kühn zur Antwort zwingest, so würde ich eher ihrem leisen Schein nachgeben müssen, wie das Kind der schlummerbewegenden Wiege nachgeben muss...

Ich wollte Dir wünschen Bettine (unter uns gesagt, denn dies darf niemand hören), dass jede tiefe Anlage in Dir vom Schicksal aufgerufen würde, und keine Prüfung Dir erlassen, dass nicht im Traum aber in der Wirklichkeit Dir das Rätsel auf eine glorreiche Art sich löse, warum es der Mühe lohnt gelebt zu haben. Pläne werden leicht vereitelt, drum muss man keine machen. Das Beste ist, sich zu allem bereit finden, was sich in einem als das würdigste zu tun darbietet, und das Einzige, was uns zu tun obliegt, ist, die heiligen Grundsätze, die ganz von selbst im Boden unserer Überzeugung emporkeimen, nie zu verletzen, sie immer durch unsre Handlungen und den Glauben an sie mehr zu entwickeln, so dass wir am End gar nicht mehr anders können, als das ursprüngliche Göttliche in uns bekennen. Es gibt gar viele Menschen, die grosse Weihgeschenke der Götter mitbekommen haben, und keines derselben anzuwenden vermögen, denen es genügt, über dem Boden der Gemeinheit sich erhaben zu glauben, bloss weil der Buchstabe eines höheren Gesetzes in sie geprägt ist, aber der Geist ist nicht in ihnen aufgegangen und sie wissen nicht, wie weit sie entfernt sind, jenen Seelenadel in sich verwirklicht zu haben, auf den sie sich so mächtig zu gut tun. – Dieses scheint mir also die vornehmste Schule des Lebens, darauf zu achten, dass nichts in uns jene Grundsätze, durch die unser Inneres geweiht ist, verleugne; weder im Geist, noch im Wesen. Jene Schule entlässt den edlen Menschen nicht bis zum letzten Hauch seines Lebens... Auch wie das Meer Ebbe und Flut hat, so scheinen mir die Zeiten zu haben. Wir sind in der Zeit der Ebbe jetzt, wo es gleichgültig ist, wer sich geltend mache, weil es ja doch nicht an der Zeit ist, dass das Meer des Geistes aufwalle, das Menschengeschlecht senkt den Atem und was auch Bedeutendes in der Geschichte vorfalle, es ist nur Vorbereiten, Gefühl wecken, Kräfte üben und sammeln, eine höhere Potenz des Geistes zu erfassen. Geist steigert die Welt, durch ihn allein lebt das wirkliche Leben, und durch ihn allein reiht sich Moment an Moment, alles andre ist verflüchtigender Schatten, jeder Mensch, der einen Moment in der Zeit wahr macht, ist ein grosser Mensch, und so gewaltig auch manche Erscheinungen in der Zeit sind, so kann ich sie nicht zu den Wirklichkeiten rechnen, weil keine tiefere Erkenntnis, kein reiner Wille den eignen Geist zu steigern sie treibt, sondern die Leidenschaft, ganz gemeine Motive. Napoleon zum Beispiel. – Doch sind solche nicht ohne Nutzen fürs menschliche Vermögen des Geistes. Vorurteile müssen ganz gesättigt, ja gleichsam übersättigt werden, eh sie vom Geist der Zeit ablassen. Nun! welche Vorurteile mag wohl dieser Aller Held schon erschüttert haben? – und welche wird er nicht noch bis zum Ekel sättigen? wie manches werden die zukünftigen Zeiten nicht mit Abscheu ausreuten, dem sie jetzt mit leidenschaftlicher Blindheit anhängen. Oder sollte es möglich sein, dass nach so schauderhaften Gespensterschicksalen der Zeit nicht gegönnt sei, sich zu besinnen? – Ich zweifle nicht dran, alles nimmt ein End und nur was lebenweckend ist, das lebt. – Ich habe Dir genug gesagt hierüber, Du wirst mich verstehen. Und warum sollte nicht ein jeder seine eigne Laufbahn feierlich mit Heiligung beginnen, sich selbst als Entwicklung betrachtend, da unser aller Ziel das Göttliche ist, wie und wodurch es auch gefördert werde? – Ja ich habe Dir genug gesagt, um Dir nah zu legen, dass jene Anlagen des höheren Menschengeistes das einzige wirkliche Ziel Deiner inneren Anschauung sein müsse, dass es Dir ganz einerlei sein müsse, ob und wiefern Dein Vermögen zur Tätigkeit komme. Innerlich bleibt nichts ungeprüft im Menschen, was seine höhere ideale Natur hervorbringen soll. – Denn unser Schicksal ist die Mutter, die diese Frucht des Ideals unterm Herzen trägt. – Nehme Dir aus diesen Zeilen alles, was Deine angehäuften Blätter berührt, beschwichtige Deine Ängstlichkeit und mich damit. Lebe wohl und habe Dank für alle Liebe und auch den guten Ephraim grüsse in meinem Namen und schreib mir von ihm und sprich auch mit ihm von mir.

Bettina Brentano an Karoline von Günderrode

Juni 1804

Lieber Günther. Hier habe ich einen Brief an Dich von der Hessenpost bekommen, es ist schon zu lange, daß wir uns einander nicht genähert haben, auch weiß ich nicht, was in diesem Brief stehet, um daß ich mir denken könnte, ob er einen freundlichen Eindruck oder einen schlechten oder gar keinen machen wird. Nach dem meinigen zu schließen, in welchen dieser eingeschlossen war, muß er wohl voll gerechter und billiger Lobeserhebungen sein, unter anderem schreibt mir Clemens: «Ich habe die Gedichte, welche Du von der Günderrode glaubst, gelesen, mit Entzücken gelesen, eine Menge Züge darin machen mir es glaublich, daß sie von ihr sind, aber der hohe Ernst, der Tiefsinn, die wunderschöne Sprache, die Gehaltenheit und vor allem die oft ganz klassische Kunstvollendung haben mich oft zweifeln lassen. Wenn Du gewiß weißt, daß der ‹Franke in Aegypten› von ihr ist, so kann alles von ihr sein, denn dieser ist ein ganz vortreffliches Gedicht, kein Weib hat noch so geschrieben, noch so empfunden.»

Hast Du mit dieser Stelle genug, oder soll ich Dir noch andere heraus schreiben? Doch was frage ich, solche hellglänzende Tautropfen können einer so glühend blühenden Blume nicht anders als wohlthuend sein, öffne nur recht Deinen Kelch, Du holdes Gewächs, und lasse Dir diese Perlen bis in das Innere des Busens rollen. Wieder sagt Clemens: «Ich habe durch diese Lieder eine wunderbare Hochachtung vor dieser wahrhaft begeisterten Sängerin erhalten.» Wieder sagt er an einem andern Ort, «daß es in seiner Art vortrefflich und als weibliches Produkt einzige Erscheinung sei.» Hier spricht er, mich aufmunternd: «Wenn Du wüßtest, wie viel Gutes, Veredelndes mir die Lieder von Günderrödchen gewährt haben, Du eiltest, auch Deine Jugend und ihre Träume zu befestigen.» Am Ende schreibt er: «Meine Briefe teile mit keinem Menschen.» Also wisse, daß ich Dir diese wenigen Zeilen nicht als einem Menschen mitgeteilt habe, und daß Du mir also nicht verargen sollst, wenn ich sie mit zu viel Wichtigkeit und schwesterlicher Liebe verbrämt habe.

Eines dieser Deiner Lieder hat mir einen großen Trost gewährt, «Wandel und Treue», es hat einen herrlichen Himmel mit leicht gefärbten, leicht hinziehenden Wolken, es ist so hingeflogen, es ist eine Poesie der Poesie darin, oder vielmehr die Poesie hat sich hier vermählt und abermals vermählt; nehme nicht übel, wenn ich mich undeutlich ausdrücke.

Wie ist es auf dem Trages, das Herz muß einem recht grünen in diesen grünen Wäldern und Wiesen, es muß so heiß glühen in diesem heißen Sonnenschein, es muß so frisch werden, es muß sich so herrlich abkühlen in den kühlen Bächlein und den Teichen, wo die Fischlein ihr junges nasses Leben verplätschern; ach, ich möchte auch mein junges Leben verplätschern, aber wenn auch der leichte Sinn gern so hin und her schwimmen möchte und so rechts und links herum schießen und sich dann wieder eine Weile mit dem Strom fortreißen lassen und mutwillig ihm dann die Bahn durchschneiden, so will das schwere Herz sich gern tief unter Gras und Kräuter, Wurzeln und Erde verbergen wie ein Maulwurf, um sich da abzukühlen und die dunkel blitzenden Augen hier aufzuthun. Und da nun ein Maulwurf und ein Fisch ganz verschiedene Naturen haben, die sich nie mit einander vereinigen können, so kann die arme Bettine weder zu Wasser noch zu Land Ruhe und Zufriedenheit finden.

Was machen denn die Seligen, das heißt die zwei Paradiesvögel, das heißt Adam und Eva, oder vielmehr Savigny und Gunda? Sind sie wirklich selig in ihrer Seligkeit? Es ist wenigen beschieden, selig zu sein in ihrer Seligkeit, aber Savigny kann nicht anders als nur durch die Seligkeit anderer seine eigene hervorbringen. «Darum, wenn ihr selig sein wollt, so legt euer Begehren in den Schoß des Herrn, darnach ist das andere all nichts und eitel Begehren» und so weiter. Gunda hat mir einen freundlichen Brief geschrieben vor ungefähr vier Wochen. Daß ich ihr nicht geantwortet habe, kömmt erstens von meiner Faulheit her, und denn leb' ich auch zu viel in den Tag hinein und kann nicht viel über mich selbst nachdenken, und da alles, was dieser Brief enthielt, Fragen und Sorgen um mich waren, so ward es mir immer etwas grau vor den Augen, wenn ich an das Antworten dachte. Sage ihr dies, daß sie nicht meine, ich habe ihre Liebe und Sorge für mich nicht geachtet. George, Marie, Lulu und ich werden allem Vermuten nach bis Sonntag bei euch anlangen und die Meline wieder mitnehmen; wenn ihr sie aber nicht hergeben wollt, so werden wir sie wohl bei euch lassen müssen. Die Großmutter jammert eben gar sehr, aber es ist dumm, sie sollte froh sein, wenn Meline ein bißchen Frühling einatmet; er läßt einem immer Kräfte zurück, die durch das Leben dauern.

Clemens schreibt mir immer, ich soll dichten, aber ich glaube, ich werde nie etwas Festes, Gesetztes hervorbringen können. Oft liege ich abends oder vielmehr nachts im Fenster und habe ganz herrliche Gedanken, wie es mir scheint; ich freue mich dann über mich selbst, meine Begeisterung begeistert mich sozusagen, aber da sind zwei einfältige Nachtigallen in unserer Straße, ich weiß nicht, ob sie eingesperrt sind oder irgendwo ihr Nestchen haben, die fangen gewöhnlich an, ihre liebenden, verliebten Lieder so leicht, so herrlich und ergötzlich her zu singen, wenn ich so mitten in meinem Dichten und Trachten bin, daß ich ganz alles vergesse und denke, du willst die Nachtigallen dichten lassen, du wirst doch des Menschen Ohr und Sinn nie so schön und herrlich erquicken können wie diese (denn etwas weniger Gutes als das Schönste und Beste hervor zu bringen ist doch auch schlecht), und schlecht mag ich nicht schreiben.

Adieu, ich habe Dir da eine Menge vorgeschwätzt und bin sozusagen ganz in einen vertraulichen Ton gekommen, von dem ich doch nicht weiß, ob er gut aufgenommen wird. Grüße den Savigny und die Gunda. Ich war der letztern ein wenig böse, habe ich doch ein ganzes Jahr lang mit ihr in einem Zimmer gewohnt, habe ich doch die Thränen nie zurückhalten können, wenn sie weinte. Und doch hatte sie kein Verlangen nach mir; aber der Mensch vergißt und vergibt alles in den letzten Stunden seines Lebens, und da es mir hier in dieser dumpfigen Stadt nun alle Augenblicke ist, als müßte ich aufschnappen, da der Geist mit Macht und Gewalt über alle alte Mauern hinüber durch Blüten und Lüfte und Wolken gezogen wird und der Körper, der nicht nachkann, ihn wieder mit Macht und Gewalt zurückhält, so bin ich denn in einer Art von Kampf zwischen Leben und Tod, weil die Seele sich von dem Leibe trennt und der Leib die Seele nicht losläßt, und deswegen vergebe und vergesse ich es auch, wobei ich jedoch kein Verdienst habe, da, wie Du siehst, die Not mich drängt. Apropos, sage doch der Gunde, sie solle doch den Herrn Schwaab auch einmal einladen, es thut ihm leid, daß sie nicht an ihn zu denken scheint.

Bettine

Bettina Brentano an Karoline

Sommer 1804

Ich möchte Dir zwar gerne eine Beschreibung unsers Studiums in der Geschichte geben, wenn ich nur einmal so weit wäre, einen festen Standpunkt in ihrer Ansicht zu erlangen, mein Meister scheint nachgerade eine Klippe zu sein, an welcher mein Studium wo nicht scheitern, jedoch festsitzen wird und – es hat mir noch nie so sehr an Mitteln gefehlt, es wieder flott zu machen. An die *spezielle* Geschichte Griechenlands ist nun einmal gar nicht zu denken, unser Lehrer ist von einem Religionsgeist besessen, der ihm keine andere gründliche Untersuchung und Auslegung erlaubt als die der heiligen Schrift; ich werde daher höchstens in dem Judentum einzige Kenntnis erlangen, welches mir eigentlich lieb ist, zudem ich für mich allein gewiß nichts darin würde gelernt haben.

Musik lerne ich mit Gewalt, das heißt die Mechanik derselben, mein Meister im Generalbaß ist wahrhaftig wie ein Blinder, den der Lehrling jeden Augenblick in Kot werfen kann. Zu zeichnen habe ich auch wieder angefangen und wundere mich sehr, daß ich in der langen Zeit, wo ich nichts gethan habe, nicht nur allein nichts verlernt habe, sondern vielmehr profitirt zu haben scheine. Dies alles mag wohl von der großen Ruhe und Stille in mir und der Natur herrühren. Dichter kann und mag ich jetzt nicht, ich habe mehrere Rezensionen von Goethe über jetzige Dichter gelesen, und wenn er darin von festem Gehalt, von reinem Ton, von ernster, tiefer Kenntnis spricht, so empfind' ich ebenso wohl ernste, tiefe Ehrfurcht für den Dichter, aber wie sollt' ich mich wagen ohne Vorbereitung? Ja, es kommt mir sonderbar kühn vor, wie mancher nur seiner eigenen, durch tausend böse Leidenschaften erhitzten Phantasie folgt, wie Eitelkeit ihn treibt, nach falschem Ruhm zu haschen; muß da nicht die heilige Natur (welche doch allein den wahren Weg bezeichnet) ihn verlassen und ihn als einen verlornen Sohn betrachten, wenn in jedem Augenblick, wo sie ihm ihre Tiefen erschließt, die Weltlichkeit ihn unfähig macht, sie zu erkennen? Ach, wahrlich! es ist keiner so groß, sich von Verhältnissen nicht niederdrücken zu lassen; glücklich der, dessen Fuß über Gebirge schreitet, dem werden sie doch nicht über den Kopf zusammenwachsen. Du sprichst mir von Schwermut in Deinem kleinen Brief, ich bitte Dich, prüfe Dich doch, ob es nicht aus Mißmut über Deine Lage ist, ob es nicht Kleingläubigkeit ist, ob es nicht Mangel an einer der drei göttlichen Tugenden ist, das erste ist, den Glauben an Dein Schicksal nicht zu verlieren, Deine Lebensgeschichte nicht als begrenzt zu denken, in dem letzten Augenblick, wo das Licht zu verlöschen scheint, kann es ja noch herrlich und groß entflammen und das Leben von allem Unrat und Schwarz reinigen; hiermit ist die Hoffnung auf das engste verkürzt, wie Du wohl einsiehst und die Liebe – die Liebe zu dieser Erschaffung, zu dieser Offenbarung der Herrlichkeit und Weisheit Gottes ist jedem Bessern eingepflanzt, und Du wirst Dich wohl hüten, Dein Gewissen darin zu verletzen und Mißtrauen gegen Dich selbst zu hegen. Ich weiß zwar nicht, ob Du genugsames Gewicht auf meine Freundschaft legst (das heißt so sehr, als ich es verdiene), allein das macht mir um meinetwillen wenig Sorgen; wenn Du mich nicht fest glaubst, so werde ich Dich einstens mit der Wahrheit meines Daseins überraschen, wir *müssen* noch mit einander eine große Freiheit erringen, wir dürfen nicht als Vormünder unserer jugendlichen Natur sie um ihr Gut betrügen. Werden wir denn die Scham ertragen, die uns vielleicht in einem andern Leben befallen wird, wenn wir sehen, welche Kleinlichkeiten uns Mutlosigkeit einflößten? Glaube nur nicht, daß ich schwärme, ich bin ganz bei Sinnen, ich will nicht alles durcheinander werfen, um mir einen Weg zu bahnen, ich will bedächtig und mit Gewißheit gehen, ich will den Respekt für Philister nicht verlieren, im Gegenteil, ich will die Zeit zu Rat ziehen, ich will warten, ich will klug und listig sein. Gott, ich könnte weinen, wenn ich dächte, daß Du bei Lesung dieses Briefes lachtest, wenn Du mich für einen *Narren* hieltest, indessen wünschte ich doch die Wahrheit Deiner Gesinnung über mich zu erfahren, zu erfahren, ob Du es nicht nur allein der Erfahrung, sondern auch der hellen, klaren Vernunft gemäß, erhältst an alle dies nicht zu glauben, keinen Enthusiasmus als Waffe gegen die Gemeinheit zu gebrauchen, sondern sich an den bisher statuirten Exempeln der verunglückten Waghälse zu begnügen und Frieden zu schließen mit den *gemachten* Menschen, indem wir einen Damm vor den gewaltigen Strom (der Natur und Freiheit in uns) bauen, welcher sie vor Ueberschwemmung ihres *gemachten* Eigentums schützet.

Adieu, ich bin Dir so gut, ich meine es so ernstlich, wenn alle dies nur Blindheit in mir wäre, wenn es nicht das Wahre wäre, dann wäre die Jugend auch Blindheit und die Freude und die Liebe und die Sehnsucht wäre lauter Lug und Trug.

Ich bin Dir zwar sehr Freund, glaube aber nicht, daß ich es aus Schwachheit bin, weil ich eine Stütze haben muß (obschon Du mir wirklich eine sein wirst, wenn Du Dich mir nicht entziehst), sondern weil ich es größer, besser finde, den Freund zu erhalten, weil in der Beharrlichkeit die Größe aller Werke und Geschöpfe enthalten ist; in dieser Rücksicht rechne ich auch auf Deine Freundschaft, denn wenn ich sie bloß durch mein Verdienst hätte erhalten wollen, so hätte ich schon lange daran verzweifelt.

Antworte mir bald, nicht ausführlich, nur will ich wissen, ob ich die Wahrheit spreche, je nachdem ich mich dann zurückziehen oder in Deinem Herzen verbleiben werde.

Bettine

Bettina Brentano an Karoline

Marburg, Herbst 1805

Wenn die Sonne die herrlichste Gegend erleuchtet, die ich hier von meinem Fenster aus übersehe, und allen Nebel wegnimmt, so daß ich alle die Pfade und Bächlein, die kleinen Stege, Brückelchen und sonstige Anstalten zum Fortkommen des Wanderers fest und klar und gangbar vor mir sehe, wenn ich bedenke, wie ein jeder dieser kleinen Pfade in eine andere Gegend, in einen andern Ort und endlich in ein anderes Land führt, wie auf jedem dieser verschiedenen Wege eine verschiedene Begebenheit unser Leben erwartet und mit sich fortzieht, wie da schon vorher Ruhe oder Leidenschaft, Glück oder Unglück bereit ist, uns zu empfangen, je nachdem wir uns wenden, und wenn ich zugleich bedenke, wie herrlich der Leichtsinn ist, der den ersten dieser Wege lustig antritt, dem keine Zweifel, keine Ahndungen Unruhe machen, der mit Gott im Herzen sich freiwillig und mit Kühnheit dem allgemeinen Gewebe preisgibt, der das Leben aufsucht, wo es am schönsten blüht, und es genießt mit Kraft, so kann ich mir gar nicht denken, daß alle diese Wahrheiten Dir nicht auch einstens Deine Schüchternheit werden überwinden helfen, daß Du nicht wirst Sehnsucht haben, Herz fassen zu lernen. Ach, wenn Du wüßtest, welche Seligkeit es ist, ein Herz zu fassen, besonders wenn man dies Herz liebt, – deswegen bin ich auch jetzt etwas unselig, weil ich das geliebte Herz nicht gefaßt habe. Kannst Du Dir nicht vorstellen, wie schon darin große Wollust liegt, wenn man mit jedem Schritt, den man ins Leben thut, die Kraft noch mehr zu thun, in sich vergrößert fühlt, wie man endlich Herr wird, wo man Sklave war, wie alle romantischen, unmöglich scheinenden Pläne nach und nach aus ihrem Dunkel hervorziehen, sich an dem Licht der Kühnheit deutlich und klar entspinnen und sich leicht und thunlich darstellen, ich sage Dir, wenn Du hier von meinen alten Festungsturme herabsehen könntest, dessen Ansicht vom Feldberg begrenzt ist und den ich alle Abend nach Sonnenuntergang ganz allein besteige, die Liebe Gottes, das feste Vertrauen auf ihn und der Mut, das Leben, welches er Dir darbietet, in seiner ganzen Fülle zu genießen, würden in stolzen Wellen aufbrausen und an die Brandung Deines Herzens schlagen, mit Gewalt, und es endlich mit sich reißen in die hohe Flut.

Würdest Du dann Deinen Freund nicht freudig umarmen, der am Eingang Deines Kerkers Deiner wartete, um mit Dir Hand in Hand zu gehen?

Wann einmal wieder die Oper «Axur» gegeben wird, so gehe mir zu lieb hinein und merke auf die Arie, die so anfängt:

«Mich verlieren» bei den Worten,

Bei drohenden Gefahren
Will ich zum Trost dir eilen,
Mit dir den Kummer teilen,
Vertraue nur auf mich.

Mir hat diese Musik immer das Gelübde abgelockt, die Gefahr einstens aufzusuchen, um sie teilen zu können mit dem Freund und ihn zu trösten.

Mein Gott! ich habe niemand, mit dem ich ernstlich sprechen könnte, ohne daß er mir gerade ins Gesicht sagen würde, Du sprichst Kinderei, Du lügst, Du bist gespannt, Du extravagirst und meistens in den Augenblicken, wo mir Gott mehr die Gnade verleiht, mich in der Sprache auszudrücken, welches nur selten geschieht; Du allein, wenn Du auch nicht zu meinen Ideen eingingst, hättest doch eine Art von Achtung vor denselben, wie vor aller Phantasie der Dichter hat.

Savignys Liebe zu mir scheint auch nichts Bedeutendes hervor zu bringen; er sagte mir zwar anfangs, daß ihn mein

Zutrauen freuen würde, ja, daß er nicht vergnügt sein könnte ohne meine Liebe (ich glaube die Bitte um das tägliche Brot macht den Wein vergessen), indessen ist er doch immer der beste unter den Menschenkindern und man mag ihn mit Recht den Engel nennen, und wenn er mich auch nicht dazu auffordert, ihm meine Gedanken mitzuteilen, so fordert mich sein Anblick doch auf, gut zu sein und Gedanken zu haben, die seiner Teilnahme wert sind. Ich fühle eine gewisse Freude dabei, wenn ich so mitten unter den anderen in einer Art von Einsamkeit lebe, von der niemand weiß. Du warst mir in meiner Einsamkeit oft, was das Echo dem Dichter sein möchte, der sich seine eigene Poesie wieder darstellen will, das heißt, ich sprach bei Dir alles, als wenn ich allein wäre, sprach nicht um Deinetwillen, sondern um Gottes willen, und in dieser Hinsicht ist mir auch das Echo ein großmütiger Freund, ein lieber Freund, dem ich ewig Dank schuldig bin und den ich zum Teil an Dir abverdienen will durch Treue, Wahrheit und Teilnahme an Deinem Schicksal, durch Ehrerbietung gegen Dein Gemüt, wenn Du Dich mir nur nicht entziehen willst, wenn Du nur immer Dein Vertrauen zu mir stärken und erhalten willst. Wir haben ja doch nichts anderes auf der Welt als dies, aber dies eine ist auch ein Stamm, der einstens einen grünen Zweig hervorbringen soll (und lache nicht über das, was Ich hervorbringen will).

Dem alten Klausner teile meine Briefe manchmal mit, wenn Du glaubst, daß sie bedeutend genug sind, um ihm Freude zu machen, und lasse sein getreues Herz nicht verschmachten, gib ihm etwas von unseren ehemaligen Zusammenkünften preis und unterhalte und bilde seine Liebe zu mir, er hat *Energie*.

Von unserer Wohnung will ich Dir auch etwas sagen, Meline und ich haben ein sehr schönes Schlafzimmer, welches gleicher Erde mit dem daranstoßenden Garten ist und in welchem gerade eine Hecke dicht vor den Fenstern hergeht, aus dem Schlafzimmer geht man in das, worin wir lernen, welches aber von einem hohen Berge die Aussicht über die Stadt ins weite, weite Feld hat, gelt Du, sehr schön! Ich bin meistens allein in diesem Zimmer, und wenn Meline da ist, so merke ich sie nicht einmal, so lieb und gut und still ist sie, und ich bin froh, mit ihr zu wohnen. Savigny und Gunda wohnen in ihrem eigenen Häuschen, wo wir auch zu Mittag und zu Nacht essen, und wenn Savigny lustig ist, so bin ich immer sehr froh und glücklich; wenn er sein Kind betrachtet und Freude an ihm hat, so betrachte ich ihn und habe auch Freude an ihm und wünsche dabei, ich hätte auch einen Vater, der mich betrachtet und Freude an mir hätte; wie wollte ich mich ihm zu Gefallen so freundlich und artig geberden. Adieu, Gott sei mit Dir, wie habe ich mir zu Gefallen doch so viel mit Dir geplaudert. Von meinem Lernen schreibe ich Dir nächstens.

Bettine

Bettina Brentano an Karoline, nachdem diese sich von ihr getrennt hat:

Frankfurt, April 1806

Ich hätte gern, daß Du der Gerechtigkeit und unserer alten Anhänglichkeit zu lieb mir noch eine Viertelstunde gönntest, heut oder morgen; es ist nicht, um zu klagen, noch um wieder einzulenken. Beides würde Dir gewiß zuwider sein und von mir ist es auch weit entfernt. Denn ich fühle deutlich, daß nach diesem verletzten Vertrauen bei mir die Freude, die Berechnung meines Lebens nicht mehr auf Dich ankommen wird wie ehemals, und was nicht aus Herzensgrund, was nicht ganz werden kann, soll gar nicht sein.

Indessen fühle ich immer noch, daß Du Ansprüche auf meine Dankbarkeit machen kannst, obschon sie Dir wenig nützen kann. Ich habe manches, was ich nicht für Dich verloren möchte gehen lassen, dies alles hat ja auch nichts mit unserem zerrüteten Verhältnis gemein, ich will auch dadurch nicht wieder anknüpfen, wahrhaftig nicht! im Gegenteil, diese Ruinen (größer und herrlicher, als Du vielleicht denkst) in meinem Leben sind mir ungemein lieb, und wenn ich an Goethes Wandrer dabei denke, so wird mir ganz wohl und leicht dabei, ich versteh' ihn dann dreifach.

Ich habe mir statt Deiner die Rätin Goethe zur Freundin gewählt, es ist freilich was ganz anders, aber es liegt was im Hintergrunde dabei, was mich selig macht, die Jugendgeschichte ihres Sohnes fließt wie kühlender Tau von ihren mütterlichen Lippen in mein brennend Herz, und hierdurch lern' ich die Jugend anschauen, und hierdurch lern' ich, daß seine Jugend allein mich erfüllen sollte, eben deswegen auch mache ich keine Ansprüche mehr auf Dich.

Du hast zur Glodin gesagt, ich wüßte, warum Du Dich mit mir entzweit hättest. Ich weiß es aber nicht und ich denke, Du wirst es billig finden, meine Fragen darüber zu beantworten, nicht um Dich, sondern um mich zu berichtigen. Ich habe bis jetzt geglaubt, der Creuzer hab' etwas gegen mich, oder die Servières hätten mir die Suppe versalzen; es sei dem allen nun, wie ihm wolle, ich verspreche Dir, mich nicht weißbrennen zu wollen, wie Du vielleicht denkst, oder Dir Vorwürfe zu machen, erlaub also, was ich fordern kann.

Wenn mir mein Freund das Messer an die Kehle gesetzt hätte und ich hätte so viele Beweise seiner Liebe, so freundliche, so aufrichtige Briefe von ihm in Händen gehabt, ich würde ihm dennoch getraut haben. Die Briefe mußt Du mir wieder geben, denn Du kömmst mir falsch vor, so lang Du sie besitzest, auch leg' ich einen Wert darauf, ich habe mein Herz hinein geschrieben,

Bettine Brentano

Karoline von Günderrode an Friedrich Creuzer

Freitag, den 30. XI. 1804

Ich habe keine Ansprüche an Sie, nehmen Sie also was ich sagen werde für keinen Vorwurf, da dies mein lezter Brief ist, soll er Ihnen nur meine inerste Gesinnung enthüllen, denn heimlich schreiben mag ich Ihnen nicht; da diese Sache zur Sprache kam mußte sie durchgesezt oder aufgegeben werden. – Meine Briefe waren Ihnen das liebste u Erfreulichste,

Sie geben Sie auf, nicht gegen was Großes u Vortrefliches, nein, wie Sie selbst gestehen, «wegen eitler Besorgnis, wegen der Schwachheit in Gestalt des Weibes». Es ist hier nichts Verdamliches, es ist nur schlim daß Sie sich für selbständiger halten als Sie sind u daß Sie sich nicht eingestehen wollen daß Sie eigentlich Ihrer Frau in vielem Sinn angehören; u warum sollte das auch nicht sein, sie ist gut und liebt sie, und tadellos ist Niemand. Kehren Sie ganz und mit Bewustsein zu ihr zurük dann haben Sie doch Etwas für Ihre Opfer, wenn Sie aber ihr zu lieb imer das Liebste aufgeben u sie doch dafür nicht besitzen u festhalten mögen, so verarmen Sie unausbleiblich. Sie haben Ihre Frau zu Ihrem Schiksal heranwachsen lassen, aber man soll sich kein Schiksal geben, oder es ehren u nicht dawieder murren.

Leben Sie wohl, recht wohl u bleiben Sie mir gut. C

Mahomed u alle Gedichte die Sie kenen sind verkauft brechen Sie also alle Unterhandlungen deshalb ab.

Hektor ist ein blindes Werkzeug.

Friedrich Creuzer an Karoline

Heidelberg, d. 5. Dezember (1804)
(Mittwoch)

Ich könnte viel schreiben von dem Schmerz der in meinem Gemüthe wohnt seit 2 Stunden da ich Ihren Brief gelesen, von dem Kontrast des Eindrucks den mir Hektors Stimme machte (an der ich immer froh die Schwester erkenne) und des Inhalts dieses Briefs.

Aber ich will objektif und ein Fremder erscheinen vor einer fremden, harten Richterin.

Hören Sie mich – ich fordere nur Gerechtigkeit:

1. Es ist bei mir ein Gedanke gewesen ob ich Ihre Briefe, diese Verbindung mit Ihnen entbehren könne oder wolle. Ich *kann* sie nicht entbehren. Aber freilich nun werde ich *müssen*.

2. Viele Ihrer bisherigen Briefe enthalten Ermahnungen, die Oberfläche meines Lebens zu ebnen – im Verhältniß zu meiner Frau freundlich zu seyn u. dergl.

3. Nun äußerte leztere wieder einiges Mißtrauen und Unruhe mit Winken auf meinen Briefwechsel mit Ihnen.

4. Demnach konnte ich glauben Ihrem Sinne nicht zuwider zu handeln, wenn ich einen andern Weg einschlug Ihre Briefe zu erhalten.

Hatten Sie es doch zuerst gebilligt daß schon Briefe an mich durch einen indirekten Weg gehen sollten.

Hätte ich aufs entfernteste ahnden können, daß Ihnen ein ganz ähnlicher Weg, zum zweitenmal eingeschlagen, zuwider sey – nie wäre es mir in die Seele gekommen, auch nur ein Wort davon fallen zu lassen. Und wenn Sie etwa zweifeln sollten an meinem Muth und an der Entschiedenheit des Bewußtseyns dessen, was ich will – so sage ich Ihnen mit der ganzen Wahrhaftigkeit meines Charakters:

1. daß ich ferner jeden Brief auf dem direkten Weg (unter der Addresse an mich) sicher und unversehrt empfangen haben würde, und auch künftig empfangen würde, wenn dies: *künftig* nicht für mich untergegangen wäre, denn Sie *wollen* ja nicht!

2. daß nie ein Brief von Ihnen Jemand anders als wovon Sie wissen (d. h. Ihr erster dem Schwarz) zu Gesicht gekommen ist.

3. daß ich Sie in *keiner Hinsicht* comprommittirt habe. So sehr ich auf Kaysers Discretion bauen könnte, (denn er ist ein verschwiegener fester, vernünftiger und gemüthvoller Mann) habe ich ihn doch nichts vertraut, was nicht z. B. die Daub durch die *äußere Notwendigkeit* auch weis, wie Ihnen bekannt ist.

Schwach bin ich *nicht*. Ich habe Muth zu handeln und zu dulden.

Glauben Sie aber Ihre Briefe nicht gut bei mir aufgehoben – so will ich sie Ihnen, – was es mich kosten wird weis ich – sämtlich wieder zurücksenden – will es missen das theure Besitzthum, dieses Pfand Ihres verlornen (?) Zutrauens.

O es ist bitter in Ihrer Seele den Verdacht zu wissen, als achtete ich Verhältnisse Ihnen gegenüber. Mehr kann ich nicht sagen. Wozu auch? Sie haben ja abgeschlossen.

Freilich wollte ich Ihnen viel sagen ehe ich *diese* Post empfing. Ich wollte Ihnen schreiben, wie ich mich bemühe, Ihren Mahomed und andere Poesieen in derselben Buchhandlung erscheinen zu sehen, woraus Göthes Sachen hervorgegangen – wollte geschwätzig seyn sogar und Ihnen erzählen wie Clemens täglich schmerzliche Briefe schreibe aus Berlin an seine Frau erkrankend am Heimweh und Sehnsucht nach derselben – wie er nächstens zurückkehren werde, weil er nicht seyn könne ohne die Mereau, was dies für Eindrücke gemacht auf sie. – wollte Dir (Verzeihung! *Ihnen.* Es war wahrlich unabsichtlich.) eine lange Uebersetzung schicken von Plotinos für Sie und Frau von Heyden, wollte Ihnen sagen, daß ich etwas davon werde drucken lassen in einem Journal das nun sicher erscheinen wird herausgegeben von Daub und mir – wollte fragen ob Sie bis gegen Februar hin etwas dichten wollten (oder etwas in Prosa schreiben) für diese Schrift – wollte Sie endlich bitten, wenn Sie unter fremder Addresse nicht an mich schreiben wollten, unter der meinigen mir zu schreiben. – Das ist alles aber nun vorbei. Sie haben mir viel gegeben um mir viel zu nehmen. Leben Sie wohl. Ich *darf* Sie nicht bitten mir gut zu bleiben, denn Ihr Brief sagt daß Sie dies mir nicht mehr sind.

Ach möchte doch die Gerechtigkeit zurückkehren in Ihr Gemüth – dann würden Sie erkennen daß ich niemand angehöre als Ihnen.

So aber – doch Schweigen Sie hier besser.

Ich wollte die Frau von Heyden bitten Ihnen diesen Brief zu geben – hoffend daß sie mich vertrete bei Ihnen – doch nun muß ich direkt schreiben und Ihnen vielleicht überlästig erscheinen, weil ich die Addresse der H[eyden] vergaß, und fürchtete dieser Brief möchte in fremde Hände fallen.

Friedrich Creuzer an Karoline

Heidelberg, den 21. März 1805
(Donnerstag)

Ich bin ordentlich aufgebracht über Sie.

Ja ich will es nur gerade heraussagen, was Sie selbst sagen in Ihrem Brief: es ist eine Schlechtigkeit in Ihnen. Hören Sie nur: Sie sind verklagt bei mir und das mit Recht. Es ist ein Neid gegen mich gegen die H[eyden] gegen die Besseren in der Welt so gewaltsam zerstören zu wollen die Blüten die Du trägest, so zu sündigen mit Vorsatz gegen das Gebot der ewigen Natur welche Selbsterhaltung fodert.

Ach Lina diese Stimmung ist nicht gut und Du thuest unrecht damit. Das ist nicht die rechte Erhebung über das Leben wenn man gewaltsam verwirrend zu zerreißen strebt seine zarten Fäden.

Der Natur gehorchen und dennoch über dem Leben stehen – das ist die Weise großer Menschen und es gibt eine Diät des Leibes wie des Geistes welche aufs freundlichste harmonirt mit der idealen Ansicht dieses Lebens im Leibe. Diese Diät zu finden war der Mittelpunkt der praktischen Weisheit Deines Pythagoras. Der heiligen Betrachtung hingegeben lebte er dennoch mit vernünftiger Sorgfalt auf die Forderungen des Leibes. Wenn ich Sie noch länger für seine Schülerin halten soll so müssen Sie ihm folgen.

Gewiß meine Liebe die Sache ist ernsthaft. Siehe wie ich hier in Sorgen sitze dieweil ich weis, daß Du krank und Du *willst* mir solche Sorgen schaffen. Ums Himmels willen befreunde Dich doch mit der Natur auch in dieser Hülle und mit dem Frühling und mit der Freude. Ich lasse nicht eher ab, bis Du mir versprochen daß Du Dich uns erhalten willst so lange Du kannst und nur dies sey der Sinn unseres Bundes daß wir gerne gehen wollen wenn die Natur uns abrufen wird, voll der frohen Zuversicht daß wir Liebe finden auch bei den Schatten.

Schon hier hab' ich oft im Stillen darüber getrauert, daß Sie sich zu sehr entzogen nahrhaftere Kost und des stärkenden Weins Reiz. Bei der beständigen geistigen Production, dachte ich traurig oft, kann das in die Länge gar nicht bestehen. – Jezt also noch einmal bitte bitte erhalten Sie doch Ihr liebes Leben. –

Dein blüthenreiches Leben.

Ja da hast Du mir wieder einen vollen Blüthenstraus Deiner Poesie in den Frühling hineingeworfen. Wie hätte er mich froh gemacht, wäre die trübe Nachricht nicht dabei von Deinem Krankseyn – Um der Liebe willen schone Dich.

Ich wüßte nicht daß mir die Grundidee irgend eines Deiner Werke besser gefallen hätte als in diesem*. Ich darf es wohl sagen, sie ist groß. Zwar hat es Deine gesammte Dichtung an der Art centripetal los zu gehen auf den Mittelpunkt der Menschennatur – aber dieses Drama greift doch kräftiger und tiefer als eines den Kern der Menschheit auf. Das Walten der strengen Nemesis über dem Hochstreben der Menschen ist treflich symbolisirt in dem sterbenden Magier. Tief hat mich die Scene von dem unerbittlichen Todeseilen erschüttert.

Mit Freude sag ich Dir, daß ich in diesem Drama die organische Ganzheit der Idee, obwohl ich es noch nicht *ganz* vor mir habe, deutlicher erkenne als in irgend einem Deiner Andern. Darüber solltest Du Dich selbst recht freuen, denn Du weist wohl daß jene Ganzheit doch am Ende den Werth jedes Kunstwerkes entscheidet.

Fehlt diese – was helfen dann die glänzendsten Stellen.

Aber auch hierin steht es keinem nach, wiewohl Udohla** mehrere vorzüglich gelungene hat. Kurz das zulezterhaltene gefällt mir noch besser.

Dafür rücke ich aber nun auch hervor mit einer Forderung; nämlich die Diktion im Einzelnen bedarf hin und wieder noch einer Durcharbeitung. Selbst einige Verse scheinen mir um ein Glied zu kurz.

Siehe das ist aber auch all mein Tadel Du doppelt magische Zauberin – nicht blos durch alles bisherige – auch durch Deine neue Magie bin ich nun gefesselt.

* «Magie und Schicksal»
** Drama der Günderrode

Du hättest, wenn ich das so bedenke, wohl Ursache froh ins Leben zu schauen da Dir die Freude ward so viel Freude zu geben, Wolle doch leben Lina um unsertwillen, H[eyden] und mich!

Ich bin auch wieder mehr lebenslustig und kann so manchmal recht lebhaft den Vorsatz hegen noch viel zu wirken in dieser Welt und mir noch ein ordentliches geistiges Reich zu erobern dessen Besitz mich freue – wenn ich spät sterbe.

In der That hab ich auch alle Hände voll zu thuen, so daß mir die späte Nachtstunde schon deswegen willkommen ist, weil sie mich mir selbst doch, Dir wiedergibt. Das ist kein Ende von Geschäften – da wollen die Zuhörer befriedigt seyn im Ganzen und wenn der Einzelne mein begehret – da wird eine versprochene Recension gemahnt – dort ruft ein Universitätsgeschäft zu Berathschlagungen mit den Collegen oder mit dem Curator – jezt sollen alte Manuscripte nach Nürnberg oder Augsburg expedirt werden, die man schon zu lange und zum Verdruß des ängstlichen Bibliothekars behalten hat. – Dort dringt eine literarische Correspondenz –

Sehen Sie da eine Skitze meines Lebens – die Zeit hat Flügel – Wie die Liebe.

Wären leztere leiblich, wie oft würden sie mich Abends nach F[rankfurt] tragen müssen an die Thüre meiner Lina. – So aber muß die irdische Chaussee und der Rosse Kraft ins Mittel gezogen werden.

Erst gegen Anfang Mai werde ich etwas frei werden. Wenn dann meine Lina mit unserer H[eyden] irgend ein Dörfchen bei Darmstadt oder im Odenwald zu unserer Zusammenkunft wählen könnten und wollten – wer wäre dann glücklicher als ich. Frankfurt ist zu laut zu *angefüllt* mit Argusaugen.

Der Brief von Savigny ist doch recht lieb. Was er aus der Vergangenheit vom Gegentheil enthält – ist ja blos Folge der ganzen Denkart dieses sonst so trefflichen Menschen und ihm nicht zuzurechnen.

Du solltest ihm recht offen schreiben und lieb wie Dein Herz Dir es eingeben wird.

Eilen Sie nicht mit dem 3ten Act des Drama! Ich will gerne warten. Du producirst zu viel und zu schnell. Das reibt Dich auf. Ich bitte schone Dich. Du mußt mir versprechen lange lange nichts ernsthaftes mehr zu arbeiten.

Hierbei folgt nun der Anfang der Studien und zwar bereits Alles was ich hineinliefere. Vom Anfang bis Seite 104 ist von mir. Lies es gelegentlich mit unserer H. Ich muß mich damit abfinden, da ich jetzt keine Zeit habe zum Pythagoras. In den Ferien werd' ich von dessen *Lehren* das Hauptsächlichste übersetzen und Ihnen senden. Jezt beschäftigt mich sehr die Abfassung einer lateinischen Schrift die mich oft in einen solchen Haufen von Büchern begräbt, daß ich kaum Fußbreit Raum behalte.

Du hast aber einen thörigten Tausch gethan da Du Dein Drama gibst gegen das was ich da gebe. Wie Glaukos that gegen den Diomedes hingebend seine goldne Waffenrüstung gegen die eherne, so thust Du gegen mich.

Bei den Anmerkungen, wo Worte und sogar Commata zur Sprache kommen muß ich Ihnen beiden sehr dringend den Gedanken anempfehlen, daß es für eine Andacht gehalten wird gegen das Alterthum an einer Bildsäule beschädigte Finger oder Nasenspitzen sorgsam zu restauriren – so ist unser Geschäft, der Kritiker.

Leb wohl Lina und gesunde um eines armen Mannes willen dessen Leben dem Deinen angehöret.

Die Besorgung an die Lisette werde ich ausrichten.

Im Sommer werd ich in einem Garten zuweilen wohnen wo ein kleines Stübchen mein gehört das eine Aussicht hat wie Du sie liebst heimlich und nah. Dorthin wird Dein Bild mich begleiten und alles liebe was ich von Dir habe.

Direct schreiben Sie mir doch nicht, sondern lieber durch den treuen Kayser; ich fühl' es selbst daß der Weg durch den Buchhändler nicht gut ist; ich werde ihn vermeiden.

Karoline an Friedrich Creuzer

d. 22. März 1805

Den vorigen Sonntag war ich den ganzen Tag allein zu Hause. Abends hatte ich etwas Brustschmerzen, und nicht nur war ich sehr ruhig darüber, ich möchte fast sagen, innig froh; ich dachte an alle mich umgebenden drückenden Verhältnisse, und da war mir der Gedanke, ihrer vielleicht bald entfesselt zu sein, sehr erwünscht. Zugleich dankte ich dem Schicksal, daß es mich so lange hatte leben lassen, um etwas von Schellings göttlicher Philosophie zu begreifen und, was ich noch nicht begriffen, zu ahnen, und daß mir wenigstens vor dem Tode der Sinn für alle himmlischen Wahrheiten dieser Lehre aufgegangen sei; denn ich gedachte jener Stelle aus Sophokles: «O der Sterblichen Glückselige, welche die Weihung erst schauten, dann wandelnd zum Hades; denn ihr Anteil allein ist es, dort noch zu leben.»

Auch deiner gedachte ich recht innig und freute mich, bei dir zu sein; denn ich hoffte, du müßtest wohl auch bald sterben. Dann fielen mir jene Sonette ein, die Sie mir einst schenkten; ich durchlas sie so gerührt, daß ich hätte weinen können.

Ihr Brief, den ich kürzlich erhielt, hat nachmittags mich so fremd angesehen, und ich konnte weder seine Sprache noch seine Blicke recht verstehen. Er ist so vernünftig, so voll nützlicher Tatlust und gefällt sich im Leben. Ich aber habe schon viele Tage im Orkus gelebt und nur darauf gedacht, bald und ohne Schmerz nicht allein in Gedanken, nein ganz und gar hinunterzuwallen. Auch Sie wollte ich dort finden, aber Sie denken andere Dinge. Sie richten sich eben jetzt recht ein im Leben und, wie Sie selber sagen, soll der Sinn unseres Bundes sein, «daß wir gerne gehen wollen, wenn die Natur uns abrufen wird» – welches wir auch wohl getan hätten, ohne uns zu kennen. Ich meinte es sehr anders, und wenn Sie weiter nichts meinten, so sind Sie ganz irre an mir und ich an Ihnen, denn alsdann sind Sie gar nicht der, den ich meine; erklären Sie sich also darüber, damit ich wisse, was ich von Ihnen zu hoffen habe. Die Freundschaft, wie ich sie mit Ihnen meinte, war ein Bund auf Leben und Tod. Ist Ihnen das zu ernsthaft? Oder zu unvernünftig? Einst schien Ihnen der Gedanke sehr wert, mit mir zu sterben und mich, wenn Sie früher stürben, zu sich hinunterzureißen. Jetzt aber haben Sie viel wichtigere Dinge zu bedenken, ich könnte ja noch irgend nützlich in der Welt werden. Da wäre es doch schade, wenn Sie Ursache meines frühen Todes sein sollten. Ich muß nun Ihrem Beispiele folgen und ebenso über Sie denken. Ich verstehe diese Vernünftigkeit nicht. –

Verzeihen Sie mir! Ich fühle wohl, wie überreizt ich bin; meine Art, zu sein, muß Ihnen lästig werden.

Wissen Sie, welcher der Sinn unseres Bundes war, daß ich nicht länger ... [Hier reißt der Brief ab.]

Karoline an Friedrich Creuzer

d. 23. April 1805

Ich habe diese Nacht einen wunderbaren Traum gehabt, den ich nicht vergessen kann. Mir war, ich läg zu Bette, ein Löwe lag zu meiner Rechten, eine Wölfin zur Linken und ein Bär mir zu Füßen! Alle halb über mich her und in tiefem Schlaf. Da dachte ich, wenn diese Tiere erwachten, würden sie gegeneinander ergrimmen und sich und mich zerreißen. Es ward mir fürchterlich bange und ich zog mich leise unter ihnen hervor und entrann. Der Traum erscheint allegorisch, was denken Sie davon? Seitdem mir eingefallen, was Ihnen die Heyden schreiben wird, ist mein guter Geist von mir gewichen; ich wandle in wunderlichen Planen herum. Es ist mir innerlich unruhig und alles fremd. Sie selbst sind mir fremd, nicht der Empfindung, sondern der Kluft nach, die ich zwischen Ihnen und mir weiß und *deutlicher* einsah. Ich bin wie ausgestoßen aus meiner süßen Heimat und bin unter meinen eigenen Gedanken so wenig an meinem Platz wie diese Nacht unter den Raubtieren, die der seltsame Traum mir zu Genossen gab.

d. 26.

Gestern war ich bei der Heyden. Ich schrieb ein paar Zeilen an dich, die der Abdruck meiner Unruhe waren, denn es ist mir nicht möglich, dir etwas zu verbergen, weil ich mich Ihnen nicht teilweise, sondern immer mich selbst geben muß.

d. 27.

Der Freund [Karoline] war eben hier; er sagte, oft schon hätte er Ihnen schreiben wollen, aber es sei ihm so unbehaglich, da er das, worum es ihm eigentlich zu tun sei, doch nicht schreiben könne. Ich versichere, er ist Ihnen ganz ergeben. Sagen Sie mir, wie haben Sie ihn so gewonnen? Was sein übriges Leben betrifft, so merke ich immer mehr, daß seine heroische Seele sich in Liebesweichheit und Liebessehnen ganz aufgelöst hat. Dieser Zustand ist nicht gut für einen Menschen, der doch für sich allein stehen muß und der wohl nimmer mehr dem Gegenstand seiner Liebe vereint wird. Er kann die Resignation nicht lange ins Auge fassen, er täuscht sich oft darüber; zeigen Sie ihm die Unmöglichkeit, unterstützen Sie mich. Ihre Zuredungen werden am besten wirken. Es ist sonderbar, aber in Gedanken besitzt er seinen geliebten Gegenstand so *ganz*, daß es viele Augenblikke gibt, in denen er meint, man könne nur so gewiß und ausführlich denken, was einmal so wirklich würde, wie man es dächte.

Wenn ein solcher Paroxysmus vorüber ist, wird er immer schrecklich traurig. Sagen Sie mir, wie soll ich mich zu ihm verhalten?

Karoline an Friedrich Creuzer

Mittwochs, 15. 5. 1805

Es schlägt eben elf Uhr. Tiefe Stille ist um mich, es ist mir sehr wehmütig. Ich fürchte, du bist krank, und erwehren kann ich mich der Ahndung nicht, du werdest bald sterben. Wo bist du jetzt? Fühlst du mein Sehnen nicht? – Werde ich gewaltsam meines Lebens Faden zerreißen, wenn du stirbst?

Werde ich geduldig und zaghaft genug sein, ein freuden- und bedeutungsloses Leben zu ertragen?

Der Freund fragt, warum Sie ihm nichts über das Griechische sagen? Er fürchtet, es hätte Ihnen mißfallen. Über das Beikommende will er Ihre Meinung wissen.

Karoline an Friedrich Creuzer

vor dem 26. 6. 1805

Der Freund [Karoline] ist in großer Unruhe, wie Sie die Einsicht in das Unmögliche, die Ihnen die letzten Briefe zeigen, ertragen werden. Sie haben gehofft, er selbst hat es dunkel geahnt, jetzt ist es auf einmal aus auf immer, das holde Licht verlischt auf den letzten Strahl. Wie werden Sie das empfinden? Werden Sie sich nicht wegwenden von einer Aussicht, die sich in trübe Nacht verliert.

Ich fasse die Änderung deiner Gesinnung nicht. Wie oft hast du mir gesagt, meine Liebe erhelle, erhebe dein ganzes Leben, und nun findest du unser Verhältnis schädlich. Wie viel hättest du ehmals gegeben, dir dies Schädliche zu erringen. Aber so seid Ihr, das Errungene hat Euch immer Mängel. Ich darf dich auch bitten, anders darüber zu denken, doch nicht erweichen wollen, wie ich in meinem vorigen Brief tat. Es geziemt mir dieses nicht und könnte mir Vorwurf zuziehen. Und das muß ich berechnen, seit Schwarz vielleicht wieder Einfluß auf dich hat, denn nicht Liebe richtet mich allein, auch dieser, der mich nicht versteht. Mir ist, du seist ein Schiffer, dem ich mein ganzes Leben anvertraut, nun brausen aber die Stürme, die Wogen heben sich. Die Winde führen mir verwehte Töne zu, ich lausche und höre, wie der Schiffer Rat hält mit seinem Freunde, ob er mich nicht über Bord werfen soll oder aussetzen am öden Ufer?

Sieh, in solcher Lage fühle ich mich, doch mein Gefühl entscheidet nicht. Wenn du dich in Gefahr glaubst, rette dich, setze mich aus an das Ufer. Niemand kann es tadeln, ich selbst nicht. Wenn dem innigsten heiligen Leben Verderben droht, soll man es sicherstellen um jeden Preis. Ich bitte, tue, was dir gut dünkt. Alles kann ich ertragen; heilig wie das Schicksalswalten ist mir, was du beschließt.

Wohl erwogen hatte auch ich mir einen Genuß und Gewinn von unserem Verhältnis, ich war um eines Menschen Liebe reicher und opferte nichts dafür auf, entbehrte nichts. Zwar weiß ich mich rein von jedem ungerechten Anspruch auf dich, doch ohne daß ich es wollte, entriß ich dich deinen vorigen Verhältnissen. Du wurdest ein Fremdling in deiner nächsten Umgebung, als du eine Heimat fandest in meinem Herzen. So viele Opfer mußtest du mir bringen, wer weiß, wie viele, die ich nicht kenne. Natürlich fragst du endlich, wohin das führe? Du erblickst kein Ziel; darf ich dich aufhalten, wenn du umkehrst, die vernachlässigten Bande wieder neu anknüpfst, darf ich es nur versuchen, nachdem du in deinem letzten Brief gestanden, dein Geist erlahme unter einem so schwankenden Verhältnis? So sehr ich schon lange fühle, *ich gehöre dir an*, dennoch habe ich dich mit Besonnenheit nie mein genannt. Solche Achtung hatte ich für andere Ansprüche, daß ich in diesem Sinn immer gehandelt. Daß ich durch mein schwankendes Betragen dich und mich hierher geführt habe, das mußt du mir vergeben, weil ich liebte. Ach so manches mußt du mir vergeben, du Einziger Teurer.

Glaube nur nicht, ich betrüge dich und mich mit heuchlerischer Entsagung, denn noch habe ich nicht den Gedanken recht gedacht, von dir verlassen zu werden. Nein, ich halte dich noch fest in meinen Armen, willst du entkommen, mußt du gewaltig dich losreißen.

Savigny wird, denke ich, bald zurückkommen.

Lassen Sie sich doch von Schwarz versprechen, daß er diesem nichts von uns sagt. Die Art, wie er dieses behandelt, ist mir so unangenehm. Ungeweihte sollen nichts von unserem Geheimnis wissen. Wenn nur Schwarz sich überhaupt passiv verhalten wollte. Die Heyden hat ihn auch darum gebeten; er ist doch schuld, daß wir diesen Sommer nicht in Heidelberg sein können, und all sein Eifer kann uns doch nun und nimmer frommen.

Darf ich das nächste Mal nicht direkt schreiben? Vorsichtig, versteht sich, Sie können sich darauf verlassen. Legen Sie mir dies nicht als einen Mangel an Schonung aus. Ich denke, man weiß es doch, daß wir uns schreiben. Daß es indirekt geschieht, ist verdächtiger als geradezu, und ich fürchte, die Adresse von Kayser kommt auffallend oft. Doch wie Sie wollen!

Friedrich Creuzer an Karoline

Dienstag Spät 23. Juli 1805

Ich bin wieder gesund, aber sehr traurig. Es ist die Trauer eines Gefangenen der dem Amt nicht entfliehen darf und dem Kerker, in den der Staat ihn eingebannt, um sich selber zu leben. Das heist dem ungestörten, freien seeligen Andenken an die Poesie.

Aber es ist Thorheit so zu klagen. Das hätte ich wissen können. Man kann nicht zweien Herren zugleich dienen: der *Welt* und dem *Himmel*. Da ich der ersteren mich einmal mich hingegeben in accordirte Dienstpflicht, so muß ich ihre Uniform tragen, muß es lernen, daß es Verbrechen ist etwas zu verfolgen dessen Wohnsitz außer den Gränzen des Staats liegt, und über die Sterne hinaus Wünsche zu hegen. – Ein gemessenes bürgerliches Wollen ziemet dem Manne, der nicht reich genug ist um frei seyn zu können; und jegliche seiner Bestrebungen muß einen festen Boden haben auf dem ein Vortheil erwachse entweder dem Lande, dessen Diener er ist, oder seinem Hause, oder der Schule in die er zünftig gehöret.

Diese Betrachtungen sind die Frucht der lezten acht Tage und ich schäme mich der Poesie vor Augen zu treten, an die ich in dieser Zeit so wenig würdig denken konnte. Der so lang erwartete Fremde ist seitdem hier und jeder freie (von Vorlesungen freie) Augenblick gehört ihm und dessen Familie an. Jezt ist er in Carlsruhe und ich schicke mich an aufzuathmen um der Poesie zu sagen, daß ich mich ihrer unwerther fühle und unvorbereiteter als jemals sie anzureden.

Sei es, sie muß es in Zeiten lernen muß einsehen lernen daß die Welt nicht ihr Vaterland, das bürgerliche Leben nicht ihr

Clima, und ein Mann der bei beiden zum Lehn geht, ein untauglicher Pfleger ist der zarten Himmelsblume. Es wird immer ärger werden, und immer mehr seh ich es ein, wie ich werde mehr und mehr zurücksinken in den Wust des gemeinen Lebens. – Wie viel von dem Leben kann ich denn jezt noch mein nennen? Im eigentlichsten Sinn die ganze Woche hindurch ein paar Stunden, die ich etwa dem Schlafe abdarbe (wie diese der Mitternacht da ich jezt eben schreibe). Denn auch meine Abendmusezeit wird mir verkümmert – wenn ich die Einsamkeit im Freien suche muß ich diesem oder jenem Rede stehen, oder werde früher zu Hause überfallen. – So sind mir meine lieben Waldthäler schon ganz fremd geworden.

Es ist ein elendes Leben, das eines Lehrers auf der Universität. Die Ursachen gehörig erörtert würden ein Buch anfüllen. Zweifach elend jezt, da man dergleichen Leute kauft zum Lärmmachen, zum Anlocken – wie Englische Reuter – sie sollen bunt durch die Straßen ziehen, ihre Künste anpreißend und anbietend und wer den gefährlichsten Sprung macht – der ist der Gott des Tages. Dreifach elend das Leben in einer neuen Universitätsstatt, die ein bisgen zu reden gibt – und den Fremden auf dem Wege liegt und warme Sonne hat für Ruhesuchende berühmte Leute.

Wo ist da Ruhe zu finden und Stille zur Betrachtung dessen, was einzig werth ist betrachtet zu werden – der ewigen Schöne und der hohen *Poesie*? – Es ist ebenso geschickt, sich in eine Mühle einzuquartieren um über die Harmonie der Sphären nachzudenken.

Freund! Freund! Lerne es einsehen, daß nicht blos Gleichartigkeit der inneren Wünsche dazu gehöret einander anzugehören und mit einander im Gemüthe vermählt zu werden, sondern auch eine Gleichartigkeit des äußeren Schicksals, des Standes, des Güterbesitzes kurz der ganzen Lage.

Denn das Geklagte ist noch nicht alles.

Jenes betraf den Staat. Auch das Haus hat seine Ansprüche, seine Sitten, sogar seine Rechte.

Der Freund begehret Wahrheit. Ich hoffte er sollte diese

schon symbolisch angedeutet finden in meinem lezten Briefe in der Stelle, wo ein gewisser Mensch gestand: der bisher geführte Name der Fromme komme ihm gerechter Weise nicht mehr zu.

Indessen man begehrt die Wahrheit deutlicher ausgesprochen, und wie derselbe Mann bisher schon einigemal sie bekannt hat, selbst auf die Gefahr das Theuerste zu verlieren, so bleibt er ihr auch jezt getreu in dem Bewußtseyn, daß diese Treue gegen die Wahrheit vielleicht seinen ganzen Werth ausmacht. Er kann nicht heucheln. Aber man mißdeute ihn auch nicht.

Hat der Freund wohl je etwas empfunden von der stillen Macht der Gewohnheit? Kennt er die Sitte des häuslichen Lebens? und versteht er die Abhängigkeit des häuslichen Lebens von zufälligen Beschränkungen: Namentlich von dem Raum und der Einrichtung der Wohnung? Bedenkt er den Zwang örtlicher Nähe? Berechnet er die geforderten und freiwillig dargebotenen Dienste, die der Leib herbeiführet – der oft kränkelnde Leib dessen der ihn nicht achtet noch schonet? Weis er, daß der gewesene Fromme, mitleidig von Natur nicht sein Auge verschließen kann gegen ein solches auf unzählige Momente des Lebens vertheilte Bemüthseyn um seine Person, daß derselbe Mensch verzärtelt worden und egoistisch von jeher gewesen ist, daß er folglich nicht gros genug ist um unbemerkt vorübergehen zu lassen das Bestreben einer Gutmüthigen seine Dankbarkeit zu gewinnen – daß er folglich nicht hart seyn kann, daß folglich wohl etwas geschah wobei sein Gemüth nicht war?

Es ist unerträglich ewig nehmend ewig Schuldner seyn. Warum machte mich das Schicksal zum Bettler, daß ich borgen muß? Hart entzog es mir vor 6 Jahren das Kleinod, das es mir jezt schadenfroh zeigt.

Ach warum lernte ich die Poesie nicht damals kennen?

Mittwoch, 24. Juli

Sie schreiben mir, die H[eyden] werde vielleicht her kommen, und Ihr Bruder wünsche Sie hier her mitzunehmen.

Ich kann Ihnen nicht sagen, wie diese Nachricht meine Seele theilt zwischen Wünschen und Fürchten, zwischen Freud und Schmerz.

Auf der einen Seite: Ihre Freundin will hierherkommen und Sie sollen zurückbleiben, zumal ja Ihre Gesundheit der frischen Bergluft bedarf. Und es ist so schön hier geworden auf dem Schlosse seit vorigem Jahr. Und das alles wird der gute Bruder der Schwester sagen, wird nicht ablassen mit Bitten wird dringend seyn, wird das Nichtwollen nicht begreifen können.

O reisen Sie. Ich will die andere Seite zudecken. Reisen Sie! Es ist ja ordentlich unvernünftig nicht zu reisen.

Es geht ja auch an. Ich muß mich nur zu betragen wissen. Sehen Sie so: Sie kommen her – ich bin es Ihnen schuldig Sie zu schonen, und es wird gelingen die üble Meinung gegen Sie nicht nur nicht vermehret zu sehen, sondern sogar vernichtet. Wir können die Leute irre machen. Clemens hat freilich vielen Leuten von dem Freund und von dem (gewesenen) Frommen erzählt. Auch die D[aub] wird nicht geschwiegen haben.

Darf ich nun diese Aussagen bestätigen durch mein Betragen gegen Sie? *Darf* ich Sie folglich hier sehen?

Nein ich *darf* Sie nicht sehen. Sie sind hier, Sie erscheinen öffentlich, gehen aufs Schloß sehen ins Thal hinab. Ihr Bruder ist Ihr Führer und der D[aub] und der *Theilnehmende,* der dadurch gestillt siehet sein Verlangen Sie zu kennen, und sich überzeugen kann ob die Poesie wohl ehemals werth gewesen Schmerzen zu geben und Wonnen ohne Maaß. Denn ich bin indessen gestorben. Sie müssen nämlich während Ihres Hierseyns so denken. Und es ist ja süß für mich, wenn ich während dieser Zeit im stillen denken darf, daß Sie den Gestorbenen hier vermissen.

Zwar weis ich nicht ob ich die Rolle werde durchführen können. Kalt scheinen, todt scheinen, wenn das warme Leben in meiner Nähe athmet! Es ist schwer. Vermag ich das? Gesezt ich vermöchte es nicht. Was ists? eine Lust für die Unterrichteten: ein Lachen des Parterrs über den Schauspieler, der den Tod lügend plötzlich husten muß! Aber ich leiste es wohl. Ich will mir Gewalt anthun. Hab ich das doch schon lernen müssen und muß es fürder lernen.

Da hab ich dennoch unwillkürlich die andere Seite aufgedeckt. Verzeihen Sie. Sie werden aber vielleicht noch eine *dritte* Seite vermissen diese: daß Sie kommen, und daß ich Sie sehe mit Maaß und Vorsicht. In der That, wenn mich manchmal das Leben freundlich berühren will, denke ich selbst so: und ich war wohl im Begriff der Gutmüthigen zu sagen: «Siehe die Poesie will kommen – sei doch vernünftig. Du sagst ja Du freuetest Dich *meiner* Freuden, warum dieser nicht? Es ist ja Alles ruhig und planlos und resignirt.» Das ist aber bei kalter Ueberlegung wieder verworfen worden.

Nun wissen Sie Alles. Lassen Sie unsere H. entscheiden. Oder vielmehr kommen Sie. Denn ich glaube doch daß H. dafür seyn wird.

Doch ich weis nicht, was *gut* ist. Entscheiden Sie mit H.

Ich kann kein Versprechen mehr halten am wenigsten solche die ich nicht gethan; als da ist: daß ich von meinen eignen Heften schicken wollte. Das hab ich nie versprochen. Aber auch die andern Versprechen halt ich nicht. Dem nach nun folgt kein Heft von Schelling, von Daub. Es ist noch nichts fertig abgeschrieben. Begehrt man aber das von Ast allein zu erst, so soll es kommen. Die reitende Post ist zu theuer. Also durch Mohr.

Pythagoras ist von mir gewichen, da er in mir einen Sklaven erblickte im Dienste der Schule, des Staats. Nach Griechischer Sitte wurden bekanntlich Sklaven nicht werth geachtet freier Bildung theilhaftig zu werden und am wenigsten der *Philosophie*.

Daher ist er von mir geschieden und hat nichts zurückgelassen von seinen himmlischen Büchern. Wäre aber auch etwas bei mir liegen geblieben – so würde ich es doch nicht dollmetschen können, weil ich es nicht mehr verstehe, denn mit der Hofnung ist auch die Weisheit von mir geschieden. Ich kann nur darauf denken mich ganz bürgerlich einzurichten für mein übriges Leben, den Beifall der Staatsvorsteher zu erwerben, Güter der Erde zu sammeln und dergl.

Die Poesie vermag das freilich nicht. Deswegen will ich denn auch darauf denken, daß Mohr ihr zahle. Er kommt nächstens her, da werde ich mit ihm reden. Das ist meine Sphäre. Ich werde ein gemachter Mann werden, vortreflich wirthschaften – ein Musterbild genannt werden von Ordnung, von Häuslichkeit, von bürgerlicher Zucht, von Schulklugheit.

Der H[eyden] kann ich für ihren Brief jezt nur danken. Ihn zu beantworten fühl ich mich unfähig. Vielleicht ein andermal. Den Schwarzischen Brief sende ich nächstens zurück. Sagen Sie ihr: ich hätte Schwarz das Nötige gesagt. Er äußert sich zufrieden. Er weis noch nichts von meiner Resignation und meinend ich hoffe noch, will er mich zuweilen freundlich täuschend aufrichten.

Leben Sie wohl. Die Stunde ruft: Vorlesungen ohne weitere Frist bis zum Abgang der Post. Adieu.

Haben Sie den Philosophen Jacobi kennen gelernt während er in Frankfurt war? Er kommt nächstens auf einige Tage her.

Das Schellingsche Heft erhalt ich soeben größtentheils. Morgen soll ich den Rest haben. Es kommt also nächstens durch Mohr.

Diesen Brief schreib ich unverholen – und Sie können mir (wenn ich überhaupt auf Antwort zählen darf) direct antworten. Ist es bös und unartig daß ich so zweifle?

Friedrich Creuzer an Karoline

Heidelberg den 13. Sept. 1805

[Griechisch]

Ich schreibe einen Tag später, liebe Seele, als Du erwarten durftest. Ueberhaupt wird jezt weniger an Dich geschrieben, als zuvor – jezt da sich alles zu einem seeligen Ausgang anläßt. So soll es ja aber wohl seyn – bald werden wir hoffentlich Schrift und Buchstabe gar nicht mehr brauchen. O seelige Zeit, wann werd ich Dich schauen? Wann meine Lina besitzen und in den Armen festhalten und nimmer nimmer lassen? Ach wie ist mirs oft so bänglich zu Muth, und doch zugleich so wonnig. Das süse Geheimniß nähert sich seiner Erfüllung. Jezt höre was ich Dir schreiben will.

1) Meine Frau beharrt in ihrem Entschlusse – und unser Leben ist auch ganz so eingerichtet, daß wir nicht mehr Mann und Frau sind.

Sie beharrt – aber freilich giebt es noch zuweilen eine Thräne aber ganz anders, wie sonst – sie weint mit Freundlichkeit – und selten – und ist sonst ruhig.

Auch deine zwei Briefe haben eine gute Aufnahme gefunden. Sie sprach gut davon und freundlich – und wird bei mehrer Muse Dir wohl einmal schreiben – jezt kann sie nicht. Auch scheint ihr das Schreiben an Dich noch immer schwer zu werden.

2) Daß meine Ehe aufgelöst werden müsse – das sieht fast jeder ein, der unterrichtet ist – besonders Schwarz. Aber einige Leute und auch er haben noch immer Zweifel gegen Dich, ob Du geschikt seyst eine Ehe zu führen und Liebe zu mir zu bewahren. Da ich keine Zweifel habe, so thue ich alles, um diese Zweifel zu wiederlegen.

Nun hörte ich aber

3) daß Daub auch ein solcher Zweifler sey, daß er um die ganze Sache wisse, und daß ihm mein Schweigen wehe thue, weil ich ihm nicht mehr gut sey. Dies bestimmte mich ihm mich zu offenbahren. Ich ging also zu ihm, entschuldigte mein Schweigen – erzählte ihm die Geschichte meiner Ehe – und meiner Liebe (zu Dir).

Und was meinst Du wohl?

Freue Dich er ist ganz für mich und Dich gewonnen – siehet ein, daß ich mich scheiden muß – wünscht unsre Ehe und so weiter. Ich habe nun dem Daub Deinen vorlängst an ihn geschriebenen Brief gegeben, um ihm zu beweisen, daß Du immer Zutrauen zu ihm gehabt habest. Das hat ihn sehr erfreuet.

Ferner

4) selbst die Rudolphi (der die Sache durch die Daub vielleicht bekannt geworden) hat mit mir aus der Sache gesprochen – mir gestanden, daß sie immer geurtheilt: ich könne mit meiner Frau nicht glücklich seyn. – Aber, laß es mich sagen, sie hat auch etwas Zweifel gegen Deine Fähigkeit als Frau zu leben. Sie meint es aber sehr gut und Daub ist darauf bedacht ihr jene Zweifel zu benehmen. Auch hat sie schon eine Unterredung mit meiner Frau gehabt, worinn sie ihr es zur Pflicht gemacht hat sich von mir zu scheiden. Daub glaubt Du erscheinest ihr in Deiner Poesie etwas zu kühn, und männlich. Schwarz aber hat mir bestimmt gesagt, es mißfalle ihm, daß Du in Poesie und Philosophie der neuen Schule zugethan seyst. Du weißt daß ich selbst in S[chwarz] eine natürliche Unpoesie finde und dergleichen also hinzuthun weis.

5) Wichtiger ist die große Vorsicht, welche, nach Daubs Äußerung (wie auch schon unsre Heiden bemerkte) nötig seyn wird – damit mir bei der Scheidung nicht eine neue Heirath verboten werde. Daub will sich darüber erkundigen, und mir mit Rath und That beistehen. Ich selbst bin zu unerfahren in dergleichen Dingen.

Das müssen wir also erst wissen – auch muß ich erst Zimmermanns Rükkunft abwarten – der gestern auf einige Wochen verreisen mußte. Diesen lieben Menschen kann ich dabei gar nicht entbehren besonders, wenn meine Frau von hier abreisen wird – was alsdann geschehen muß.

Nun aber soll ich diese Ferien dann nicht zu meiner Lina kommen? Ich der ich erkranke vor Sehnsucht nach ihren Küssen? Das wird sie mir doch nicht im Ernst abschlagen. Siehe ich bedarf ja des Genusses der Liebe – deren Schmerzen ich bisher mehr empfand als ihre Wonnen – siehe doch an ich bin ein junger Mann und entbehre schon lange was im Leben das köstlichste ist. – Doch noch will ich bescheiden seyn – aber ich darf doch kommen im Oktober? darf doch schauen die blauen Augen? – darf an mein Herz an meinen Mund drücken die warme Hand –? darf mich ausruhen von vieler Mühseeligkeit an deinem weichen Busen? Sag doch ja. Lina!

Unsre Sache ist wie Du siehest hier ein Geheimniß einiger weniger Familien, die mich lieben, und sichs zur Pflicht machen dasselbe zu bewahren. Aber dennoch müssen wir uns drauf gefaßt machen, daß es deinen Verwandten zu Ohren kommen kann. Dann willst Du mir doch keine Schuld geben? Wer es hier weis, wußte es früher als ichs ihm sagte (Schwarz ausgenommen) – Dann willst Du doch auch recht standhaften kalten Muth beweisen und Deinen Willen dennoch durchsetzen?

Um des Geheimnisses willen schrieb ich dies alles griechisch.

Es wird gut seyn, wenn Du Dich künftig gegen Schwarz (und auch gegen den Daub) schriftlich oder mündlich so äußerst, daß sie sehen Du habest den Willen und die Fähigkeit ein eheliches Stilleleben zu führen.

Ach wie lieb, wie heimlich wird dieses Leben seyn – wenn der leere Platz meines Lagers Deine Lagerstäte seyn wird! Leb wohl liebe Gattin!

Wie soll ich den Brief von Faber zurüksenden?

Dein lezter Brief an Sophie war doch auch gar zu demütig – so sollte meine Lina nicht schreiben, die so gut ist und so gros und so reich an jeder schönsten Tugend. Aber dankbar sehe ich darin Deine Liebe zu mir. Das eine kann mich nur freuen.

Karoline an Friedrich Creuzer

Sonntags, 6. 10. 1805

Es ist sehr gut von Ihnen, daß Sie mir so bald geschrieben. Es ist mir jetzt auch in meinem Gemüte viel besser, obgleich ich die Lage der Sache sehr schlimm finde. Ich wünsche sehr, Sie möchten von Heidelberg weggehn können. Wenn der Krieg, wie doch wahrscheinlich ist, sich dorthin spielt, versprechen Sie mir, daß Sie alsdann das Möglichste dazu tun wollen. Denken Sie doch an Rußland und Ihre alten Pläne! Vergessen Sie nicht, den Tag zu bestimmen, wann Sie hierherkommen. Ist es abends spät, so kommen Sie den Vormittag um 10 Uhr zu mir; ist es aber den Vormittag, so kommen Sie um halb 3, das ist eigentlich die ruhigste Zeit. Sie können den Schwarz um 5 Uhr zu mir bestellen; zu 3 darf man desgleichen wohl unternehmen, 2 aber ist hier als eine gefährliche Zahl verrufen. An der Haustüre sagen Sie Ihren Namen nicht und gehen gerade zu; treten Sie jedoch mit gesetzter Fassung ein. Der Zufall könnte wollen, daß gerade jemand bei mir wäre.

Der Freund hat mir gesagt, wenn dieser Krieg ihm und seinen Wünschen gefährlich werden sollte, so wollte er, Dir bewußt, Kleidung anziehen, entlaufen und bei Ihnen Bedienter werden. Wegjagen können Sie ihn doch nicht, und er wollte sich so fein verstellen, daß man ihn nicht erkennen sollte. Das wollte er Ihnen gelegentlich alles begreiflich machen. Wollen Sie ihn aber alsdann der öffentlichen Meinung wegen nicht aufnehmen, so wolle er den Tod suchen. Doch was brauche ich das zu schreiben? Bei allem, was er sagt, ist immer hauptsächlich zu merken, wie er Ihnen von ganzer Seele ergeben ist. Eifersüchtig ist er stets ein wenig und jetzt mehr als sonst. Es freut ihn daher sehr, wenn man beruhigt. Wenn Sie hierherkommen, will ich Ihnen noch mancherlei darüber sagen. Es wäre besser, Sie zögerten nicht so mit hierher Reisen. Savigny wird noch immer erwartet.

Gestern kam Savigny. Er war mir sehr freundlich. Ich habe vor einigen Tagen in einem Brief an ihn unser Verhältnis historisch auseinandergesetzt. Diesen Brief habe ich nicht weggeschickt, ich will ihn ihm heute geben. Es wird mir so nicht schwer, als wenn ich ihm alles erzählen müßte. Er bleibt noch heute und morgen und geht dann noch einige Wochen nach Trages. Savigny war sehr gut und teilnehmend gegen mich; nachdem er meinen Brief gelesen, sagte er, für die Sache könne er schlechterdings nichts tun, doch auch nichts dagegen. Das versprach er mir, es freute ihn, daß du Daub vertraut, den er für denjenigen hält, der am besten darüber urteilte. Mündlich mehr davon.

Komm bald und schreibe mir zuvor: Meine Seele ist düster. Wenn du mir wieder schreibst, so schreibe nur unbedeutende Sachen, aus denen man nichts schließen kann.

Einige Stellen Ihres Briefes haben mir ein schweres Nachdenken erregt. Ihre Freunde fürchten, ich sei Ihrer unwürdig. Wenn ich nicht zu leben wüßte, wie es Ihren Wünschen und Umständen gemäß ist, so wäre ich allerdings Ihrer unwürdig. Ob ich Willen und Fähigkeit dazu habe, wird gefragt. Ich weiß, daß ich ewig nur streben werden, so zu sein und zu handeln, wie es Ihnen lieb ist, wie es Ihrer innersten Natur geziemt, wie es Ihr äußeres und inneres Leben schön und sorgenfrei erhalten kann. Mehr weiß ich nicht zu antworten. Mein Leben möge mich rechtfertigen, nicht meine Worte. Daub kennt mich nicht, das sehe ich aus seinem Urteil von meiner Kühnheit, die ich mir wohl wünschen möchte. Die Rudolphi hat mich zweimal gesehen. Was sie von mir weiß, ist durch die Daub und Clemens, darüber kann ich mich nicht verteidigen. Sie wissen selber, wie das ist. Schwarz findet bedenklich, daß ich der neuen Philosophie anhange. Soll ich mich entschuldigen über das, was ich vortrefflich in mir finde? Ich verstehe nicht, in welchem Zusammenhang dies mit meinem gefürchteten Untalent, Sie zu beglücken, steht. Und doch: ich will ihm schreiben, wenn Sie es wünschen. Ich will alles tun, was Sie wollen, wenn nur Sie den Freund nicht verkennen. Haben Sie ihn, seit er sie liebt, nicht gehorsam, demütig, Ihnen ergeben gefunden? Hat er etwas gegen Sie getan, das nur das kleinste Mißtrauen gegen ihn rechtfertigen könnte? Lassen Sie doch sein Leben reden, nicht Fremde, die es nicht verstehen. Meine Liebe können Sie doch nur allein verstehen, und jedes Urteil, das nicht von dieser ausgeht, ist falsch.

Wenn Sie hierher kommen, richten Sie es ein, daß es in Heidelberg niemand erfährt; es wäre nicht gut, wenn man es wüßte. Faber hat mir auch wieder geschrieben. Er empfiehlt mir noch dringender das Geheimnis, weil die Erhaltung meines Vermögens davon abhängt.

Karoline an Friedrich Creuzer

18. Nov. 1805

Mein ganzes Leben bleibt Dir gewidmet, geliebter, süßer Freund. In solcher Ergebung in so anspruchsloser Liebe werd ich immer Dir angehören Dir leben und Dir sterben. Liebe mich auch immer Geliebter. Laß keine Zeit, kein Verhältniß zwischen uns treten. Den Verlust Deiner Liebe könnte ich nicht ertragen. Versprich mir mich nimmer zu verlassen. O Du Leben meines Lebens verlasse meine Seele nicht. Sieh es ist mir freier und reiner geworden, seit ich allem irrdischen Hoffen entsagte. In heilige Wehmuth hat sich der ungestüme Schmerz aufgelöset. Das Schicksal ist besiegt. Du bist mein über allem Schicksal. Es kann Dich mir nicht mehr entreißen, da ich Dich auf solche Weise gewonnen habe.

Sonntags

Möchte doch auch Dir der Friede zu theil werden, der mich schon seit mehreren Tagen beseeligt, und doch liebe ich Dich, wie ich Dich kaum in der Blüthe unserer Hoffnungen liebte, und reiner und seliger zugleich.

Ich habe das Geld von M erhalten, ich will mich dafür, für Dich, mahlen lassen. Freut Dich das? Mir macht es viele Freude.

Such doch Sophiens Vertrauen zu gewinnen. Sage ihr, wir hätten entsagt. Wenn Du erlaubst, will ich es ihr auch schreiben, damit Dir wieder Friede wird in Deinem Hause, und sie unser Verhältnis, das ihr ferner keine Gefahr bringt, nicht stöhre.

Friedrich Creuzer an Karoline

den 10. abends

Heute war mein Geburtstag. Du konntest meiner neulich nicht sehnsuchtsvoller gedenken, als ich Deiner heute in der stillen Frühstunde (ich stand heute früher als gewöhnlich auf) und in der stilleren Stunde der Nacht. Wie lieb hast Du mir neulich geschrieben! Wie bist Du ganz mein eigen! Lieber Engel! – Aber woher soll ich den Muth nehmen Dich mir so ganz anzueignen wie Du willst und ich sehnsüchtig wünsche – woher die Dreistigkeit, wenn ich durch solche Vorfälle, wie der neuliche, an die Schranken erinnert werde, in die mich das Schiksal eingeschlossen? mit Gewalt muß ich ja zurückdrängen was der männliche Wagemuth sonst unternimmt. Ja ich bin Dein – so weit ich darf und soweit ich hoffen darf meiner Lina keine Schmerzen zu geben. Innerhalb dieser Gränze will ich aber auch keine Gränzen kennen. – Du glaubst es nicht, wie mich Dein Hingeben an mich freuet. Es ist so süs, und dem männlichen Stolze so schmeichelnd, sich wie einen Baum betrachten um den sich eine herrliche Pflanze schlingt, Schuz suchend bei seiner Stärke und Schatten in der Mittagshitze.

Aber betrachte ich dann dies Anschlingen näher und entdecke daß es Dich täuschet indem ich nun einmal nicht ausreißen darf was sich früher in meinen Schatten geflüchtet hat – so erschrecke ich, daß ich in solcher Halbheit das Edelste mir dennoch zueignen soll. – Verstehst Du dieses Schmerzgefühl denn nicht in meiner Seele – o lerne es doch verstehen damit Du nicht wieder den Grund davon aufsuchst in einer Lauichkeit meines Gemüthes. – O wie gerne wäre ich doch Dein, ganz Dein, lieber Engel. Gute Nacht ich küsse Dich, das ist leider nur Dein Bild. Ach, es ist doch lieb weil ichs küssen darf da es Dir gleicht.

Karoline an Friedrich Creuzer

Im April 1806

Wenn mich etwas in deinem Brief betrüben könnte, so ist es dies, daß du zuweilen so entsagend, so, als sei es nicht notwendig, daß ich dir angehöre, sondern Willkür, sprechen kannst. Da fühle ich immer, du fühltest deine Liebe auch nicht recht notwendig, da wird mir bange für deine Ausdauer. Du solltest anmaßender sein, mich mit Liebe und dann mit Despotismus behandeln. Dann erst würde mir recht wohl und sicher. Ich habe neulich einen fürchterlichen Augenblick gehabt. Es war mir, ich sei viele Jahre wahnsinnig gewesen und erwachte eben zur Besinnung und frage nach dir und erfahre, du seist längst tot. Dieser Gedanke war Wahnsinn, und hätte er länger als einen Augenblick gedauert, er hätte mein Gehirn zerrissen. Drum sprich nicht von anderem Liebesglück für mich.

Vergiß es doch nie, geliebte Seele, daß ich dein eigenstes Eigentum bin, und sprich nie anders zu mir!

Karoline an Friedrich Creuzer Den 1. Mai 1806

Der Freund war eben bei mir; er war sehr lebendig, und ein ungewöhnlich Rot brannte auf seiner Wange. Er sagte, er habe im Morgenschlummer von Eusebio [Creuzer] geträumt, wie er ganz mit ihm vereint gewesen und mit ihm durch reizende Täler und waldige Hügel gewandelt sei in seliger Liebe und Freiheit. Ist ein solcher Traum nicht mehr wert als ein Jahr meines Lebens? Wenn ich nur Monate so glücklich und so schuldlos glücklich wäre als in diesem Traum, wie gerne und mit welcher Dankbarkeit gegen die Götter wollte ich sterben! Es ist zu wenig dafür geboten, ich wollte für solchen Preis meinen Kopf auf den Henkerblock legen und ohne feige Blässe den tödlichen Streich erwarten. Aber, o Armseligkeit der reichen Schicksalsmächte, zu dürftig, eines Bettlers heißen Wunsch mit einer Gabe göttlich zu erfüllen!

Es ist dies nicht umsonst ausgesprochen worden: was es hier sagt, soll es dort sagen. – Doch genug vom Freund! Lieber, liebster Freund, solche Freude habe ich heute gehabt durch den Empfang deines Buches, daß ich dir es gar nicht sagen kann. Außer den Tagen, die du hier warst, habe ich noch keine so frohe Stunde gehabt, als heute. Dein liebes, liebes Sonett lesen ist mir nicht genug, ich muß es auch an mein Herz drücken und küssen, als hätt es Lippen den heißen, innigst frohen Kuß zu erwidern. Ich bin ganz töricht vor Liebe und Freude. Das nächste Mal will ich dir erst recht viel darüber schreiben. In drei Wochen gehe ich nach Winkel; von dort aus schreibe ich dir, wie es eigentlich ist. Die Heyden sagt, hierher könntest du nicht schon wieder kommen, besonders da dir der Vorwand von Trages fehlt, und wirklich, du kannst nicht dahin gehen. Auch Clemens wird erwartet. Nun weiß ich doch, wem ich jene Worte sprach, und ich will sie gerne wiederholen. In dieser Woche hast du mir so oft Freude gemacht, erst die Bilder, dein Brief, gestern die Bücher. Verdien ich auch das? Wird nicht etwas von meiner Demut verschwinden? Nein, nein, immer bleib ich dein Geschöpf, und das zu sein ist mein größter, mein höchster Stolz.

Karoline an Friedrich Creuzer

Zwischen 14. und 18. Mai 1806

Was du mir sagst, kommt mir vor, als hättest du Mitleid und wolltest mich und dich selbst trösten damit für das Vertrauen, das du raubst. Dafür aber gibt es keinen Trost als den, daß diese schmerzliche Spannung in dir nicht dauern kann. Mir ist, deine Augen seien sehr erkrankt. Ich fühle deinen Schmerz und auch den meinen: daß ich nicht von dir gesehen werde, und sehnsuchtsvoll sehe ich dem Augenblick entgegen, da dir das erfreuliche Licht wieder geschenkt wird.

Warum nennst du mich auch in dem innersten Brief Sie?

Es befremdet mich, daß dein Brief Sophien Besorgnis erregt hat. Ich rede doch nicht anders darin, als wie man von einem Freunde reden soll, der es ist im ganzen Sinn. Ich dachte, Sophie hätte Gefühl für eine Freundschaft, die mehr ist als das launige Gemisch, das gewöhnlich dafür ausgegeben wird. Sieht es nicht aus, als dächte ich immer zu groß von ihr? Ich glaube es ungerne. Was fürchtet sie doch von mir? Ich bin aufrichtig gegen sie, darum ist sie unruhig. Dazu hätte sie natürliche Gründe, wenn ich mich schlau verstecke. Ich kann sagen: ich habe in Sophiens Leben viele schöne, lichte Punkte gesehen. Warum ist es ihr nicht gegeben, sie zu einem schönen, haltbaren Ganzen zu verknüpfen? Warum müssen viele Augenblicke von kleinem Mißtraun, von egoistischer ungegründeter Ängstlichkeit dazwischen sein? Wie kann sie zugleich trauen und auch nicht, heute unser Verhältnis gut heißen und morgen fürchten? Wie dich so lieben, daß sie dich um keinen Preis verlassen kann, und sich doch bei ihren Bekannten ehemals über dich beklagen? Bei Gott, das ist schwer zu verstehen. Auch die Folter sollte bei mir keine Klage über dich abzwingen, auch wenn du ungerecht gegen mich wärest.

Vorgestern erhielt ich die Bücher von Mohr. Ich danke dir herzlich. Wohl habe ich Interesse an Heraklit, auch ohne Bezug auf dich, doch stille – ich lüge; ich kann nicht anders, ich muß alles in Bezug auf dich bringen. Sonst ist es mir tot; das ist auch die Quelle meiner unseligen Aufrichtigkeit gegen dich; alles, was mir begegnet, muß ich dir sagen. Wenn du nun sagst, es sei nicht der Mühe wert, davon zu reden, hast du wohl recht, aber du solltest auch auf die Ursache davon sehen. Wahrscheinlich gehe ich Samstag den 23ten nach Winkel. Ich schreibe noch vorher und sende meine Adresse.

Wenn du kannst, schreibe bald und recht deutlich, wie es dir ist. Und verzeihe mir meine Fehler! Sag auch, wie ich dir besser gefalle!

Friedrich Creuzer an Karoline

Sonntag, 18. Mai 1806

An den Freund.

Eben kommt Dein Brief. «Wenn Du kannst schreibe mir bald» heists am Schluß. Ich will versuchen was ich kann. Es ist schon spät und ich möchte doch gerne Morgen meine Antwort in Deinen Händen wissen.

Was gäb' ich drum Morgen (oder noch lieber heute) fünf Minuten bei Dir zu seyn! Wie viel besser doch ein Augenblick persönlicher Gegenwart als Bogenlange Briefe. Wie freut es mich daß auch Du dies einsiehest. – Und so ist ja kein Mißverständniss zwischen uns – ist nie eins gewesen. Nichts als das Schicksal trennt uns und der Raum. – Menschen vermögen uns nicht zu trennen.

Ach leider war ich es wieder mit meiner ewigen Ungeschicklichkeit der Dich auf den Gedanken brachte, es wohne Argwohn in meiner Seele. Vernichte was ich schrieb. Ich will es Dir abkaufen. Bestimme hohen Preis – nur vergib mir. O wie betrübt es mich, daß Du glaubtest mir den Schwur anbieten zu müssen. Vergib mir Geliebtester.

Denke mich gegenwärtig zu Deinen Füßen kaum wagend Dir ins heilige Angesicht zu sehen. Siehe ich bin ja wieder ganz Dein, nimm mich auf. Halte dem Manne was zu gut und seinem harten Sinn, der ihn so oft der Milde vergessen macht gegen Dich liebes sanftes Leben.

Rechne mir aber auch nicht zu viel zu.

Das *Sie* ist mir unbewußt entfallen. Bei Gott es hatte keine Absicht. Weis ich doch wahrlich selbst nicht mehr wo und wann ich es gebraucht.

Ich hab schon genug verschuldet, bürde mir auch nicht Unverschuldetes auf.

Wirst Du noch ferner glauben, daß ich Dich nicht würdige – ferner von Heraklit zu hören, argwöhnend Du habest mich nicht verstanden?

O wie bedarf ichs bei solchen Forschungen Dich zu hören, und aus dem ewigen Verstehen das Dir ein Gott gegeben Erkenntniß und Licht für mich zu schöpfen. Was ich zuletzt schrieb war wahrlich rein historische Exposition meines Gefühls von dem Unwerth dessen was ich da hatte drucken lassen. Nun aber soll Dir nichts verborgen bleiben – Du sollst meine Armuth sehen – ich will die Götter beherbergen und bewirthen in meiner Armuth so gut ichs vermag, mit frommem treuem Herzen.

Was ich habe besteht in einigen kurzen aus den Bruchstükken des Philosophen ausgezogenen Sätzen. Diese sollst Du (gegen Pompejus) von mir haben, so bald ich Zeit bekomme, sie aufzusuchen.

Die abgeschmackte Idee mit der poetischen Fabel erzähl ich mündlich und Du sollst mich zur Strafe für die verursachte Betrübniß auslachen.

Später. Ich ward unterbrochen.

Liebe Seele. Laß doch die schöne Sitte nimmer unter uns veralten, daß wir einander nichts verschweigen. Versprich mir immer recht aufrichtig gegen mich zu seyn. Du sollst sehen, ich will solches Vertrauen verdienen lernen.

Schick mir doch aber auch den Pompejus, ehe Du abreisest. Willst Du? Schick ihn durch Mohr – oder nimm ihn wenigstens mit, damit ich ihn aus Deinen Händen empfange Das wäre das Allerschönste.

Schreib von Winkel aus recht bald, aber vorher auch noch einmal von Frankfurt. Ich werde Dir dann sogleich nach Winkel antworten wann ich kommen kann.

Lange werde ich leider nicht dort weilen können weil ich keine Ferien habe. Du bleibst doch wenigstens drei Wochen da?

Guter Engel eins beunruhigt mich: bist Du dort auch vor Lignacs Nachstellungen sicher? Bedenke das doch ja recht. Welch eine fatale Gesellschaft für Dich, wenn der Mensch sich zu Dir hinzudrängte!

Bist Du nicht ganz sicher, so reise doch lieber nicht. Und ich komme, sobald Du es für möglich hältst nach Frankfurt. –

Was Du von Sofien schreibst ist alles sehr wahr, ohne daß man sagen könnte sie habe es verschuldet. Es ist ihr von der Natur versagt groses hohes Vertrauen zu haben – weil es ihrem Geist an Tiefe gänzlich fehlt, und an einer Heiligkeit die die Welt überwindet und Furcht und Tod. O Gott! daß ich Dich nicht vor sechs Jahren kannte! Schiksal meines Lebens wie hart bist du, und wie bitter!

Im übrigen laß Dich nichts beunruhigen es ist Deiner nicht werth. Auch haftet und wurzelt nichts tief. Und jezt ist alles wieder gut. – Wie sie dann überhaupt gutmütig ist. – Verzeihe mir daß ich Dich mit dieser Wetterlaune unterhielt. Du willst ja aber immer wissen, wie es mir geht.

So mußt Du dann auch wissen, daß Du göttlicher Seher (aber zugleich schöner Seher) richtig geahndet. Ich war wirklich wieder an der Brust krank. Fußbäder haben das wilde voreilige Blut ganz beruhigt – und ich bin wieder wie der Fisch im Wasser.

Auch hab ich wieder viel Geld und kann meinem Mädchen zu lieb sogar verschwenden. O wie süs ist es doch den Plunder, den man Gold nennt, so recht nichtachtend wegzuwerfen.

Wie süß verschwenden in jedem Sinn. Wär ich ein König: es sollte wieder die goldne Zeit seyn d.h. jeder sollte Gold haben.

Nun so leb dann wohl Du heiliger Engel süses Mädchen behalt mich im Herzen lieb – ach und verzeihe mir.

Laß michs in der Gegenwart nicht entgelten, was ich abwesend verschuldete, sondern sey barmherzig ohne Maas, und gut und verschwenderisch in Liebe in Seegen wie Gott.

Wenn Du nur lesen kannst was ich so geschwind geschrieben. Ach wie viel muthe ich Deinen Augen zu. Sind sie dann auch wieder recht gesund? So gesund wie meine, die kein Schein mehr trübt (nie getrübt hat) wie mein Herz, das mit aller seiner pochenden Lebenskraft für den Freund schlägt und sein leztes Blut gerne für ihn hingäbe wenn es gölte?

Daß Du an Sofie schreiben willst von Winkel aus ist mehr als Grosmuth. Nötig ists auch nicht. Nimmer würde sie mich abhalten können. Bin ich nicht Mann, und folglich stolz? Wenn Du aber willst, so schreib ihr aber eingeschlossen an mich.

Adieu Du Engel, Mädchen, Lina.

Grüße die H.

Schreib ja noch ehe Du reisest! und vergiß deine Addresse nicht.

Friedrich Creuzer an Karoline

Montags, den 23. Juni 1806

So hast Du vielleicht schon Dienstags meinen Brief. Das Glück wollte nämlich daß heute mir diese Stunde zum Schreiben vergönnt würde.

Deine beiden Lieder sind sehr schön und Tians oder Jons würdig.

Aber eins betrübt mich bei diesen und allen Deinen Liedern an mich, daß ihr Mittelpunkt unwahr ist. Ihr Mittelpunkt ist eine Anschauung von einer ganz seeligen göttlichen Ruhe, die mein Wesen seyn soll.

Das ist nun leider nicht wahr, indem ich nur in der Reflexion existire und im Denken, und alle Ruhe, die etwa in mir seyn mag, ein bloses Abstractum ist, das ich aus Gefühl meiner Pflichten erwerbe: keineswegs jene seelige Ruhe, die göttlich in sich selbst über allem Denken hinausliegt.

Dieser Grundirrthum Deiner Anschauung von mir ist ernsthafter Art und macht mir oft sehr bange, indem ich nur allzusehr weis, wie alle meine Bekannte in mir selbst jene Reflexionsruhe oft, und mit Recht, vermißt haben.

Sehe mich also an ohne Brille. Es thut mir sonst selbst den größten Schaden.

Die Gesinnung aber in Deinen Gedichten findet ihren stillen Dank in meinem Herzen.

Ich lebte die lezten Tage in großer Zerstreuung. Das Haus hatte Besuch. Diesmal zum Glück keinen uninteressanten, langweiligen. Da machte ich dann die bekannte Tour in den Schloßgarten und nach Schwetzingen gerne mit. Jezt sind wir wieder allein. Im Schloßgarten führte dann der Teufel die D[aub] herbei. Da sie sich mit ihrem Manne anschloß und Platz nahm, so führte ein guter Genius meine Hand so glücklich, daß ich ihr einen schönen Shawl, womit sie sehr stolzirte, mit Wein begoß. In Verzweiflung hierüber vom Tisch aufspringend zerreißt sie sich an einem Nagel noch obendrein ihr musselinenes Kleid. Der äußerliche Wohlstand forderte eine Entschuldigung, die aber kaum ohne ein Lachen vorgebracht werden konnte. – Und nun höre ich gestern hinterher von Zimmermann, daß ihr dieser noch obendrein vor einigen Tagen die Leviten gelesen hat über ihre Plaudersucht.

Unterhalte ich schlecht, so behaupte ich, daß dies immer gegen eine Anecdote von Gall gesetzt werden kann. Um Himmelswillen Du hörst diese Sachen doch nicht auch an. Wenn ich das wüßte, so wollte ich auch eine Schrift über Pestalozzi und die Kuhpocken mitbringen. – Haben Sie ein Fünkchen Mitleid mit mir, so lassen Sie den Gall Gall seyn.

Und die Bettine hätte nicht blos um der andern Gründe willen Abweisung verdient, sondern auch weil sie unsern Freund zu einer so schlechten Sache verleiten wollte, als so eine Vorlesung ist. – Von mir bekommt er einmal nichts zu lösen. Für 2 Carolin weis ich bessere Sachen zu kaufen.

Das Verhältniß mit S[avigny] solltest Du nicht so sentimental nehmen. Er wird gegen Dich zu seyn fortfahren, wie er gegen mich (und die meisten Menschen die er nicht für ganz schlecht hält) ist, das heißt voll allgemeiner Menschenliebe.

Daß das Weinen der Bettine Dir schmerzlich war begreife ich und fühle, wie ich Veranlassung bin. –

Aber in sich verstehe ich dies Weinen nicht. Zum Weinen hätte sie freilich Ursache genug. Sie könnten darüber weinen, sollte es sogar, daß sie eine Brentano geboren ist, ferner daß Clemens ihren ersten Informator gemacht, ingleichem und folglich, daß sie egoistisch ist, und kokett und faul, und entfremdet von allem, was liebenswürdig heist.

Seit ich sie einmal in Marburg in Savignys Stube hereintreten sah – seitdem ists aus mit mir. Schenkst Du ihr in diesem Sinne Thränen, so tadle ichs nicht; in jedem andern ists nicht der Mühe werth.

Dagegen die Lisette mag wohl ein anderes Wesen seyn. Doch heg' ich im Stillen einen Verdacht, da der Gegenstand ihres Liebens und Leidens von dieser Nation ist. Dafür hast Du nun auch keinen Sinn, und ich muß es dulden für sehr beschränkt zu gelten.

Wie ich dann auch, wohl weis ichs, bin. Wie könnte es auch anders seyn, da ich, von deutscher Herkunft in ärmlicher Umgebung erwachsen, unter todten Büchern fortlebe.

Ritterliche kühne Umsicht ins Leben, Aufmerksamkeit auf äußerliche Zier – wahrlich für mich ists größeres Verdienst frei darauf zu verzichten, als sie unfrei zum Gelächter der Ernsthaften suchen, sintemal ich sie nimmer finden werde.

Liebe Lina! Ueberdenke doch einmal ruhig folgende Sätze, und sag dann noch, ob ich Unrecht habe:

1. Ich war so glücklich Deine Liebe zu gewinnen – und gedachte (da Dir der Gedanke nicht mehr zuwider war) Dich zu heurathen, hoffend, Sofie würde mir frei entsagen und Deine Verhältnisse würden es erlauben.

2. So lange diese Hoffnung lebte durfte ich arglos dem Zug meiner Liebe, der Stimme meiner Sehnsucht folgen.

3. Jene Hoffnung verschwand, weil weder Sofie gros genug war, um mich frei zu lassen, noch Deine Verhältnisse frei genug, um Dir jenen Schritt (auch unter günstigern Umständen auf meiner Seite) zu erlauben.

4. Von jezt an mußte ich meiner Empfindung gegen Dich ein Maas setzen, und sezte es, mußte abmessen den Grad meiner Annäherung oder Dein Glük oder Unglük war mir gleichgültig, – und ich liebte Dich nicht.

O ja es gäbe auch noch jezt ein Selbstvergessen aus Liebe: ein Werk der Verzweiflung. Kannst Du diese wollen? Soll ich Dich und mich und Sofien in den Abgrund stürzen? Erspare mir das Detail.

5. Ist es nun unrecht, zeigt es von Kälte, wenn ich ausspreche: ich müsse es geschehen lassen, daß ein anderer Dich zum Ziele hinführe, das jede Jungfrau natürlicher Weise haben muß, da ich es selbst nicht darf? Oder soll ich der Gott seyn, der Menschenopfer begehret?

Siehe, liebe Lina, das muß ich aussprechen – so muß ich handeln.

6. Findest Du dagegen keinen andern Mann der Dir Deiner Liebe werth dünkt, fassest Du künftig frei den Entschluß das Leben der Jungfrau dem ehelichen vorzuziehen – und ist Dir meine Gesellschaft, meine Liebe so viel werth, daß Du darum die Vortheile Deiner Existenz aufopfern willst – so solltest Du immer meine Arme offen finden, und was ich nur vermag, will ich thun, damit Du, liebe Seele, gerne in meiner Nähe bist. – Auch weis ich daß die Stimmung der Sofie Dir keine Unannehmlichkeiten geben wird.

7. Und in diesem Sinne kann ich auch künftig nur zu Dir kommen. Lieben darf ich mir erlauben, aber nicht der sich selbst vergessenden Liebe vollen Besitz. – Und hast Du nicht

selbst auch bei jedem Zusammenseyn in diesem Sinne gehandelt? Hast Du nicht selbst mein Bewußtseyn, wenn es schwinden wollte, als ein guter Engel gewekt?

Du fordertest bestimmte Antwort. Ich gab sie. Ob ich Dich dabei mehr bedachte, oder mich, mußt nun Du entscheiden.

Du nanntest mich fromm, mögest Du nimmer verkennen, daß ich nie mehr bemühet war diesen schönen Namen zu verdienen, als da ich so schreibe.

Irre ich nicht, so wirst Du, frommes Mädchen darum nicht aufhören, mich werth zu halten Deiner Liebe.

Alles übrige Zweifeln (gäb es nun der Traum ein, oder das Wachen) sollte meine Lina nicht beunruhigen. Behalte Dir diese lateinischen Worte:

qui dubitat, is peccat.

Mit dem Kommen ist es nun so: Ich will kommen, aber Vorerst siehest Du, daß ich erst noch einige Zeilen von Dir haben muß, damit ich wisse, ob ich bei solchen Grundsätzen noch kommen darf.

Diese schicke bald.

Den Tag der Abreise kann ich nicht gut bestimmt sagen, am wenigsten schon jezt. Allein vielleicht ist die Abreise schon den 28. (Sonnabend) möglich, oder doch den 29. Das Haus ist gleich schwer bestimmen. Oft findet man besetzt, worauf man rechnete.

Schreib Du nur, ob jeden Tag noch die alten Stunden (10 oder halb drei) bleiben. Bedenk auch, daß Clemens in Frankfurt ist und triff Anstalten gegen ihn. Ob ich vorher noch einmal schreiben kann, weis ich nicht. Rechne nicht darauf.

Ich verbrannte Dein Griechisches. – Du darfst auch meines nicht leben lassen. Vergiß nicht so ganz alle Vorsicht zu Deinem Vortheil.

Im Fall daß ich kommen dürfte, und doch nicht könnte (ach denke Dich doch in die Lage eines Staatssklaven), schreib ich unverzüglich.

Ich las Deinen Brief nochmals. Wie lieb Du bist in Deiner

Erzählung vom Maskenball! Ach, wenn Du nur einsiehest, wie ich mich bemühe, Deine Liebe zu verdienen! Oder wird Lina mich verkennen? Kannst Du das? Adieu lieber Engel (so nenne ich Dich so lang Du es nicht verbietest). Grüß mir unsere H.

Karoline an Friedrich Creuzer

Ich sende dir ein Schnupftuch, das für dich von nicht geringerer Bedeutung sein soll als das, welches Othello der Desdemona schenkte. Ich habe es lange, um es zu weihen, auf meinem Herzen getragen. Dann habe ich mir die linke Brust gerade über dem Herzen aufgeritzt und die hervorgehenden Blutstropfen auf dem Tuch gesammelt. Siehe, so konnte ich das Zarteste für dich verletzen. Drücke es an deine Lippen; es ist meines Herzens Blut! So geweiht, hat dieses Schnupftuch die seltene Tugend, daß es vor allem Unmut und Zweifel verwahrt. Ferner wird es dir ein zärtliches Pfand sein.

Fragmente der Günderrode aus ihren Briefen an Friedrich Creuzer, die in Creuzers Briefen zitiert werden.

Oktober 1804

Sie haben mein Gemüth mißverstanden, Sie haben mich auf Ihre Weise glücklich machen wollen.

Ich bleibe Dir ja doch und wenn alle Dich verrathen und mißverstehen und verlassen, so traue auf mich, ich bleibe treu.

Du mußt Dich in eine entferntere Empfindung zurückversetzen.

Du warst nicht unglücklich, eh' Du mich gekannt.

[An Lisette Nees] Ich will ihn nicht allein lassen mit seiner Leidenschaft.

November 1804

Ich fühle mich so arm mitten im Reichtum, die Poesie beglückt mich so wenig.

Ich freue mich Deiner Kühnheit, da Du keck das Opfer begehrest, wie des Achilles Geist den Tod der Jungfrau.

Lina hat unterdessen auch wieder was gedichtet.

Ich habe es schon oft gedacht, wie es wohl sein würde, wenn ich Sie wiedersähe.

Ihre Briefe sind selten Antworten auf die meinigen.

Tian geht in seinem Zimmer herum allein und fast in der Dunkelheit.

December 1804

In jedem Collisionsfall geben Sie immer mich auf.

Sie dürfen meine künftigen Briefe immer Ihrer Frau mittheilen.

Januar 1805

Wenn ich einst sterbe mein Freund, so werde ich Dir erscheinen, wenn Du Nachts allein bist, dann trete ich leise an Dein Bett und drücke einen Kuß auf Deine Stirne. Wenn Du stirbst, so komme auch zu mir. Versprich es!

Februar 1805

Diesen Sommer wirst Du ähnliche Stunden haben …

Durch Vernichtung des Leibes früher zu nahen dem Ewigen …

April 1805

Ist es Dir leid gekommen zu seyn?

Mai 1805

Du sollst heucheln ein äußerlich vermindertes Interesse in Beziehung auf mich.

Hast Du die mitgetheilte Inschrift auch verstanden.

Es würde Dir das Gefühl geben Du seyst verwaist …

Juni 1805

[Mir ist] als ob meine Liebe Dir mehr Schmerzen bringe als Wonne.

Juli 1805

Damals kannte ich Schelling noch nicht. Wenn der nicht gewesen wäre, so wäre ich nichts.

December 1805

Lassen Sie nichts Fremdes mehr zwischen unser Vertrauen treten.

Januar 1806

Er ist krank, er ist gewiß mehr krank, als er gestehet, der theure Freund.

Denn ich bin ja *allein*, ob ich traurig aussehe, oder lustig, ist allen Menschen höchst gleichgültig.

April 1806

Ich liebe Dich bis zum Tod, süser lieber Freund Du mein Leben: Ich wünsche mit Dir zu leben oder zu sterben ... Unser Schicksal ist traurig, ich beneide mit Dir die Flüsse, die sich vereinigen. Der Tod ist besser als so leben. Eine Hoffnung erhält mich, aber diese ist Thorheit.

Mai 1806

Die Mißgestalt des Sehers als Ausdruck des Mystischen. Wenn Du kannst schreibe mir bald.

Juni 1806

Wird es Dir schmerzlich seyn, Dich ganz von mir getrennt zu wissen?

Ich verspreche Geduld. Verdammest Du mich?

Du schiedest eine Besorgnis wegen einer möglichen Ortsveränderung nicht scharf genug von dem, was nimmer Veränderung erleiden kann, von dem was uns verbindet ... Du bist nie gekommen, ohne erst von Abhaltenden Kleinigkeiten zu reden.

Das Weinen der Bettine war mir schmerzlich.

Ich kann mich nicht in Dein bedingtes Leben hineindenken; deswegen ist es mir ein Räthsel.

Ein anderer Besitz wäre doch in keinem Falle möglich gewesen.

Karoline von Günderrode an Karl Daub*

Schon lange war es mein herzlicher Wunsch, Sie lieber Daub, möchten von meinem Verhältnis zu Creuzer unterrichtet sein, um so froher bin ich jetzt, mit Ihnen darüber sprechen zu können; und ich will es mit der grössten Aufrichtigkeit tun. Ich fühle zwar wohl, dass ich den Vorwurf eines unbesonnenen, leidenschaftlichen Betragens verdiene, aber ich liebe C. so sehr, dass ich es nicht bereuen kann; und mein ganzes Leben soll ein Trachten sein, seine Liebe zu verdienen, zu erhalten. Darf ich eine Bitte an Sie wagen? Es ist von äusserster Wichtigkeit für mich, dass meine Absichten noch eine Zeitlang meinen Verwandten verborgen bleiben; nach Briefen, die ich erst gestern erhielt, hängt vielleicht die Erhaltung meines Vermögens davon ab; ich habe C. schon davon geschrieben, aber ich fürchte, er ist doch nicht vorsichtig genug; ich bitte Sie daher, machen Sie ihn darauf aufmerksam, und suchen Sie das Ihrige dazu beizutragen, dass diese Sache noch eine Zeitlang verschwiegen bleibe; besonders auch für Clemens, der, wie ich weiss, bald wieder nach Heidelberg zurück kommt.

Wenn Sie einigen Anteil an meinem Schiksal nehmen, will ich mich darüber freuen, wie dankbar Ihnen immer sein. Sophie hat mir so lange nicht das kleinste Zeichen ihres Andenkens gegeben, ist sie mir gar nicht mehr gut? grüssen Sie sie doch von mir.

* Karl Daub (1756–1836), Kirchenrat und Professor der Theologie und Philosophie, Amtsgenosse und Freund Creuzers in Heidelberg.

Leben Sie wohl, nächstens schreibe ich Ihnen wieder, ich muss heute sehr eilen.

Karoline

Frankfurt, d. 14. September 1805

Karoline an Karl Daub

1805

Mit dem innigsten Vertrauen wende ich mich an Sie, lieber Daub; ich finde mich in einer Lage, die ich schlechterdings nicht zu entscheiden vermag; mein Freund wird Ihnen alles sagen; Wunsch und Zweifel, Lieb und Furcht beherrschen mich so abwechselnd, dass ich selbst nicht mehr weiss, was ich tun kann und darf und was nicht; meinem Freunde ergeht es ebenso, nicht viel mehr als meinem eigenen Urteil darf ich dem seinigen trauen, denn das gleiche Gefühl besticht ihn wie mich. Sie werden uns am besten zu sagen wissen, was uns zu tun geziemt, ich bitte, versagen Sie mir Ihren Rat nicht, wie des Schicksals Ausspruch will ich den ihrigen betrachten.

Verdammen Sie mich nicht allzu hart, dass ich meine Schritte nicht zählte, nicht bedachte, wohin sie führen mussten; unser Freund ist gar zu lieb und gut, ich liebte immer mehr je mehr ich ihn erkannte, und was mich hätte abhalten sollen vergass ich allzu oft. Creuzer wird Ihnen das alles deutlicher sagen, Sie sind ihm ja auch wie ich weiss, herzlich gut, entschuldigen Sie mich um seinetwillen.

Karoline

Karoline an Karl Daub

1805

Sie haben mir nicht geantwortet lieber Daub, dennoch wage ich mich wieder an Sie zu wenden. Savigny war hier, ich habe viel mit ihm über meinen Freund gesprochen; ein Brief, den er bei seiner Anwesenheit von jemand (den ich schlechterdings nicht kompromittieren darf) erhielt, bestätigte ihn in der Furcht, die Frau von Creuzer möchte wohl vielleicht heimlich *jenen* Entschluss bereuen oder ihm doch erliegen, wenn sie ihn nun wirklich ausführen solle. Savigny machte mich auch aufmerksam darauf, dass es Unrecht von mir sei, dass ich mich nicht darum bekümmere, ob Creuzer auf eine würdige oder unwürdige Art frei werde, ob er mit reiner Seele diesen Schritt tun könne, oder mit schwerem Vorwurf belastet. Savigny hat recht, es ist nicht gut von mir, dass ich der Liebe und Hoffnung soviele Gewalt über mich lasse, ohne darnach zu fragen ob es sein darf. Sie sind gerecht lieber Daub, Sie sind billig und menschlich und ehren auch die Empfindung; prüfen, untersuchen Sie, und dann sagen Sie mir ob ich darf, ich will Ihnen blindlings glauben; zwar zittre ich zu erfahren, was alle Blüten meines Lebens zerknicken wird, aber doch soll geschehen was Sie wollen. – Wie werd ich einen schlimmen Ausspruch ertragen können, wie der Hoffnung entsagen, der ich mich mit ganzer Seele hingegeben habe? Denken Sie auch an meinen Freund, wenn Sie über uns aussprechen wollen.

Karoline

Sagen Sie niemand etwas von diesem Brief.

Karoline an Karl Daub

1805

Ihr Brief, lieber Daub, hat mir mehrere Stunden des peinlichsten Kampfes bereitet, aber verzeihen Sie mir, aus diesem ist die der Ihren entgegengesetzte Ansicht wieder neu und kräftig hervorgegangen. Ist das eine rechte Ehe, wenn zwei Wesen sich gänzlich verstehen und lieben, sich besitzen und besessen werden, wenn das innerste, heiligste Leben des Einen sich nur von dem Andern entzündet und nährt? und wenn das eine rechte Ehe ist, so ist die eine Sünde an der Natur, die zwei Gemüther, die sich einander nicht genügen, nicht verstehen und lieben, in eine peinigende Fessel schlägt, in welcher das Herz des Einen sich in unbefriedigter Sehnsucht qualvoll verzehrt; und warum, weil es sich einmal irrte, mag es verschmachten, wer fragt nach dem heimlichen Ächzen des gemisshandelten Herzens, wenn nur der Mensch nicht gleich darüber stirbt, so beruhigen sich alle, meinend, es werde sich schon geben; aber es gibt sich nicht, und viel schlimmer ist es, so leben als sterben. Können Sie glauben, die Frau würde nun glücklich sein wenn ich entsagt hätte? wahrlich es kann ihr nicht wohl sein im Bewusstsein, dass sie einen Mann zwinge, ihr zu bleiben, dessen ganzes Wesen sich weg sehnt von ihr, und selbst dann, wenn sie ihn so behaupten wollte, besässe sie ihn nicht, denn man besitzt nur, von dem man geliebt wird, oder sie besässe ihn wie der Kerker den Gefangenen; und wenn es so schwer ist, einen solchen Besitz aufzugeben, ihr, die doch noch einer andern schönen Zukunft in ihren Kindern entgegen sieht, muss da nicht das Herz zerbrechen, das dem Einzigen entsagen soll, das geliebt wird und liebt? Aber vielleicht würde er sie nachher wieder lieb gewinnen? – C. hat mir oft heilig versichert, dass schon lange ehe er mich gekannt habe, eine öde Leere, ein Sehnen nach einer Liebe, wie sie ihm gezieme, ihm bewusst gewesen sei; und nun, nachdem er die Liebe hat kennen lernen, nun sollte er lieben, was ihm vorher nicht genügte? – Es ist mir deutlich geworden, dass durch mein Entsagen keinem gründlich geholfen würde, wohl aber mehrere unglücklich würden.

Dass wir uns lieben mussten, wie wir uns kennen lernten, das war notwendig, ich mache mir keinen Vorwurf darüber; ich habe gefehlt, als ich ihm das erste Mal erlaubte zu hoffen; nun aber, da ich ihn und mich mit dieser Hoffnung so vertraut gemacht habe und Entsagen wäre keine gute Tat, wenn ich denn auch sündige, so will ich wenigstens gegen ihn rein bleiben, ihm leben oder sterben, ich lasse mir selbst keine andere Wahl mehr. Und wenn Hoffen so frevelhaft wäre, so würde er es nicht können; er hat den heiligsten Sinn, ich kann nicht vortrefflicher sein wollen, als er ist; tun was ihn erfreut, das ist mir Tugend, Pflicht und Recht, das gibt mir frohes Bewusstsein; aber tun was ihn quält, das ist ewiger Vorwurf und nagende Pein und würde mir den Himmel vergiften.

Sind Sie unzufrieden über mich, so lassen Sie es unsern Freund nicht entgelten, bleiben Sie ihm immer gut, man kann der Liebe und Freundschaft nicht würdiger sein als er ist

Leben Sie wohl.

Karoline an Lisette Nees

Juli 1806

Dein Brief Lisette, hat mich sehr gerührt. Du aber bist doch heiter? nicht wahr Du hast keine schlimme Ahndungen? ich sehe diesmal mit viel mehr Ruhe und Zuversicht Deiner Zukunft entgegen als das vorige mal; mir ist das Schiksal hätte gesagt, Du solltest leben, – wenn es anders wäre, es wäre auch ein Unsinn.

Nach mir fragst Du? Ich bin eigentlich lebensmüde, ich fühle daß meine Zeit aus ist, und daß ich nur fortlebe durch einen Irrthum der Natur; dies Gefühl ist zuweilen lebhafter in mir, zuweilen blässer. Das ist mein Lebenslauf.

adieu Lisette. C.

ZEUGNISSE VON ZEITGENOSSEN

Karl Daub an Susanne von Heyden

Juli 1806

Hochwohlgeborene, Gnädige Frau Hauptmännin!

Das Verhältnis der zartesten Freundschaft, worin Sie, gnädige Frau, zur Fräulein Karoline von Günderrode stehen, ein ähnliches Band, welches mich seit einigen Jahren mit dem Hofrat Creuzer verknüpft, und ein bestimmter Auftrag von diesem meinem Freunde, der seit einigen Tagen an einer schweren Krankheit darnieder liegt, dies alles wird mich, wie ich hoffe, bei Ihnen entschuldigen, wenn ich mich mit der folgenden Bitte gerade an Sie wende.

Creuzers bestimmt und entschieden erklärter Wille ist es, dass das bisher zwischen ihm und der Fräulein Karoline bestandene Verhältnis aufgehoben, dass es vernichtet sei. Diese Erklärung, gnädige Frau, ist unaufgefordert durch ihn mit einer solchen Ruhe, Besonnenheit und Festigkeit geschehen, dass ich sagen darf: das genannte Verhältnis sei damit vernichtet. Er selbst verlangt von mir die Bitte an Sie, der Fräulein diese Nachricht mitzuteilen; ich tue diese Bitte um so getroster, weil ich Sie als die wahre Freundin der Fräulein kenne und verehre und um so lieber, weil mir die Fräulein von ihrer frühesten Jugend sehr wert ist und ich sie um keinen Preis in der Welt betrüben möchte, welches letztere gleichwohl kaum vermieden werden könnte, wenn ihr die genannte Eröffnung durch mich, einen Mann, der nur den guten Willen hat schonend zu verfahren, und nicht durch eine Dame geschähe, die nach allem, was mir von ihrem edlen und sanften Charakter bekannt ist, mit diesem Willen auch die Tat verbinden wird.

Die Briefe der Fräulein, die in Creuzers Hand sind, werden ihr demnächst zurückgesandt werden. Ich wage es nicht, gnädige Frau, ein Wort über das Geschick, welches hier obwaltet auszusprechen, überzähle dies für einen von den Fällen, wo der Mensch sich selbst beraten muss.

Susanne von Heyden an Karl Daub

19. Juli 1806

Herr Professor!

Karoline von Günderrode ist gegenwärtig im Rheingau in Langewinkel, wie ein Päckchen so ich den 17. auf der fahrenden Post an Creuzer abgesendet, worin sie ihm ihre Abreise meldet, zeigen wird; ich kann den Inhalt Ihres Briefes Karolinen nicht schreiben, er ist zu hart, um nicht mündlich ausgerichtet werden zu müssen; auch muss ich Sie vorher noch um ein Zeichen unsres Freundes bitten, damit Karoline mir glaube; hat er wirklich sein Verhältnis zu ihr zerbrochen, so senden Sie mir ihr gemaltes Bild, diesem muss sie glauben dass er es nur aus freiem Willen ihr zurückgibt; oder, was ich fast aus Ihrem Brief schliesse, ist Creuzer tot? und mit Liebe für Karolinen gestorben, so lassen Sie ihr diesen Trost; jemehr ich Ihren Brief lese, jemehr bestärke ich mich in der Meinung, Sie wollen durch dieses Zerbrechen des Verhältnisses Karolinen Creuzers Verlust durch den Tod versüssen; ich kenn sie aber besser; härter als ihr eigener Tod wird ihr die Nachricht seiner verlorenen Liebe sein; ist es aber dennoch, dass er sie aufgibt und stirbt, so lassen Sie uns ihr den Wahn lassen, er sei in Liebe für sie verschieden; den Toten plagt ja dann ihre Liebe nicht mehr und Karolinen ist es ein herber Kummer weniger; lebt er aber, dann mögen ein paar Zeilen seiner Hand Linens Geschick bestimmen; ich werde ihr nicht eher schreiben, als bis ich Nachricht von Ihnen habe was ich tun soll, auch würden Sie die Freundin sehr verbinden, wenn Sie mir die Ursache dieses Schrittes sagten; ich kann Linen nur vorbereiten, wenn ich Gründe weiss, Sie fühlen wohl selbst als Freund, dass es der Armen Leben gilt und dass Wahrheit, durch schonende Hand gegeben, hier Pflicht ist; sagen Sie unserem Freund, wenn er noch lebet dass Lina seine Liebe in mir wiederfinden solle, und die ihrige wolle ich ihm treu bewahren, bis zu dem Augenblick, wo alles Vortreffliche sich vereinet. – Verzeihen Sie mir Herr Professor, wenn in meiner Antwort nicht die Besonnenheit herrscht, die mir ziemte, allein es gilt die Ruhe derjenigen, an der meine Seele hänget, und dieses ist auch die Ursache, warum ich Sie um ein Zeichen von Creuzer selbst bitten muss; der Freundin kann der Brief des Freundes genügen, doch die Geliebte will die eignen wohlbekannten Züge schauen und glaubet nur diesen als ihren Richtern.

Ich bitte Sie mit umgehender Post um gefällige Antwort, damit baldigst die Arme aus der Ungewissheit, solange keine Nachricht von Creuzer zu haben, befreiet wird, um sich in noch tieferes Elend gestürzt zu sehen; ich wage nicht zu urteilen, ehe ich Gründe weiss; mit grösster Hochachtung Herr Professor

Ihre gehorsame Dienerin
Susanne von Heyden

Susanne von Heyden an Karl Daub

Frankfurt, den 24. Juli 1806

Zufolge Ihres wiederholten Auftrags, Herr Professor, habe ich heute an Karoline Günderrode Creuzers Entschluss geschrieben und ihr dabei Ihre beiden Briefe gesendet; es tut mir sehr leid, dass Karolinen diese Nachricht nicht durch das mildernde Gespräch gegeben werden konnte, allein mir ist es jetzo nicht möglich, in das Rheingau zu gehen und Creuzer wollte dass sie unverzüglich benachrichtigt würde; sie muss also den Kelch mit aller seiner Bitterkeit schmecken; jedoch bitte ich Sie das Päckchen und die Briefe an mich zu senden, um ihr hierin, wo es mir gestattet ist, Kummer zu ersparen; ich freue mich herzlich, dass Creuzer auf dem Wege der Besserung ist, sein Tod wäre für seine Freunde und die Wissenschaft ein gleich grosser Verlust gewesen; sagen Sie ihm, dass ich innigen Anteil an seiner Wiedergenesung nehme; ich verharre Herr Professor mit aufrichtigster Hochachtung

Ihre gehorsame Dienerin
Susanne von Heyden

Susanne von Heyden an Hektor von Günderrode

Frankfurt, den 28. Juli 1806

Ich muss eilen, Herr von Günderrode, Sie von einer Begebenheit zu unterrichten, die mir das Herz zerreisst, ehe das Gerücht mir zuvorkommt. Die Verbindung, in der Ihre Schwester meine einzige Karoline, mit Creuzer stand, ist Ihnen bekannt. Beifolgende zwei Briefe von Daub an mich werden Ihnen die Lage der Dinge sagen, wie sie noch vor kurzem war, ehe ein fürchterliches Misslingen jeder Vorsicht das Unglück Linens herbeiführte. Aus dem zweiten Brief von Daub werden Sie sehen, dass ich alles anwandte, diesen Kummer von Linen abzuwenden. Ich schrieb, da alle Vorstellungen unnütz waren, beifolgenden Brief an Lotte Servière in Langenwinkel, im Rheingau, wo Karoline war, nebst beifolgendem Brief an Lina, um durch diese Linen vorzubereiten; allein ungeachtet ich die Adresse an Lotten mit verstellter Hand und Siegel gemacht hatte, eilte Karoline, die seit langer Zeit auf Briefe gewartet hatte, dem Boten entgegen, erbrach den Brief und ging in ihr Zimmer, von wo sie bald wieder herauskam und ganz heiter scheinend Lotten Adieu sagte, sie wolle am Rhein, wie sie oft tat, spazieren gehen, kam aber nicht wieder. Beim Nachtessen wurde sie vermisst; man eilte auf ihr Zimmer, fand die erbrochenen Briefe und bange Sorge erfüllte die guten Mädchen. Sie suchten die ganze Nacht; früh fand man die unglückliche Lina tot am Ufer; ihr Ihnen wohlbekannter Dolch hatte das Herz des Engels durchstochen. Sie konnte nicht leben ohne Liebe, ihr ganzes Wesen war aufgelöset in Lebensmüdigkeit. Sie, der sie liebte, wie wenige Brüder lieben, fühlen, wie schmerzlich ihr Verlust mir ist; mein halbes Leben liegt mit ihr im Grabe. Ich wollte nicht, dass jemand, der sie nicht so liebt wie ich, Ihnen diese Trauernachricht gäbe. Ich erbitte von Ihrer Liebe zu Linen, diese fünf Briefe wieder als ein Andenken zurück; den letzten fand man angefangen in ihrem Zimmer, er ist an Creuzer. Glauburg als Administrator habe ich die Briefe lesen lassen, er hat mir Verschwiegenheit gelobt; doch Line dachte klein von allen diesen Welturteilen, ihr Herz war grösser denn diese Welt; nur die innigste Liebe konnte es lebend erhalten; als diese starb, brach auch ihr Herz; kein Mensch kannte diesen Engel so wie ich. Ich habe nicht an Frau du Thil geschrieben; da sie das Bad gebraucht, mochte es sie zu sehr erschüttern; ich bitte Sie, es zu tun. Leben Sie besser als ich bei diesem Verlust.

Susanne de Heyden

Lisette von Nees an Susanne von Heyden,
nicht lange nach Karolines Tod

Die früheren Briefe Linens die Du mir zugeschikt sind ganz in dem Geist geschrieben wie ich mir ihr Verhältnis dachte, ein scheinbar freyes heitres Spiel, hinter dem ein grinsender Dämon lauert; so dünkt mich stelle man sich die Verführung des Teufels vor. – Jeder Abfall von der Natur ist eben so gut Sünde als der Abfall von der Sitte denn die Sittlichkeit ist ja nur eine höhere Natur. Gegen beyde sündigte Lina; darum sind ihre früheren Briefe kalt herzlos bey aller geistreichen Anmuth, und die späteren rächen sich an den früheren durch gewaltsam hervorgetretene Empfindung. In diesem Spiel, dass Lina oft sich und ihre Zustände als die eines dritten schildert, liegt mir ein tiefer Sinn: es giebt uns die Spaltung in ihrer Seele, das immer thätige Vermögen der Reflexion, sich von sich selbst zu trennen im Bilde wieder. Ihre Darstellung ihrer drey Seelen ist sehr wahr. Die Einheit dieser drey Gewalten wäre die Liebe gewesen. – In der Herrschaft der ersten Seele war sie Weib, und in so fern modernes Wesen, in der zweiten Mann und lebte im Antiken. In der dritten lag die Tendenz zur Ausgleichung beyder in das rein Menschliche. Ihre Coquetterie war ein schnöde Misgeburt jener ersten Beyden, die aber mehr dem Vater ähnlich sah als der Mutter. In einer glücklichen Liebe hätte die 2te Seele als herrschend müssen vom Schauplatz abtreten weil das Gemüth aufgehört sich selbst Objekt zu seyn, um aber uns in der Freundschaft zu dem erst geliebten Gegenstand verherrlicht wieder zu kehren. – In einer unglücklichen Liebe (und unglücklich nenne ich nicht blos die unerwiederte sondern jede wo die Liebe mit dem Gemüthe selbst in Widerstreit geräth wie das immer der Fall seyn muss, wo die Liebe mit der Sittlichkeit nicht übereinstimmt) hätte die zweyte erst recht ihre Stelle gefunden, und indem sie die erste mit jugendlicher Energie zu sich hinein gezogen wären die beyden aufgenommen worden in der Verklärung der dritten. Warum aber alles so ganz anders erfolgte? Weil die intensive Kraft der zweyten geschwächt und zerstreut war durch jene Misgeburt, weil Karoline empfänglicher, reizbarer wie so manche andre, deren festere gediegnere, wenn Du willst schwerfälligere geistige und körperliche Organisation sie vor der gefährlichen Höhe bewahrt auf der Karoline lächelnd und wie zum Scherz zu wandlen schien, von den Einflüssen unserer, kaum erst vergangnen Zeit mächtiger ergriffen wurde wie viele. Ein fester, gediegner Sinn, ein lebendiges Gefühl für sittliche Schönheit, ein klares unbestochenes Kunsturtheil, konnte wohl, lebhaft angeregt von jedem Schönen eine Zeitlang eingeschlossen zu seyn scheinen in jener daher brausenden Fluth, bald aber wird es sich selbst und seine Welt aus sich wieder gestaltet, und mit Klarheit und Freyheit dem Leben und der Poesie, jedem seine Sphäre angewiesen haben. Caroline vermochte dies nicht. Sie fiel, ein Opfer der Zeit, mächtiger in ihr würkender Ideen, frühzeitig schlaff gewordener sittlicher Grundsätze: eine unglückliche Liebe war nur die Form unter der dies alles zur Erscheinung kam, die Feuerprobe die sie verherrlichen oder verzehren musste. Friede mit ihrer Asche!

Achim von Arnim an Bettina Brentano

27. August 1806

Der sanfte, blaue Blick der armen Günderrode begegnet mir sicherer, nun sie nicht mehr sprechen kann, sie nicht freier und ohne Zurückhaltung in die Welt, wir fühlen uns enger befangen, schlagen die Augen nieder und an unsere Brust, wir konnten ihr nicht genug geben, um sie hier zu fesseln, nicht hell genug singen, um die Furienfackel unseliger, ihr fremder Leidenschaft auszublasen. Ich sage: wir – und doch war ich ihr gar zu nichts, aber ihr doch recht gut, und von dem Morgen, wo ich ihr das Wasser in die Augen spritzte, von dem Nachmittage, wo sie so lachend kämpfte, den Dolch zu verbergen, den sie aus dem Schranke hervorsuchte, womit wir spielten recht wie die Kinder mit dem Feuer, das ihr Bett ergriffen, bis zu unserem Umsturze, wo ich sie in meinen Armen gen Himmel hielt und bis zu dem Abschiedsabende in Ihrem Hause, wo sie so hübsch aussah, daß wir uns alle verwunderten, in all der lieben, fröhlichen Zeit war sie so mitwirkend zu allem Spiel, so sanft vertheidigend gegen die kritische Pflichtbosheit der censierenden Pädagogik von Clemens, daß ich immer bei ihr auf das Lamm komme, das nichts mehr zu opfern hatte und sich nun selbst opferte.

Schauderhaft ist mir die Section des Arztes gewesen, der ihren Tod aus dem Rückenmark gelesen, so etwas ist doch nur zu sagen möglich bei dem versunkenen Zustande dieser Wissenschaft, zu der kein Arzt und kein Kranker zum Arzt mehr Zutrauen hat. Mit der weichen schwachen Hand solche Gewalt, um einem drückenden Lebensverhältnisse zu entgehen, das wohl so einem vereinsamten gereizten Gemüthe im Augenblicke unendlich hoffnungslos scheinen mochte, das ist mehr Lebenskraft, als der vortreffliche Arzt verstehen wird, wenn er auch hundert Jahre darüber alt würde. Wer so etwas mit fremden Augen ansieht, der muß sich auch einen fremden Grund denken, er denkt, die Krankheit hat einen Arm vorgestreckt, um zu vernichten, was sie nicht entstellen mochte, die gemeinste Bemerkung spricht dagegen, daß kein Gesunder so an jedem verlängerten Augenblick des Lebens hängt als alle abzehrenden Kranken. Fort also mit dieser entsetzlichen Erklärungswuth, was in sich so klar ist, ohne Anspruch zu machen, gut oder böse sein zu wollen, sondern lieber wie ein Bergschatten in die Tiefe des Rheins zu verlöschen.

Über die *Günderrode* ist mir am Rhein unmöglich zu schreiben, ich bin nicht so empfindlich, aber ich bin hier am Platz nicht weit genug vom Gegenstand ab, um ihn ganz zu übersehen; – gestern war ich da unten, wo sie lag; die Weiden sind so gewachsen, dass sie den Ort ganz zudecken; und wie ich mir so dachte, wie sie voll Verzweiflung hier herlief, und so rasch das gewaltige Messer sich in die Brust stiess, und wie das da tagelang in ihr gekocht hatte, und ich, die so nah mit ihr stand, jetzt an demselben Ort gehe hin und her an demselben Ufer, in süssem Überlegen meines Glückes, und alles und das Geringste, was mir begegnet, scheint mir mit zu dem Reichtum meiner Seligkeit zu gehören; da bin ich wohl nicht geeignet, jetzt alles zu ordnen und den einfachen Faden unseren Freundelebens, von dem ich doch nur alles anspinnen könnte, zu verfolgen. – Nein es kränkt mich und ich mache ihr Vorwürfe, wie ich ihr damals in Träumen machte, dass sie die schöne Erde verlassen hat; sie hätt noch lernen müssen, dass die Natur Geist und Seele hat und mit dem Menschen verkehrt und sich seiner und seines Geschickes annimmt und dass Lebensverheissungen in den Lüften uns umwehen; ja, sie hat's bös mit mir gemacht, sie ist mir geflüchtet, grade wie ich mit ihr teilen wollte alle Genüsse. Sie war so zaghaft; eine junge Stiftsdame, die sich fürchtete, das Tischgebet laut herzusagen; sie sagte mir oft, dass sie sich fürchtet, weil die Reihe an ihr war; sie wollte vor den Stiftsdamen das Benedicite nicht laut hersagen. Unser Zusammenleben war schön; es war die erste Epoche, in der ich mich gewahr ward; – sie hatte mich zuerst aufgesucht in Offenbach, sie nahm mich bei der Hand und forderte, ich solle sie in der Stadt besuchen; nachher waren wir alle Tage beisammen; bei ihr lernte ich die ersten Bücher mit Verstand lesen; sie wollte mich Geschichte lehren, sie merkte aber bald, dass ich zu sehr mit der Gegenwart beschäftigt war, als dass mich die Vergangenheit hätte lange fesseln können. – Wie gern ging ich zu ihr! ich konnte sie keinen Tag mehr missen, ich lief alle Nachmittag zu ihr; wenn ich an die Tür des Stifts kam, sah ich durch das Schlüsselloch bis nach ihrer Tür, bis mir aufgetan ward; – ihre kleine Wohnung war ebner Erde nach dem Garten; vor dem Fenster stand eine Silberpappel, auf die kletterte ich während dem Vorlesen; bei jedem Kapitel erstieg ich einen höheren Ast und las von oben herunter; – sie stand am Fenster und hörte zu und sprach zu mir hinauf, und dann und wann sagte sie: Bettine fall nicht; jetzt weiss ich erst, wie glücklich ich in der damaligen Zeit war; weil alles, auch das Geringste, sich als Erinnerung von Genuss in mich geprägt hat. – Sie war so sanft und weich in allen Zügen, wie eine Blondine; sie hatte braunes Haar, aber blaue Augen, die waren gedeckt mit langen Augenwimpern; wenn sie lachte, so war es nicht laut, es war vielmehr ein sanftes, gedämpftes Girren, in dem sich Lust und Heiterkeit sehr vernehmlich aussprach; – sie ging nicht, sie wandelte, wenn man verstehen will, was ich damit auszusprechen meine; – ihr Kleid war ein Gewand, was sie in schmeichelnden Falten umgab, das kam von ihren weichen Bewegungen her; – ihr Wuchs war hoch, ihre Gestalt war zu fliessend, als dass man es mit dem Worte *schlank* ausdrücken könnte; sie war schüchtern-freundlich und viel zu willenlos, als dass sie in der Gesellschaft sich bemerkbar gemacht hätte. Einmal ass sie mit dem Fürst Primas mit allen Stiftsdamen zu Mittag; sie war im schwarzen Ordenskleid mit langer Schleppe und weissem Kragen mit dem Ordenskreuz; da machte jemand die Bemerkung, sie sähe aus wie eine Scheingestalt unter den andern Damen, als ob sie ein Geist sei, der eben in der Luft zerfliessen werde; – Sie las mir ihre Gedichte vor und freute sich meines Beifalls, als wenn ich ein grosses Publikum wär; ich war aber auch voll lebendiger Begierde es anzuhören; nicht als ob ich mit dem Verstand das Gehörte gefasst habe, – es war vielmehr ein mir unbekanntes Element, und die weichen Verse wirkten auf mich wie der Wohllaut einer fremden Sprache, die einem schmeichelt, ohne dass man sie übersetzen kann. – Wir lasen zusammen den Werther und sprachen viel über den Selbstmord; sie sagte: ‹Recht viel lernen, recht viel fassen mit dem

Geist und dann früh sterben; ich mag's nicht erleben, dass mich die Jugend verlässt›. Wir lasen vom Jupiter Olymp des Phidias, dass die Griechen von dem sagten, der Sterbliche sei um das Herrlichste betrogen, der die Erde verlasse, ohne ihn gesehen zu haben. Die Günderrode sagte, wir müssen ihn sehen, wir wollen nicht zu den Unseligen gehören, die so die Erde verlassen. Wir machten ein Reiseprojekt, wir erdachten unsre Wege und Abenteuer, wir schrieben alles auf, wir malten alles aus, unsre Einbildung war so geschäftig, dass wir's in der Wirklichkeit nicht besser hätten erleben können; oft lasen wir in dem erfundenen Reisejournal, und freuten uns der allerliebsten Abenteuer, die wir drin erlebt hatten und die Erfindung wurde gleichsam zur Erinnerung, deren Beziehungen sich noch in der Gegenwart fortsetzten. Von dem, was sich in der Wirklichkeit ereignete, machten wir uns keine Mitteilungen; das Reich, in dem wir zusammentrafen, senkte sich herab wie eine Wolke, die sich öffnete, um uns in ein verborgenes Paradies aufzunehmen; da war alles neu, überraschend, aber passend für Geist und Herz; und so vergingen die Tage. Sie wollte mir Philosophie lehren; was sie mir mitteilte, verlangte sie von mir aufgefasst, und dann auf meine Art schriftlich wiedergegeben; die Aufsätze, die ich ihr hierüber brachte, las sie mit Staunen; es war nie auch eine entfernte Ahndung von dem, was sie mir mitgeteilt hatte; ich behauptete im Gegenteil, so hätt ich es verstanden; – sie nannte diese Aufsätze Offenbarungen, gehöht durch die süssesten Farben einer entzückten Immagination; sie sammelte sie sorgfältig, sie schrieb mir einmal: Jetzt verstehst Du nicht, wie tief diese Eingänge in das Bergwerk des Geistes führen, aber einst wird es Dir sehr wichtig sein, denn der Mensch geht oft öde Strassen; je mehr er Anlage hat durchzudringen, je schauerlicher ist die Einsamkeit seiner Wege, je endloser die Wüste. Wenn Du aber gewahr wirst, wie tief Du Dich hier in den Brunnen des Denkens niedergelassen hast und wie Du da unten ein neues Morgenrot findest und mit Lust wieder heraufkömmst und von Deiner tieferen Welt sprichst, dann wird Dichs trösten, denn die Welt wird nie mit Dir zusammenhängen, Du wirst keinen andern Ausweg haben als zurück durch diesen Brunnen in den Zaubergarten Deiner Phantasie; es ist aber keine Phantasie, es ist eine Wahrheit, die sich in ihr spiegelt. Der Genius benützt die Phantasie, um unter ihren Formen das Göttliche, was der Menschengeist in seiner idealen Erscheinung nicht fassen könnte, mitzuteilen oder einzuflössen; ja Du wirst keinen andern Weg des Genusses in Deinem Leben haben, als den sich die Kinder versprechen von Zauberhöhlen, von tiefen Brunnen; wenn man durch sie gekommen, so findet man blühende Gärten, Wunderfrüchte, kristallne Paläste, wo eine noch unbegriffne Musik erschallt und die Sonne mit ihren Strahlen Brücken baut, auf denen man festen Fusses in ihr Zentrum spazieren kann; – das alles wird sich Dir in diesen Blättern zu einem Schlüssel bilden, mit dem Du vielleicht tief versunkne Reiche wieder aufschliessen kannst, drum verliere mir nichts und wehre auch nicht solchen Reiz, der Dich zum Schreiben treibt, sondern lerne mit Schmerzen denken, ohne welche nie der Genius in den Geist geboren wird; – wenn er erst in Dich eingefleischt ist, dann wirst Du Dich der Begeistrung freuen, wie der Tänzer sich der Musik freut. [...]

Wie ich von ihrem Grab zurückkam, da fand ich Leute, die nach ihrer Kuh suchten, die sich verlaufen hatte; ich ging mit ihnen; sie ahndeten gleich, dass ich dorther kam, sie wussten viel von der Günderrode zu erzählen, die oft freundlich bei ihnen eingesprochen und ihnen Almosen gegeben hatte; sie sagten, so oft sie dort vorbeigehen, beten sie ein Vaterunser; ich hab auch dort gebetet zu und um ihre Seele, und hab mich vom Mondlicht reinwaschen lassen, und hab es ihr laut gesagt, dass ich mich nach ihr sehne, nach jenen Stunden, in denen wir Gefühle und Gedanken harmlos gegen einander austauschten.

Sie erzählte mir wenig von ihren sonstigen Angelegenheiten, ich wusste nicht, in welchen Verbindungen sie noch ausser mir war; sie hatte mir zwar von Daub in Heidelberg gesprochen und auch von Creuzer, aber ich wusste von keinem, ob er ihr lieber sei als der andre; einmal hatte ich von andern davon gehört, ich glaubte es nicht, einmal kam sie mir freudig entgegen und sagte: Gestern habe ich einen Chirurg gesprochen, der hat mir gesagt, dass es sehr leicht ist, sich umzubringen; – sie öffnete hastig ihr Kleid und zeigte mir unter der schönen Brust den Fleck; ihre Augen funkelten freudig; ich starrte sie an, es ward mir zum ersten Mal unheimlich, ich fragte: Nun! – und was soll ich denn tun, wenn Du tot bist? – O, sagte sie, dann ist Dir nichts mehr an mir gelegen, bis dahin sind wir nicht mehr so eng verbunden, ich werd mich erst mit Dir entzweien; – ich wendete mich nach dem Fenster, um meine Tränen, mein vor Zorn klopfendes Herz zu verbergen, sie hatte sich nach dem andern Fenster gewendet und schwieg; – ich sah sie nach der Seite an, ihr Aug war gen Himmel gewendet, aber der Strahl war gebrochen, als ob sich sein ganzes Feuer nach innen gewendet habe; – nachdem ich sie eine Weile beobachtet hatte, konnte ich mich nicht mehr fassen, – ich brach in lautes Schreien aus, ich fiel ihr um den Hals und riss sie nieder auf den Sitz, und setzte mich auf ihre Knie und weinte viel Tränen und küsste sie zum *erstenmal* an ihren Mund und riss ihr das Kleid auf und küsste sie an die Stelle, wo sie gelernt hatte das Herz zu treffen; und ich bat mit schmerzlichen Tränen, dass sie sich meiner erbarme, und fiel ihr wieder um den Hals und küsste ihre Hände, die waren kalt und zitterten und ihre Lippen zuckten, und sie war ganz kalt und starr und totenblass und konnte die Stimme nicht erheben; sie sagte leise: Bettine, brich mir das Herz nicht; – ach, da wollte ich mich aufreissen und wollte ihr nicht weh tun; ich lächelte und weinte und schluchzte laut, ihr schien immer banger zu werden, sie legte sich aufs Sofa; da wollt ich scherzen und wollte ihr beweisen, dass ich alles für Scherz nehme; da sprachen wir von ihrem Testament; sie vermachte einem jeden etwas; mir vermachte sie einen kleinen Apoll unter einer Glasglocke, dem sie einen Lorbeerkranz umgehängt hatte; ich schrieb alles auf; im Nachhausegehen machte ich mir Vorwürfe, dass ich so aufgeregt gewesen war; ich fühlte, dass es doch nur Scherz gewesen war, oder auch Phantasie, die in ein Reich gehört, welches nicht in der Wirklichkeit seine Wahrheit behauptet; ich fühlte, dass ich unrecht gehabt hatte und nicht sie, die ja oft auf diese Weise mit mir gesprochen hatte.

Am andern Tag führte ich ihr einen jungen französischen Husarenoffizier zu mit hoher Bärenmütze; es war der Wilhelm von Türkheim, der schönste aller Jünglinge, das wahre Kind voll Anmut und Scherz; er war unvermutet angekommen; ich sagte: da hab ich dir einen Liebhaber gebracht, der soll dir das Leben wieder lieb machen. Er vertrieb uns allen die Melancholie; wir scherzten und machten Verse, und da der schöne Wilhelm die schönsten gemacht zu haben behauptete, so wollte die Günderrode, ich solle ihm den Lorbeerkranz schenken; ich wollte mein Erbteil nicht geschmälert wissen, doch musst ich ihm endlich die Hälfte des Kranzes lassen; so hab ich denn nur die eine Hälfte.

Einmal kam ich zu ihr, da zeigte sie mir einen Dolch mit silbernem Griff, den sie auf der Messe gekauft hatte, sie freute sich über den schönen Stahl und über seine Schärfe; ich nahm das Messer in die Hand und probte es am Finger; da floss gleich Blut; sie erschrak, ich sagte: O Günderrode! Du bist so zaghaft und kannst kein Blut sehen, und gehest immer mit einer Idee um, die den höchsten Mut voraussetzt; ich habe doch noch das Bewusstsein, dass ich eher vermögend wär, etwas zu wagen, obschon ich mich nie umbringen würde; aber mich und Dich in einer Gefahr zu verteidigen, dazu hab ich Mut; und wenn ich jetzt mit dem Messer auf Dich eindringe, – siehst Du, wie Du Dich fürchtest? – sie zog sich ängstlich zurück; der alte Zorn regte sich wieder in mir unter der Decke des glühendsten Mutwills; ich ging immer ernstlicher auf sie ein, sie lief in ihr Schlafzimmer hinter den ledernen Sessel, um sich zu sichern; ich stach in den Sessel, ich riss ihn mit vielen Stichen in Stücke, das Rosshaar flog hier- und dahin in der Stube, sie stand flehend hinter dem Sessel und bat ihr nichts zu tun. –

Ich sagte: Eh ich dulde, dass Du Dich umbringst, tu ich's lieber selbst. – Mein armer Stuhl! rief sie. – Ja was, Dein

Stuhl, der soll den Dolch stumpf machen; – ich gab ihm ohne Barmherzigkeit Stich auf Stich, das ganze Zimmer wurde eine Staubwolke; so warf ich den Dolch weit in die Stube, dass er prasselnd unter das Sofa fuhr; ich nahm sie bei der Hand und führte sie in den Garten, in die Weinlaube, ich riss die jungen Weinreben ab und warf sie ihr vor die Füsse; ich trat drauf und sagte: So misshandelst Du unsre Freundschaft. – Ich zeigte ihr die Vögel auf den Zweigen und dass wir, wie jene, spielend aber treu gegeneinander bisher zusammengelebt hätten; ich sagte: Du kannst sicher auf mich bauen, es ist keine Stunde in der Nacht, die, wenn Du mir Deinen Willen kund tust, mich nur einen Augenblick besinnen machte; – komm vor mein Fenster und pfeif um Mitternacht, und ich geh ohne Vorbereitung mit Dir um die Welt; und was ich für mich nicht wagte, das wag ich für Dich; – aber Du! – was berechtigt Dich mich aufzugeben? – wie kannst Du solche Treue verraten; und versprich mir, dass Du nicht mehr Deine zaghafte Natur hinter so grausenhafte, prahlerische Ideen verschanzen willst. – Ich sah sie an, sie war beschämt und senkte den Kopf und sah auf die Seite und war blass; wir waren beide still, lange Zeit. Günderrode, sagte ich, wenn es ernst ist, dann gib mir ein Zeichen; – sie nickte.

Sie reiste ins Rheingau; von dort aus schrieb sie mir ein paarmal, wenig Zeilen; – ich hab sie verloren, sonst würde ich sie hier einschalten. Einmal schrieb sie: Ist man allein am Rhein, so wird man ganz traurig, aber mit mehreren zusammen, da sind grade die schauerlichsten Plätze am lustaufreizendsten, mir aber ist doch lieb, den weiten gedehnten Purpurhimmel am Abend allein zu begrüssen; da dichte ich im Wandlen an einem Märchen, das will ich Dir vorlesen; ich bin jeden Abend begierig, wie es weitergeht, es wird manchmal recht schaurig und dann taucht es wieder auf. Da sie wieder zurückkam und ich das Märchen lesen wollte, sagte sie: es ist so traurig geworden, dass ich's nicht lesen kann; ich darf nichts mehr davon hören, ich kann es nicht mehr weiter schreiben: ich werde krank davon; und sie legte sich zu Bett und blieb liegen mehrere Tage, der Dolch lag an ihrem Bett; ich achtete nicht darauf, die Nachtlampe stand dabei, ich kam herein; Bettine, mir ist vor drei Wochen eine Schwester gestorben; sie war jünger als ich, Du hast sie nie gesehen; sie starb an der Schnellen Auszehrung. – Warum sagst Du mir dies heute erst? fragte ich. – Nun, was könnte Dich dies interessieren? Du hast sie nicht gekannt, ich muss so was allein tragen, sagte sie mit trockenen Augen. Mir war dies doch etwas sonderbar, mir jungen Natur waren alle Geschwister so lieb, dass ich glaubte, ich würde verzweifeln müssen, wenn einer stürbe, und dass ich mein Leben für jeden gelassen hätte; sie fuhr fort: Nun denk! vor drei Nächten ist mir diese Schwester erschienen; ich lag im Bett und die Nachtlampe brannte auf jenem Tisch; sie kam herein in weissem Gewand, langsam, und blieb an dem Tisch stehen; sie wendete den Kopf nach mir und senkte ihn und sah mich an; erst war ich erschrocken, aber bald war ich ganz ruhig, ich setzte mich im Bett auf, um mich zu überzeugen, dass ich nicht schlafe. Ich sah sie auch an und es war, als ob sie etwas bejahend nickte; und sie nahm dort den Dolch und hob ihn gen Himmel mit der rechten Hand, als ob sie mir ihn zeigen wolle und legte ihn wieder sanft und klanglos nieder; und dann nahm sie die Nachtlampe und hob sie auch in die Höhe und zeigte sie mir, und als ob sie mir bezeichnen wolle, dass ich sie verstehe, nickte sie sanft, führte die Lampe zu ihren Lippen und hauchte sie aus; denk nur sagte sie voll Schauder, ausgeblasen – und im Dunkel hatte mein Auge noch das Gefühl von ihrer Gestalt; und da hat mich plötzlich eine Angst befallen, die ärger sein muss, als wenn man mit dem Tod ringt; ja, denn ich wäre lieber gestorben, als noch länger diese Angst zu tragen.

Ich war gekommen, um Abschied zu nehmen, weil ich mit Savigny nach Marburg reisen wollte, aber nun wollte ich bei ihr bleiben. Reise nur fort, sagte sie, denn ich reise auch übermorgen wieder ins Rheingau – so ging ich denn weg. – Bettine, rief sie mir in der Tür zu: behalt diese Geschichte, sie ist doch merkwürdig! Das waren ihre letzten Worte. In Marburg schrieb ich ihr oft ins Rheingau von meinem wunderlichen Leben; Ich wohnte einen ganzen Winter am Berg dicht unter dem alten Schloss, der Garten war mit der Festungsmauer umgeben, aus den Fenstern hatt ich eine weite Aussicht über die Stadt und das reich bebaute Hessenland; überall ragten die gotischen Türme aus den Schneedecken hervor; aus meinem Schlafzimmer ging ich in den Berggarten, ich kletterte über die Festungsmauer und stieg durch die verödeten Gärten; – wo sich die Pförtchen nicht aufzwingen liessen, da brach ich durch die Hecken, – da sass ich auf der Steintreppe, die Sonne schmolz den Schnee zu meinen Füssen, ich suchte die Moose und trug sie mit samt der angefrornen Erde nach Haus; – so hatt ich an dreissig bis vierzig Moosarten gesammelt, die alle in meiner kalten Schlafkammer, in erdnen Schüsselchen auf Eis gelegt, mein Bett umblühten; ich schrieb ihr davon, ohne zu sagen was es sei; ich schrieb in Versen: Mein Bett steht mitten im kalten Land, umgeben von viel Hainen, die blühen in allen Farben, und da sind silberne Haine uralter Stämme, wie der Hain auf der Insel Cypros; die Bäume stehen dicht gereiht und verflechten ihre gewaltigen Äste; der Rasen, aus dem sie hervorwachsen, ist rosenrot und blassgrün; ich trug den ganzen Hain heut auf meiner erstarrten Hand in mein kaltes Eisbeetland; – da antwortet' sie wieder in Versen: Das sind Moose ewiger Zeiten, die den Teppich unterbreiten, ob die Herrn zur Jagd drauf reiten, ob die Lämmer drüber weiden, ob der Winterschnee die dekket, oder Frühling Blumen wecket; in dem Haine schallt es wieder, summen Mücken ihre Lieder; an der Silberbäume Wipfel, hängen Tröpfchen Tau am Gipfel; in dem klaren Tröpfchen Taue, spiegelt sich die ganze Aue; Du musst andre Rätsel machen, will Dein Witz des meinen lachen!

Nun waren wir ins Rätselgeben und -lösen geraten; alle Augenblicke hatt ich ein kleines Abenteuer auf meinen Spazierwegen, was ich ihr verbrämt zu erraten gab; meistens löste sie es auf eine kindlich lustige Weise auf. Einmal hatte ich ihr ein Häschen, was mir auf wildem einsamen Waldweg begegnet war, als einen zierlichen Ritter beschrieben, ich nannte es la petite perfection und dass er mir mein Herz eingenommen habe; – sie antwortete gleich: Auf einem schönen grünen Rasen, da liess ein Held zur Mahlzeit blasen, da flüchteten sich alle Hasen; so hoff ich wird ein Held einst kommen, Dein Herz, von Hasen eingenommen, von diesen Wichten zu befreien und seine Gluten zu erneuen; – dies waren Anspielungen auf kleine Liebesabenteuer. – So verging ein Teil des Winters; ich war in einer sehr glücklichen Geistesverfassung, andre würden sie Überspannung nennen, aber mir war sie eigen. An der Festungsmauer, die den grossen Garten umgab, war eine Turmwarte, eine zerbrochne Leiter stand drin; – dicht bei uns war eingebrochen worden, man konnte den Spitzbuben nicht auf die Spur kommen, man glaubte, sie versteckten sich auf jenem Turm; ich hatte ihn bei Tag in Augenschein genommen und erkannt, dass es für einen starken Mann unmöglich war, an dieser morschen, beinahe stufenlosen himmelhohen Leiter hinaufzuklimmen; ich versuchte es, gleitete aber wieder herunter, nachdem ich eine Strecke hinaufgekommen war; in der Nacht nachdem ich schon eine Weile im Bett gelegen hatte und Meline schlief, liess es mir keine Ruhe, ich warf ein Überkleid um, stieg zum Fenster heraus; ich hatte diese Steingruppe, die beide Arm in Arm sich weit aus dem Fenster lehnen, als wollten sie ihre Lande übersehen, schon oft bei Tage betrachtet, aber jetzt bei Nacht fürchtete ich mich so davor, dass ich in hohen Sprüngen davoneilte in den Turm; dort ergriff ich eine Leiterstange und half mir, Gott weiss wie, daran hinauf; was mir bei Tage nicht möglich war, gelang mir bei Nacht in der schwebenden Angst meines Herzens; wie ich beinah oben war, machte ich Halt; ich überlegte wie die Spitzbuben wirklich oben sein könnten, und da mich überfallen und von der Warte hinunterstürzen; da hing ich und wusste nicht hinunter oder herauf, aber die frische Luft, die ich witterte, lockte mich nach oben; – wie war mir da, wie ich plötzlich durch Schnee und Mondlicht die weitverbreitete Natur überschaute, allein und gesichert, das grosse Heer der Sterne über mir! – so ist es nach dem Tode: die freiheitsstrebende Seele, der der Leib am angstvollsten lastet, im Augenblick, da sie ihn abwerfen will, sie siegt endlich und ist der Angst erledigt; – da hatte ich bloss das Gefühl allein zu sein, da war kein Gegenstand, der mir näher war als meine Einsamkeit, und alles musste vor dieser Beseligung zusammensinken. Ich schrieb der Günderrode, dass wieder einmal mein ganzes Glück von der Laune dieser Grille abhänge; ich schrieb ihr jeden Tag, was ich auf der freien Warte mache und denke; ich setzte mich auf die Brustmauern und hing die Beine hinab. – Sie wollte immer mehr von diesen Turmbegeisterungen, sie sagte: es ist mein Labsal, Du sprichst wie ein auferstandener Prophet! – wie ich ihr aber schrieb, dass ich auf der Mauer, die kaum zwei Fuss breit war, im Kreis herumlaufe und lustig nach den Sterne sähe und dass mir zwar am Anfang geschwindelt habe, dass ich jetzt aber ganz keck und wie am Boden mich da oben befinde, – da schrieb sie: Um Gottes willen falle nicht, ich habs noch nicht herauskriegen können, ob Du das Spiel böser oder guter Dämonen bist; – falle nicht, schrieb sie mir wieder: obschon es mir wohltätig war, Deine Stimme von oben herab über den Tod zu vernehmen, so fürchte ich nichts mehr, als dass Du elend und *unwillkürlich* zerschmettert ins Grab stürzest. – Ihre Vermahnungen aber erregten mir keine Furcht und keinen Schwindel, im Gegenteil war ich tollkühn; ich wusste Bescheid, ich hatte die triumphierende Überzeugung, dass ich von Geistern geschützt sei. Das Seltsame war, dass ichs oft vergass, dass es mich oft mitten aus dem Schlaf weckte, und ich noch in unbestimmter Nachtzeit hineilte, dass ich auf dem Hinweg immer Angst hatte und auf der Leiter jeden Abend wie den ersten und dass ich oben allemal die Beseligung einer von schwerem Druck befreiten Brust empfand; – oben, wenn Schnee lag, schrieb ich der Günderrode ihren Namen hinein und: Jesus nazarenus, rex judäeorum als schützender Talisman darüber, das war mir, als sei sie gesichert gegen böse Eingebungen.

Jetzt kam Creuzer nach Marburg, um Savigny zu besuchen. Hässlich, wie er war, war es zugleich unbegreiflich, dass er ein Weib interessieren könne; ich hörte, dass er von der Günderrode sprach, in Ausdrücken, als ob er ein Recht an ihre Liebe habe; ich hatte in meinem, von allem äusseren Einfluss abgeschiedenen Verhältnis zu ihr früher nichts davon geahndet, und war im Augenblick aufs heftigste eifersüchtig. Er nahm in meiner Gegenwart ein kleines Kind auf den Schoss und sagte: wie heisst Du? – Sofie. – Nun, Du sollst, so lange ich hier bin, Karoline heissen; Karoline, gib mir einen Kuss; da ward ich zornig, ich riss ihm das Kind vom Schoss und trug es hinaus, fort durch den Garten auf den Turm; da oben stellt ich es in den Schnee neben ihren Namen und legte mich mit dem glühenden Gesicht hinein und weinte laut und das Kind weinte mit; und da ich herunter kam, begegnete mir Creuzer; ich sagte: Weg aus meinem Weg, fort! Der Philolog konnte sich einbilden, dass Ganymed ihm die Schale des Jupiter reichen werde. – Es war in der Neujahrsnacht; ich sass auf meiner Warte und schaute in die Tiefe; alles war so still – kein Laut bis in die weiteste Ferne, und ich war betrübt um die Günderrode, die mir keine Antwort gab; die Stadt lag unter mir, auf einmal schlug es Mitternacht, – da stürmte es herauf, die Trommeln rührten sich, die Posthörner schmetterten, sie lösten ihre Flinten, sie jauchzten, die Studentenlieder tönten von allen Seiten, es stieg der Jubellärm, dass er mich beinah wie ein Meer umbrauste; – das vergesse ich nie, aber sagen kann ich auch nicht, wie mir so wunderlich war da oben auf schwindlender Höhe und wie es allmählich wieder still ward und ich mich ganz allein empfand. Ich ging zurück und schrieb an die Günderrode. Vielleicht finde ich den Brief noch unter meinen Papieren, dann will ich ihn beilegen; ich weiss, dass ich ihr die heissesten Bitten tat, mir zu antworten; ich schrieb ihr von diesen Studentenliedern, wie die gen Himmel geschallt hätten und mir das tiefste Herz aufgeregt; ja, ich legte meinen Kopf auf ihre Füsse und bat um Antwort und wartete mit heisser Sehnsucht acht Tage, aber nie erhielt ich eine Antwort; ich war blind, ich war taub, ich ahndete nichts. Noch zwei Monate gingen vorüber – da war ich wieder in Frankfurt; – ich lief ins Stift, machte die Tür auf: siehe, da stand sie und sah mich an; kalt, wie es schien; Günderrod, rief ich, darf ich herein kommen? – Sie schwieg und wendete sich ab. Günderrod, sag nur ein Wort, und ich lieg an Deinem Herzen. Nein, sagte sie, komme nicht näher, kehre wieder um, wir müssen uns doch trennen. – Was heisst das? – So viel, dass wir uns in einander geirrt haben, und dass wir nicht zusammen gehören. – Ach, ich wendete um! Ach, erste Verzweiflung, erster grausamer Schlag, so empfindlich für ein junges Herz! ich, die nichts kannte, wie die Unterwerfung, die Hingebung in dieser Liebe, musste so zurückgewiesen werden. – Ich lief nach Haus zur Meline, ich bat sie mitzugehen zur Günderrode, zu sehen, was ihr fehle, sie zu bewegen, mir einen Augenblick ihr Angesicht zu gönnen; ich dachte, wenn ich sie nur einmal ins Auge fassen könne, dann wolle ich sie zwingen; ich lief über die Strasse, vor der Zimmertür blieb ich stehen, ich liess die Meline allein zu ihr eintreten, ich wartete, ich zitterte und rang die Hände in dem kleinen engen Gang, der mich so oft zu ihr geführt hatte; – die Meline kam heraus mit verweinten Augen, sie zog mich schweigend mit sich fort; – einen Augenblick hatte mich der Schmerz übermannt, aber gleich stand ich wieder auf den Füssen; nun! dacht ich, wenn das Schicksal mir nicht schmeicheln will, so wollen wir Ball mit ihm spielen; ich war heiter, ich war lustig; ich war überreizt, aber Nächtens weinte ich im Schlaf. – Am zweiten Tag ging ich des Wegs, wo ihre Wohnung war; da sah ich die Wohnung von Goethes Mutter, die ich nicht näher kannte und nie besucht hatte; ich trat ein. Frau Rat, sagte ich, ich will ihre Bekanntschaft machen, mir ist eine Freundin in der Stiftsdame Günderrode verloren gegangen, und die sollen sie mir ersetzen; – wir wollens versuchen, sagte sie, und so kam ich alle Tage und setzte mich auf den Schemel, und liess mir von ihrem Sohn erzählen und schriebs alles auf und schickte es der Günderrode; – wie sie ins Rheingau ging, sendete sie mir die Papiere zurück; die Magd, die sie mir brachte, sagte, es habe der Stiftsdame heftig das Herz geklopft, da sie ihr die Papiere gegeben, und auf ihre Frage, was sie bestellen solle, habe sie geantwortet: Nichts. –

Es vergingen vierzehn Tage, da kam Fritz Schlosser; er bat mich um ein paar Zeilen an die Günderrode, weil er ins Rheingau reisen werde, und wolle gern ihre Bekanntschaft machen. Ich sagte, dass ich mit ihr broulliert sei, ich bäte ihn aber, von mir zu sprechen und acht zu geben, was es für einen Eindruck auf sie mache. – Wann gehen Sie hin, sagte ich, morgen? – Nein, in acht Tagen. – O gehen Sie morgen, sonst treffen Sie sie nicht mehr; – am Rhein ist's melancholisch, sagte ich scherzend, da könnte sie sich ein Leids antun; – Schlosser sah mich ängstlich an. – Ja, ja, sagt ich mutwillig, sie stürzt sich ins Wasser oder sie ersticht sich aus blosser Laune. – Freveln Sie nicht, sagte Schlosser, und nun frevelte ich erst recht: Geben Sie acht, Schlosser, Sie finden sie nicht mehr, wenn Sie nach alter Gewohnheit zögern, und ich sage Ihnen, gehen Sie heute lieber wie morgen und retten Sie sie vor unzeitiger melancholischer Laune. – Und im Scherz beschrieb ich sie, wie sie sich umbringen werde im roten Kleid, mit aufgelöstem Schnürband, dicht unter der Brust die Wunde; das nannte man tollen Übermut von mir, es war aber bewusstloser Überreiz, indem ich die Wahrheit vollkommen genau beschrieb. – Am andern Tag kam Franz und sagte: Mädchen, wir wollen ins Rheingau gehen, da kannst Du die Günderrode besuchen. – Wann? fragte ich. – Morgen, sagte er; – ach, ich packte mit Übereile ein, ich konnte kaum erwarten, dass wir gingen; alles, was ich begegnete, schob ich hastig aus dem Weg, aber es vergingen mehrere Tage und es ward die Reise immer verschoben; endlich, da war meine Lust zur Reise in tiefe Trauer verwandelt, und ich wär lieber zurückgeblieben. –

Da wir in Geisenheim ankamen, wo wir übernachteten, lag ich im Fenster und sah ins mondbespiegelte Wasser; meine Schwägerin Toni sass am Fenster; die Magd, die den Tisch deckte, sagte: Gestern hat sich auch eine junge schöne Dame, die schon sechs Wochen hier sich aufhielt, bei Winkel umgebracht; sie ging am Rhein spazieren ganz lang, dann lief sie nach Hause, holte ein Handtuch; am Abend suchte man sie vergebens, am andern Morgen fand man sie am Ufer unter Weidenbüschen, sie hatte das Handtuch voll Steine gesammelt und sich um den Hals gebunden, wahrscheinlich weil sie sich in den Rhein versenken wollte, aber da sie sich ins Herz stach, fiel sie rückwärts, und so fand sie ein Bauer am Rhein liegen unter den Weiden an einem Ort, wo es am tiefsten ist. Er riss ihr den Dolch aus dem Herzen, und schleuderte ihn voll Abscheu weit in den Rhein, die Schiffer sahen ihn fliegen, – da kamen sie herbei und trugen sie in die Stadt. –

Ich hatte im Anfang nicht zugehört, aber zuletzt hört ichs mit an und rief: das ist die Günderrode! Man redete mirs aus und sagte, es sei wohl eine andere, da soviel Frankfurter im Rheingau waren. Ich liess mirs gefallen und dachte: grade was man prophezeihe, sei gewöhnlich nicht wahr. – In der Nacht träumte mir, sie käme mir auf einem mit Kränzen geschmückten Nachen entgegen, um sich mit mir zu versöhnen; ich sprang aus dem Bett in des Bruders Zimmer und rief: Es ist alles nicht wahr, eben hat mirs lebhaft geträumt! Ach, sagte der Bruder, baue nicht auf Träume! – Ich träumte noch einmal, ich sei eilig in einem Kahn über den Rhein gefahren, um sie zu suchen; da war das Wasser trüb und schilflig, und die Luft war dunkel und es war sehr kalt; – ich landete an einem sumpfigen Ufer, da war ein Haus mit feuchten Mauern, aus dem schwebte sie hervor und sah mich ängstlich an und deutete mir, dass sie nicht sprechen könne; – ich lief wieder zum Schlafzimmer der Geschwister und rief: Nein, es ist gewiss wahr, denn mir hat geträumt, dass ich sie gesehen habe, und ich hab gefragt: Günderrode, warum hast Du mir dies getan? Und da hat sie geschwiegen und hat den Kopf gesenkt, und hat sich traurig nicht verantworten können.

Nun überlegte ich im Bett alles und besann mich, dass sie mir früher gesagt hatte, sie wolle sich erst mit mir entzweien, eh sie diesen Entschluss ausführen werde; nun war mir unsre Trennung erklärt; auch dass sie mir ein Zeichen geben werde, wenn ihr Entschluss reif sei; – das war also die Geschichte von ihrer toten Schwester, die sie mir ein halb Jahr früher mitteilte; da war der Entschluss schon gefasst. – O ihr grossen Seelen, dieses Lamm in seiner Unschuld, dieses junge zaghafte Herz, welche ungeheure Gewalt hat es bewogen, so zu handeln?

Am andern Morgen fuhren wir bei früher Zeit auf dem Rhein weiter. – Franz hatte befohlen, dass das Schiff jenseits sich halten solle, um zu vermeiden, dass wir dem Platz zu nahe kämen, aber dort stand der Fritz Schlosser am Ufer, und der Bauer, der sie gefunden, zeigte ihm, wo der Kopf gelegen hatte und die Füsse und dass das Gras noch nieder liege, – und der Schiffer lenkte unwillkürlich dorthin, und Franz bewusstlos sprach im Schiff alles dem Bauer nach, was er in der Ferne verstehen konnte, und da musste ich denn mit anhören die schauderhaften Bruchstücke der Erzählung, vom roten Kleid, das aufgeschnürt war, und der Dolch, den ich so gut kannte, und das Tuch mit Steinen um ihren Hals, und die breite Wunde; – aber ich weinte nicht, ich schwieg. – Da kam der Bruder zu mir und sagte: sei stark, Mädchen. – Wir landeten in Rüdesheim; überall erzählte man sich die Geschichte; ich lief in Windeseile an allen vorüber, den Ostein hinauf eine halbe Stunde bergan, ohne auszuruhen; – oben war mir der Atem vergangen, mein Kopf brannte, ich war den andern weit voraus geeilt. – Da lag der herrliche Rhein mit seinem smaragdnen Schmuck der Inseln; da sah ich die Ströme von allen Seiten dem Rhein zufliessen und die reichen friedlichen Städte an beiden Ufern und die gesegneten Gelände an beiden Seiten; da fragte ich mich, ob mich die Zeit über diesen Verlust beschwichtigen werde, und da war auch der Entschluss gefasst, kühn mich über den Jammer herauszuschwingen, denn es schien mir unwürdig, Jammer zu äussern, den ich einstens beherrschen könne.

NACHBEMERKUNG

Diese Auswahl aus den Texten der Karoline von Günderrode ist subjektiv. Sie erhebt nicht den Anspruch, eine Werkausgabe zu ersetzen. Ihre Absicht ist es, Gestalt und Lebensgeschichte einer zu unrecht vergessenen Dichterin hervortreten zu lassen; deshalb werden auch alle wichtigen bekanntgewordenen Briefe der Günderrode mit abgedruckt – Briefe, die nach und nach, über mehr als anderthalb Jahrhunderte hin, aufgefunden und publiziert wurden. Dazu stelle ich Briefe ihrer Freunde, die helfen sollen, die Beziehungen, in denen sie lebte, deren Geist und den Zeithintergrund zu erhellen. Aus dem Briefroman «Die Günderode» der Bettina von Arnim wurden nur jene Textstellen verwendet, die der Günderrode zugeschrieben werden, weil eine Neuherausgabe des ganzen Werkes in Aussicht steht.

Die frühen Gedichte der Günderrode sind nach den Angaben in der Dissertation von M. Büsing («Die Reihenfolge der Gedichte Karoline von Günderrodes») geordnet; sie waren teils zu Lebzeiten der Dichterin in ihren Büchern «Gedichte und Phantasien» von Tian (1804) und «Poetische Fragmente» von Tian (1805) gedruckt, teils stammen sie aus dem gedruckten und ungedruckten Nachlaß. Über die Schicksale des Buches «Melete» berichtet der Essay. Die Gedichte aus diesem Bändchen wurden in der Reihenfolge belassen, die die Günderrode selbst ihnen gab. – Bis auf das Dramolet «Immortalita» wurde auf die Aufnahme aller dramatischen Versuche der Dichterin, deren Rezeption heute auf größere Schwierigkeiten stoßen würde, verzichtet.

Dank schulde ich besonders Herrn Dr. Detlev Lüders und Frau Doris Hopp vom Freien Deutschen Hochstift Frankfurt a. Main für die großzügige Zusendung wichtigster Materialien und für hilfreiche Hinweise, der Deutschen Staatsbibliothek Berlin, in deren Handschriftenabteilung ich den Briefwechsel Günderrode – Gunda Brentano – Savigny im Original einsehen konnte, der Universitätsbibliothek Berlin und der Wissenschaftlichen Allgemeinbibliothek Schwerin dafür, daß sie mir langfristig Bücher aus ihren Beständen ausliehen, sowie Herrn Karl-Otto Schulz vom Gleimhaus Halberstadt für seine rege Anteilnahme und für Quellen- und Literaturhinweise.

Die Schreibung «Günderrode» (statt «Günderode») folgt den Feststellungen des Günderrode-Forschers Max Preitz, der auf Königs «Genealogische Adels-Historie», Frankfurt 1707, hinweist; danach sei die Schreibart «Günderrode» von der «gantzen» Familie «erwählet worden».

Berlin, Oktober 1978 C. W.

QUELLEN

1. Gedichte und Prosatexte der Karoline von Günderrode aus: Gesammelte Werke der Karoline von Günderrode Hrsg. Leopold Hirschberg, Bibliophiler Verlag O. Goldschmidt-Gabrielle, Berlin 1920
2. Briefwechsel Karoline von Günderrode – Karoline von Barkhaus – Gunda Brentano – Karl von Savigny: Jahrbuch des Freien Deutschen Hochstifts, Hrsg. Max Preitz, Max Niemeyer Verlag Tübingen 1964
3. Briefwechsel Karoline von Günderrode – Clemens Brentano
   a) aus: Jahrbuch des Freien Deutschen Hochstifts, («Karoline von Günderrode in ihrer Umwelt», Hrsg. Max Preitz) Max Niemeyer Verlag Tübingen 1962
   b) Karoline von Günderrode und ihre Freunde Hrsg. Ludwig Geiger, Deutsche Verlagsanstalt Stuttgart, Leipzig, Berlin, Wien 1895
   c) Karoline von Günderrode: Dichtungen, Hrsg. Ludwig Pigenot, Hugo Bruckmann Verlag München 1922
4. Briefe der Günderrode an Bettina Brentano Karoline von Günderrode: Dichtungen, Hrsg. Ludwig Pigenot (s. o.)
5. Briefe der Bettina Brentano an Karoline von Günderrode Karoline von Günderode und ihre Freunde, Hrsg. Ludwig Geiger (s. o.)
6. Briefe der Karoline von Günderrode an Karl Daub K. v. G.: Dichtungen, Hrsg. Ludwig Pigenot (s. o.)
7. Briefe der Karoline von Günderrode an Friedrich Creuzer «Hochland», Bd. 1, Okt. 1937–März 1938, Hrsg. Paul Pattloch
   a) Brief der Karoline von Günderrode an Creuzer vom 18. Nov. 1805 bei Leopold Hirschberg (s. o.)
   b) Fragmente aus den Briefen der Karoline von Günderrode an Friedrich Creuzer, aus: Leopold Hirschberg (s. o.)

8. Briefe Friedrich Creuzers an Karoline von Günderrode
Karl Preisendanz: Die Liebe der Günderode, Verlag K. Piper u. Co. München 1912
9. Briefwechsel zwischen Carl Daub und Susanne von Heyden, K. v. G.: Dichtungen, Hrsg. Ludwig Pigenot (s. o.)
10. Brief der Lisette Nees von Esenbeck an Susanne von Heyden, Jahrbuch des Freien Deutschen Hochstifts, Hrsg. Max Preitz, 1962 (s. o.)
11. Achim von Arnim an Bettina Brentano
Margarete Mattheis: Die Günderrode – Gestalt, Leben und Wirkung, Berlin 1934
12. Bettinas Bericht (aus: «Goethes Briefwechsel mit einem Kinde») mitgeteilt bei Pigenot (s. o.)

WEITERE SEKUNDÄRLITERATUR

Richard Wilhelm: Die Günderrode, Dichtung und Schicksal Societäts-Verlag, Frankfurt a. Main 1938

Ernst Jeep: Karoline von Günderrode, Mitteilungen über ihr Leben und Dichten, Wolfenbüttel 1895

Erwin Rohde: Friedrich Creuzer und Karoline von Günderrode, Briefe und Dichtungen, Heidelberg 1896

Heinz Amelung: Karoline von Günderrode an Bettine und Clemens Brentano, Der grundgescheute Antiquarius, 1. Jahrgang 1920–22, Heft 4–5

Doris Hopp/Max Preitz: Karoline von Günderrodes Studienbuch, in: Jahrbuch des Freien Deutschen Hochstifts, Max Niemeyer Verlag Tübingen 1975

Annelore Naumann: Caroline von Günderrode (Diss.)

Otto Henschele: Karoline von Günderrode (Diss.) 1932

Waltraut Howeg: Karoline von Günderrode und Hölderlin (Diss.) 1952

Walter Rehm: Die Gedichte der Karoline von Günderrode Goethe-Kalender auf das Jahr 1942, Leipzig 1941

Gisela Dischner: Bettine · Bettina von Arnim: Eine weibliche Sozialbiographie aus dem 19. Jahrhundert, Verlag Klaus Wagenbach, Berlin (West) 1978

Der Abdruck der Handschriften auf Vor- und Nachsatzpapier erfolgt mit freundlicher Zustimmung der Deutschen Staatsbibliothek Berlin/DDR (Nachlaß Savigny).

INHALTSVERZEICHNIS

ISBN 3-371-00226-8

3. Auflage 1989
Alle Rechte vorbehalten
Lizenznummer: 48–48/44/89
LSV 7101
Gesamtgestaltung: Horst Erich Wolter
Printed in the German Democratic Republic
Gesamtherstellung: Druckhaus Aufwärts Leipzig
III/18/20–830
Bestellnummer: 695 369 1
01250

philosophische Facultät, ob ein solcher
Schluß aus solchen Vordersätzen ge-
zogen richtig sein können?
Ich stelle mir recht lebhaft vor, wie
Sie die ausgestrichenen Stellen im
Hundert Brief betrachtet, u. allerlei
Gedanken dabei gehabt haben;
weil Sie aber doch am Ende Ihre
Ohnmacht, (es nicht entziffern zu kön-
nen) ehrlich gestehen, will ich Ihre
Aufrichtigkeit belohnen, und Ihnen sa-
gen, daß es eine Stelle Ihres Briefs
vom Hunde war, wo Sie von Schi-
kaneuren reden. Ich weiß nicht
warum mich Etwas in mir zwang
diese Zeilen auszustreichen, aber